该书为辽宁省高校辅导员名师工作室研究成果，工作室名称：大连外国语大学软萌君学生工作室；大连外国语大学科研创新团队研究成果，团队名称：大数据背景下高校思想政治教育工作研究创新团队，项目编号：2018CXTD04。

大数据时代高校大学生管理工作挑战与应对策略

王滨生　王世翔　李涵云◎著

吉林出版集团股份有限公司

图书在版编目（CIP）数据

大数据时代高校大学生管理工作挑战与应对策略 / 王滨生, 王世翔, 李涵云著 . — 长春 : 吉林出版集团股份有限公司, 2023.4

ISBN 978-7-5731-3035-8

Ⅰ.①大… Ⅱ.①王…②王…③李… Ⅲ.①大学生—高校管理—研究 Ⅳ.① G647

中国版本图书馆 CIP 数据核字 (2023) 第 045715 号

大数据时代高校大学生管理工作挑战与应对策略

著　　者	王滨生　王世翔　李涵云
责任编辑	王　平
封面设计	李宁宁
开　　本	787mm×1092mm　1/16
字　　数	260 千
印　　张	14
版　　次	2024 年 4 月第 1 版
印　　次	2024 年 4 月第 1 次印刷
出版发行	吉林出版集团股份有限公司
电　　话	总编办：010-63109269
	发行部：010-63109269
印　　刷	山东彩峰印刷股份有限公司

ISBN 978-7-5731-3035-8　　　　　　　定价：78.00 元

版权所有　侵权必究

前　言

近年来，随着信息技术的发展和应用，世界也已逐步进入网络化、信息化时代，给各行各业带来了根本性变革，同时也给教育领域的带来了前所未有的机遇和挑战。当前，对学生管理的信息化思维已越来越受到重视，众多高校也逐渐将管理信息化、教育信息化、数字化校园建设等纳入了学校改革和发展的规划之中。

随着社会主义市场经济体制的逐步完善，高等教育事业的快速发展以及信息时代对大学生思想观念的影响，大学生的思想观念日益复杂，高校学生工作管理面临着十分严峻的挑战。长期以来，我国高校学生工作管理存在诸多现实问题。如许多高校对学生工作管理的重要性认识不足，在管理模式上，只保证学生的基本安全和课程学习，忽视了对学生的人文关怀及学生多方位全面发展的需求，传统的学生管理观念、管理模式和手段已很难适应形势发展的需要。在人才竞争日益激烈的新形势下，高校学生工作管理必须在管理理念、管理制度、管理模式、管理方式等方面进行改革，创新思路，以培养出适应时代发展、符合社会期望、满足国家需求的高层次人才。

本书通过对高等教育各个方面的多角度透析，在横向的跨度和纵向的深度来说，具有一定的代表性，也具有一定的容量。在此，衷心感谢诸多高校大学生管理工作的专家学者的理论研究，但由于作者学识所限，书中定有不妥、疏漏之处，还望各位批评指正，不吝赐教。

本书由大连外国语大学的王滨生、王世翔、李涵云合著，具体分工如下：王滨生编写第1、3、4、7章节（共10万字）；王世翔编写第2、5、8章节（共8万字）；李涵云编写第6、9、10章节（共8万字）。

目 录

第一章　大数据时代的初步认知 … 1
- 第一节　大数据的发展历程 … 1
- 第二节　大数据的概念 … 8
- 第三节　大数据的特征 … 15
- 第四节　大数据的发展动因 … 17
- 第五节　大数据发展的时代意义 … 28

第二章　大数据技术在教育领域的价值体现 … 31
- 第一节　大数据技术在教育中的价值 … 31
- 第二节　大数据技术给教育带来的转变 … 38

第三章　高校学生管理的历史与基本经验 … 42
- 第一节　高校学生管理的历史沿革 … 42
- 第二节　高校学生管理的基本经验 … 49
- 第三节　用马克思主义理论指导高校学生管理理论研究 … 54

第四章　高校学生工作管理概述 … 59
- 第一节　高校学生工作管理的内涵及特点 … 59
- 第二节　高校学生工作管理的目标及原则 … 62
- 第三节　高校学生工作管理取得的成绩 … 63
- 第四节　高校学生工作管理面临的问题及其成因 … 67
- 第五节　完善我国高校学生工作管理模式对策研究 … 72

第五章　高校学生工作的机遇与挑战 … 80
- 第一节　我国高校学生工作面临的新机遇 … 80

第二节　我国高校学生工作面临的新挑战 …………………… 83

第六章　高校学生管理制度及管理体制 …………………………… 92
第一节　高校学生管理制度 …………………………………… 92
第二节　大学生行政管理体制 ………………………………… 96
第三节　大学生思想品德教育管理体制 ……………………… 101

第七章　高校学生管理中存在的法律问题及原因反思 …………… 106
第一节　高校学生管理中存在的法律问题 …………………… 106
第二节　高校学生管理法律问题产生的原因 ………………… 121

第八章　大数据时代的高校学生管理工作 ………………………… 136
第一节　当代大学生的身份、行为与心理特点 ……………… 136
第二节　网络文化及其对大学生的影响 ……………………… 144
第三节　互联网时代高校学生管理工作的新机遇和新挑战 …… 151
第四节　高校学生管理工作理念的创新 ……………………… 154

第九章　大数据时代高校管理队伍建设 …………………………… 165
第一节　大数据时代高校管理队伍地位和作用 ……………… 165
第二节　大数据时代高校管理队伍现状及存在的问题 ……… 169
第三节　大数据时代高校管理培养措施和方法 ……………… 172

第十章　大数据时代我国高校学生工作管理创新趋势 …………… 187
第一节　"微时代"下高校学生工作管理创新措施 ………… 187
第二节　大数据时代高校学生工作管理创新探究 …………… 193
第三节　互联网技术在高校学生工作管理中的应用探究 …… 197
第四节　基于法治视角的高校学生工作管理改革探索 ……… 199
第五节　基于柔性管理理念的高校学生工作管理探析 ……… 201
第六节　基于服务理念的高校学生工作管理思路与对策 …… 207

参考文献 ………………………………………………………………… 222

第一章　大数据时代的初步认知

第一节　大数据的发展历程

一、数据的开始

人类在生产实践中，发明了语言、文字和图形，但仅用这些还无法准确地描述世界，数字作为一项重要的改造世界的工具而产生了。它把抽象的概念具体表达，如"很多"人，"非常"多人可以理解为不同的程度，但如果说1千人，1万人就清清楚楚了。人类的生产、交换等活动都是以数据为基础展开的，如度量衡、货币等的发明和出现，大大地推动了人类文明的发展。

数据的测量产生了最早"有根据的数字"，即数据是对客观世界测量结果的记录，不是随意产生的。测量从一开始产生就是为科学服务的，从古至今，测量都是科学的主要手段，其重要性可以描述为：没有测量，就没有科学。测量来的数据可以由计算再衍生出新数据，这样看来，一切数据都是人为的产物。但这时的数据还只是传统意义上的数据，它和信息、知识是有严格区别的：数据是信息的载体、信息是数据的背景、知识是经过归纳整理后呈现出来的有规律的信息。进入信息时代后，巨大的变化产生了，20世纪60年代，软件科学发展，数据库被发明，电脑的数据库用来存储一切数字、文本、图片，这时，数据开始不仅指"有根据的数字"，其内涵扩大到一切保存在电脑中的信息，包括文本、图片、视频等等。数据也成了信息的代名词，因为这些信息只是一种对世界的记录，数据因此多了一个来源：记录。

数据库出现以后，信息总量与日俱增，增速也越来越快。20世纪90年代，就有美国人提出了"大数据"概念，这时候还不是真正的大数据时代，这时候数据的重要性在上升，在价值上的重要性已经被预见。21世纪开始，特别是2004年新社交媒体产生以后，数据开始爆炸，大数据的提法又一次出现，这时的大数据即指容量大又指价值大。争议开始了：到底什么算大？多大才是真正的大？

二、大数据的开始

有史以来，处理各种不断增长的数据都是人类社会的难题。

大数据的现代发展历史最早可追溯到美国统计学家赫尔曼·霍尔瑞斯，他被后世称为"数据自动处理之父"。他发明了一台电动"打孔卡片制表机"来对卡片特定位置上的孔洞进行识别，并加以自动统计。这一发明被运用在统计1890年的人口普查数据，该机器用两年半时间就完成了预计耗时十三年的工作，这个惊人的速度就是全球进行数据自动处理的新起点。

1943年二战期间，英国为了快速解开纳粹设置的密码，组织工程师发明机器进行大规模数据处理，并采用了第一台可编程的电子计算机实施计算工作。该计算机被命名为"巨人"，为了找出拦截信息中的潜在模式，它以每秒钟5000字符的速度读取纸卡——将原本需要耗费数周时间才能完成的工作量压缩到了几个小时。

1961年，美国国家安全局，一个刚成立9年就拥有超过12000个密码学家的情报机构，在间谍饱和的冷战年代，面对超量信息，首先应用计算机自动收集信号处理情报，并努力将仓库内积压的模拟磁盘信息进行数字化处理（仅1961年7月份，该机构就收到了17000卷磁带）。

20世纪40年代以来，人们就梦想能拥有一个世界性的信息库。在这个信息库中，信息不仅能被全球的人们存取，而且能轻松地链接到其他地方的信息，使用户可以方便快捷地获得重要的信息。60年代，英国计算机科学家蒂姆·伯纳斯·李发明了一个全球网络资源唯一认证的系统：统一资源标识符，他设计超文本系统，在这个系统中，每个有用的事物，称为一样"资源"；并且由一个全局"统一资源标识符"标识；将超文本嫁接到因特网上，命名为万维网，这些资源通过超文本传输协议传送给用户，而后者通过点击链接来获得资源。通过互联网在世界范围内实现了信息共享。

1965年，英特尔的创始人戈登·摩尔通过研究计算机硬件的发展规律得出摩尔定律，该定律认为，同等面积的芯片每过一到两年就可容纳两倍数量的晶体管，能够提高两倍微处理器的性能，或使之价格下降一半。近五十年，硬件的发展基本符合这一定律，到今天，一根头发尖大小的地方就能放上万个晶体管。后来，英特尔公司又发明了22纳米的3D晶体管，比以前的晶体管小了大约1/3，摩尔定律的生命进一步得到延续，导致信息产品功能日趋强大，各种设备体积变小，存储器成本持续缩小了1亿多倍，能以很低的成本保存海量的数据。摩尔定律已经成为描述一切呈指数级增长的事物代名词，这为大数据时代的到来铺平了硬件道路，打下了物质基础。

除了便宜、功能强大，摩尔定律使计算设备也变得越来越小，1988年，美国科学家马克·韦泽指出各种各样微型计算设备能随时随地获取并处理数据，这被称为普适计算。普适计算理论指出，计算机发明以后经历三个阶段的发展：一是主机型阶段，一台占据大半个房间的大型机器被很多人共享；二是个人电脑阶段，每个人拥有一台变小了的个人电脑；三是计算机越来越小，甚至从人们视线中消失，日常环境中可以被广泛地部署各种微小计算设备，任何时间地点都可以获得并处理数据，计算融入环境中，即进入普适计算阶段。今天，小巧的智能手机、各种传感器、RFID（射频识别）标签、可穿戴式设备等广泛使用，实现无处不在的数据自动采集，人类收集数据的能力增强，为大数据时代的到来提供了物理基础。

1989年，英国计算机协会下属的数据挖掘及知识发现专委会举办了第一届数据挖掘学术年会，出版了专门期刊，这是大数据时代一个最重要的里程碑，此后数据挖掘得到了如火如荼的发展。数据挖掘是指通过特定的算法对大量的数据进行自动分析，从而揭示数据当中隐藏的规律和趋势，即在大量的数据当中发现新知识，为决策者提供参考。数据挖掘进步的根本原因是人类能够不断设计出更强大的模式识别算法，这其实是软件的进步，是大数据时代的技术基础集中表现在数据挖掘，通过特定的算法对大量的数据进行自动分析，从而揭示数据当中隐藏的规律和趋势，即在大量的数据当中发现新知识，为决策者提供参考。现在的信息技术已经可以把一件产品的流向、每位消费者的情况都记录下来，再通过数据挖掘，为客户量身定制，把消费和服务推向一个高度个性化的时代。基于网络数据的挖掘，不需要制定问卷，也不需要逐一调查，成本低廉。更重要的是，这种分析是实时的，没有滞后性，数据挖掘将成为越来越重要的分析预测工具，抽样技术将下降为辅助工具。数据挖掘的优越性，也集中反映了大数据"量大、多源、实时"等三个特点。

大数据的前沿和热点是机器学习，和数据挖掘相比，其算法并不是固定的，而是带有自动调适参数的，也就是说，它能够随着计算、挖掘次数的增多，不断自动调整自己算法的参数，使挖掘和预测的结果更为准确，即通过给机器"喂取"大量的数据，让机器可以像人一样通过学习逐步自我改善、提高，这也是该技术被命名为"机器学习"的原因。除了数据挖掘和机器学习，数据的分析、使用技术已经非常成熟，并且形成了一个体系，例如数据仓库、多维联机分析处理、数据可视化、内存分析都是其体系的重要组成部分。

美国研究员大卫·埃尔斯沃斯和迈克尔·考克斯在1997年使用"大数据"来描

述超级计算机产生超出主存储器的海量信息，数据集甚至突破远程磁盘的承载能力。

2004年之前，互联网的主要作用是传播和分享信息，其最主要的组织形式是建立静态的网站；从2004年起，以脸谱网、推特为代表的社交媒体相继问世，一个互联网的崭新Web2.0时代拉开了。互联网开始成为人们实时互动、交流协同的载体。这时的速度有多快了呢？2011年8月23日，美国弗吉尼亚州发生5.9级地震，纽约市居民首先在推特上看到这个消息，几秒钟之后，才感觉到地震波从震中传过来的震感，社交媒体把人类信息传播的速度，带到了比地震波还快的同时，社交媒体给全世界的网民提供了一个平台，使他们随时随地都可以记录自己的行为、想法，这种记录其实就是贡献数据。全世界的网民都开始成为数据的生产者，引发了人类历史上迄今为止最庞大的数据爆炸。2012年，乔治敦大学的教授李塔鲁考察了推特上产生的数据量，他做出估算说，过去50年，《纽约时报》总共产生了30亿个单词的信息量，现在仅仅一天，推特上就产生了80亿个单词的信息量。也就是说，如今一天产生的数据总量相当于《纽约时报》100多年产生的数据总量。

从人类发明第一台计算机进入信息时代算起，到社交媒体产生之前，主要是信息系统，传感器在产生和收集数据，但由于社交媒体的横空出世，人类自己也开始在互联网上生产数据，例如发推特，微博和微信，记录各自的活动和行为，这部分数据也因此被称为"行为数据"。在社交媒体上产生的数据，基本上没有严整的结构，大多是非结构化数据，处理更加困难。目前全世界的数据大约75%都是非结构化数据，现在的大数据=结构化数据+非结构化数据，推动人类进入大数据时代的真正原因是人类使用数据的能力取得了重大突破和进展。这种突破集中表现在数据挖掘上，近年来，数据挖掘的应用还在不断推陈出新，到了前所未有的高度。如奈飞公司利用客户的网上点击记录预测其喜欢观看的内容，实现精准营销。再如，阿里巴巴等互联网公司凭借长期以来积累的用户资金流水记录，涉足金融领域，在几分钟之内就能判断用户的信用资质，决定是否为其发放贷款。

2014年1月，美国的电子零售巨头亚马逊宣布了一项新的专利："预判发货"，即顾客还没有下订单网购，亚马逊就已将包裹寄出。预判发货的核心技术还是数据挖掘，发货的根据是顾客以前的消费记录，搜索记录以及顾客的心愿单，甚至包括用户的鼠标在某个商品页面上停留的时间。其本质是，通过预判，把发货这个过程"外包"给算法，让算法自动发货，实现智能化。

回顾半个多世纪人类信息社会的历史，正是因为1966年提出的摩尔定律，晶体管越做越小、成本越来越低，才形成了大数据现象的物理基础，人类有了可以承载海量数据的容器制造力。1989年兴起的数据挖掘技术，是让大数据产生"大价值"的关键，因为大数据之大并不只是容量之大，更在于价值之大；2004年出现的社交媒体，则把全世界每个人都变成了潜在的数据生成器，这是"大容量"形成的主要原因。

三、大数据的未来

大数据时代，人和社会、物理环境这两大领域的计算都将蓬勃兴起。物理环境领域的计算由来已久，大数据时代最大的亮点就是人和社会的计算，越来越多的社会问题都将通过计算得到解决。换句话说，由于大数据的出现，社会正逐渐变得可以计算。可以计算的原因是，个人在真实世界的活动和社会状态被前所未有地记录，这种记录的密度很高，频度也在不断增加，为社会领域的计算提供了极为丰富的数据。

社会领域的计算，也被很多学者称为"社会计算"，20世纪90年代，美国的学者最早提出这个概念之时，是从"社会软件"这个角度出发的，最早的社会软件是指支持群体交流的软件，如MSN、QQ等。社会软件降低了人际交往的成本，使大规模的合作成为可能。2004年，社交媒体产生之后，社会软件的功能被发挥得淋漓尽致，个人的行为和思想通过脸谱网、推特、微博等工具被广泛记录，有学者进一步明确主张，将基于社交媒体的行为分析称作"社会计算"。近年来，随着大数据的崛起，越来越多的学者认为，关于人和社会本身的数据现在已经极为丰富，而且这类数据还在快速增长，未来一切社会现象、社会过程和社会问题，都可以而且应该通过以计算为特点的定量方法分析解决，这样更加精确，更加科学。虽然关于"社会计算"的定义正在演进当中，国际共识也还未形成，但这并不妨碍相关研究的开展。

通过计算来解决社会问题，正变得越来越普遍。2013年，美国肯塔基大学利用大数据平台，对学生的各种行为数据进行整合，例如各门课程的成绩、出勤率、在线学习平台的活跃度、使用图书馆等各种设施的记录，再通过数据挖掘，快速确认可能存在问题的学生，对他们开展专门的辅导，以减少学生流失。2013年7月，有报道称，华东师范大学的一位女生收到校方的短信："同学你好，发现你上个月餐饮消费较少，不知是否有经济困难？"这条温暖的短信也要归功于数据挖掘：校方通过挖掘校园饭卡的消费数据，发现其每顿的餐费都偏低，于是发出了关心的询问，但随后发现这是一个美丽的错误——该女生其实是在减肥。可以想象，误会之所以发生，还是因为数据不够大，大数据的特点除了"量大"，还有"多源"，如果除了饭卡，还有其他来源的数据作为辅助，判断就可能更加准确。

通过社会计算，一些精细的、微妙的、在人类历史上曾经难以捕捉的关系和知识，现在都可以捕捉到，并被上升为显性知识。对此，麻省理工学院的教授布林约尔松比喻说，大数据的影响，就像4个世纪之前人类发明的显微镜一样：显微镜把人类对物理环境的观察和测量水平推进到了"细胞"的级别，为人类社会带来了历史性的进步和革命，而大数据，将成为我们下一个观察人类自身行为以及社会行为的"显微镜"。

2008年末，"计算社区联盟"提出了独特的详细报告，《大数据计算：在商务、科学和社会领域创建革命性突破》。使人们不仅考虑机器的数据处理，而且在更广泛的领域发现大数据的社会意义，找到了更多的新用途和富有创见的新见解。社会领域的计算，也被很多学者称为"社会计算"，社会领域的计算，对类似知识和关系的捕捉，不仅能够有效推动社会治理，还能产生商业价值。总的来看，从根本上对处理大规模信息的现实需求推动了大数据相关技术的迅速发展，起初国家安全是大数据技术的主要推动力，伴随超级计算机的发明，大数据的存储和处理技术，大数据分析算法的研发，最终导致大数据在教育、金融、医疗等许多方面开始实施，广泛应用。美国2012年3月的政府报告里明确要求每个下属的联邦机构都要制订一个"大数据"发展战略，奥巴马政府首先宣布投资2亿美元，立刻启动大数据研究与发展项目。

除了在社会领域的计算正在兴起，物理环境领域的计算也面临着革命。动因就是"普适计算"。传感器、可穿戴式设备等微小的计算设备将进一步普及，装备到全世界的各种物体之上，包括机器、电器、人体、动物、植物等需要监测的目标，真正形成"万物皆联网，无处不计算"的状态。人类的数据总量将达到史无前例的爆炸性规模。

机器将是第一梯队。人类在进入机器大生产的时代之初，机器的效率在不断提高，但到达一个临界点之后，机器的效率就很难再优化了。当机器和机器相连，形成一个系统的时候，其效率问题就显得更为显著，一台机器的效率可能成为系统的瓶颈，一台机器的故障可能导致整个系统瘫痪，系统的复杂性使工程师常常顾此失彼，难以优化系统的效率。如果能通过传感器监测机器的运行状态，通过计算确认各类设备的良好程度，算准时间进行设备优化和维修更新，就能控制生产过程中的不确定性，减少意外情况带来的损失。目前，全世界现在大概有300万个重要的、巨大的、日夜运行的机器，这些机器都在一定的温度、湿度、压力、振动、旋转状态下工作，这些参数都是重要的监测指标。此外，全世界还有上百亿台带有微处理器的机器或者电器，未来都可以装上传感器，全球人口共有60多亿，当社交媒体被发明的时候，每个网民都成了一个数据生成器，就已经引起了一次数据大爆炸，而机器远比人多，而且日夜不停地旋转、工作，可以想象，这次即将到来的数据爆炸，将是超级大爆炸。为此，通用电气公司启动了"工业互联网"计划。2012年7月，通用电气公司投资1.7亿美元在纽约州斯克内克塔迪市开设了一家电池工厂，在1.6万多平方米的厂房内安装1万多个传感器。这些传感器分布在各条生产线上，监控、记录生产过程中的温度、气压、湿度、生产配料，能源消耗等数据。工厂的管理人员则通过随身携带的Tad获取这些数据，以便在第一时间发现问题，对生产进行监督和调整。"让每件产品产生记忆"；未来，产品在出厂前就被植入了传感器，记录了它的生产过程，在产品抵达顾客、进入服务状态之后，传感器将每时每刻都记录产品的运行情况，一旦出现问题和故障，通用电气可以快速地整合生产记录、销售记录、产品运行记录这三种数据进行分析。

此外，还有生活物联网，即生活电器入网。2014年1月，谷歌以32亿美元的现金收购了智能家居设备商Nest。业界纷纷认为，生活物联网的脚步越来越临近，我们即将迈进一个智能家居的时代，远在外面却可以根据需要遥控家里的一切设备，并且因为所有家庭都自动化控制，这些控制之间的连接可能还远远不止自动化这么简单，可能还有进一步开启其他意想不到的作用。

物理环境领域的计算的崛起将给全世界带来巨大的机遇。新一代的机器是能够记录自己行为以及与其他机器的交换数据的智能机器，在机器"出生"的时候，传感器就已经和机器一体化了。面对机器产生的海量数据，各行各业都需要制定很多数据标准，使同一类别的机器，同一品牌的机器产生的数据能够自由整合，对比和分析。我们还需要新的分析平台和工具，同时，因为生产过程中机器工作过程中实时数据的获得，我们需要制定新的生产流程和规范，以提高各种决策的效率，在这个过程中，全世界会需要一大批数字机械工程师，软件工程师，数据科学家和人机交互界面专家。

此外，因为这种超级大爆炸，全世界的数据中心将大量增加，这将拉动硬件产业的发展。通用电气公司估计，数据中心的需求将每两年翻一倍。2015年，对数据中心的投资增长到1000亿美元。2020年，数据中心的数量增长40倍。到2025年，这一数字将达到2000亿美元。数据中心是耗电大户，建设清洁、高效、具有弹性的数据中心将是未来的一个重大挑战。此外，数据中心的增加还将推动宽带网，光纤网的建设，使各种数据中心能够跨地区，跨行业相连。

2012年以来，第三次工业革命、新工业革命、数字工业革命等各种工业革命论的提法频频在全球激起讨论。2012年，中国科学院的研究员王飞跃先生率队考察了美国的加式制造产业。他认为，这场新的产业革命已经触手可及，未来的新型制造模式可以称为"社会制造"。所谓社会制造,"就是利用3D打印,网络技术和社会媒体,通过众包等方式让社会民众充分参与产品的全生命制造过程,实现个性化、实时化、经济化的生产和消费模式。在社会制造的环境中,大批3D打印机形成制造网络,并与互联网、物联网和物流网无缝连接,形成复杂的社会制造网络系统,实时地满足人们的各种需求"。对于社会制造这种新的生产模式,虽然还有诸多细节有待想象和试验,但可以肯定的是,发展的前景不可轻视。未来的工业制造将呈现数字化、智能化、定制化和互联化的特点。

同样在2012年,一种新型的智能学习平台在美国兴起,成为高科技领域创新和投资的重点,其中不少公司已经获得了初步成功。这种智能平台可以实现全球几十万人同步学习,在同一时间听取同一门老师授课,做同样的作业、接受同样的评分标准和考试。这意味着你即使身处非洲,也能和哈佛大学的学生一起学习、听哈佛的教授讲课。更关键的是,这是一个智能平台,可以对学习者的学习行为进行自动提示,引导和评价,从而弥补没有老师面对面交流指导的不足。平台的智能来自大量数据。单个个体学习行为的数据似乎是杂乱无章的,但当数据累积到一定程度时,群体行为就会在数据上呈现一种秩序和规律。通过收集、分析大量数据,就能总结出这种秩序和规律,然后把这种规律变成不同的算法,和新的学习者的学习行为进行对比,为他们达成最佳的学习效果进行提示和导航,每个学习者都可能得到个性化、有针对性地辅导。为了收集更多的数据,各个公司,大学的在线学习平台几乎都向全世界免费开放。有更多的学习者,才能收集更多的数据,有了数据,它们才能研究世界各国男女老少等不同学习者的行为模式,进而打造更好的智能学习算法。

数据是一切行为的关键。大数据好比人类的新土壤,正是依托这片土壤,智能型的文明才得以滋生繁衍,充满生机和活力。未来已经到来,这将是一个由数据驱动、由算法定义的世界,自动化将接管越来越多的工作。毫无疑问,人类将从中获得更大的解放,但同时,这个新的社会形态也将给人类带来空前的挑战。

第二节 大数据的概念

一、大数据的定义

大数据这个概念是由最先经历信息爆炸的学科,如天文学和基因学创造出来的。如今这个概念已经应用到了几乎所有人类致力于发展的领域中。大数据并非一个确切的概念。

最初，这个概念是指需要处理的信息量过大，已经超出了一般电脑在处理数据时所能使用的内存量，因此工程师们必须改进处理数据的工具。大数据这个术语最早应用于apache org的开源项目Nutch，用来表达批量处理或分析网络搜索索引产生的大量数据集。

谷歌公开发布Map Reduce和Google File System（GFS）之后，大数据不仅包含数据的体量，而且强调数据的处理速度。数据分析领域，大数据是前沿技术，大数据以及数据仓库、数据分析、数据安全、数据挖掘是IT行业时下最火爆的词汇，大数据的商业价值已经成为信息行业争相追逐的焦点。大数据包括各种互联网信息，更包括各种交通工具、生产设备、工业器材上的传感器，随时随地进行测量，不间断传递着海量的信息数据。利用新处理模式，大数据具有更强的决策力和洞察力，能够优化流程，实现高增长率，处理海量的多样化信息资产。归根结底，大数据技术可以快速处理不同种类的数据，从中获得有价值的信息，处理速度快，只有快速才能起到实际用途。

随着网络、传感器和服务器等硬件设施全面发展，大数据技术促使众多企业融合自身需求，创造出难以想象的经济效益，实现巨大的社会价值，商业价值高，各行各业利用大数据产生极大增值和效益，表现出前所未有的社会能力，而绝不仅仅只是数据本身。所以，大数据可以定义为在合理时间内采集大规模资料、处理成为帮助使用者更有效决策的社会过程。

在今天，大数据被认为是一种人们在大规模数据的基础上可以做到的事情，大数据是人们获得新的认知、创造新的价值的源泉。大数据还为改变各种关系服务。

二、大数据的本质

从人类认识史可以发现，对信息的认识史就是人类的认识进步史与实践发展史。人类历史上经历过四次信息革命。第一次是创造语言，语言是即时变换和传递信息的工具，人类通过语言建立相互关系认识世界。语言表明人类要求表达、认识世界并开始作用于世界，通过语言产生思维，将事物的信息抽象表达为声音这个即时载体，但语言的限制和缺点是无法突破个体的时空。第二次是创造文字以及随之而来的造纸与印刷的技术，实现了人类远距离和跨时空的思想传递，人类因此扩大联合，文字虽然突破了时间空间上的限制，但需要耗费太高的交流成本和传播成本。第三次是发明电信通信，电报、广播、电视实现了文字、声音和图像信息的远距离即时传递，为电子计算机与互联网创造奠定了基础。第四次是电子计算机与互联网的创造，是一次空前的伟大综合，其特点是所有信息全部归结为数据，表达形式为数字形式，只要有了0和1加上逻辑关系就可以构成全部世界。现代通信技术和电子计算机的有效结合，使信息的传递速度和处理速度得到了巨大的提高，人类掌握信息利用信息的能力达到了空前的高度，人类社会进入了信息社会。在一定意义上人类文明史是一部信息技术的发展进化历史。

（一）信息

哈特莱1928年在《信息传输》一文中说，信息是指有新内容、新知识的消息。信息的奠基人香农1948年认为信息是消除随机不确定性，是肯定性的确认和确定性的增加，并提出信息量的概念和信息熵的计算方法，从而奠定了信息论的基础。美国数学家诺伯特·维纳在《控制论—动物和机器中的通信与控制问题》中指出"信息是适应控制外部世界的过程中同外部世界交换的内容，信息就是信息，既非物质，也非能量。"

1956年英国学者阿希贝提出信息是集合的变异度，认为信息的本性在于事物本身具有变异度。1975年意大利学者—G. Longo在《信息论：心得趋势与未决问题》中指出信息是反映事物构成、关系和差别的东西，包含在事物的差异之中而不在事物的本身。美国著名物理化学家吉布斯在数学物理中创立了向量分析找到了一个全新的角度研究事件的不确定性和偶然性，用"熵"表示物理系统信息的量度。美国信息管理专家霍顿认为信息是经过加工处理的数据，可以满足用户决策的需要。从本体论层次信息可定义为事物的存在方式和运动状态表现形式，事物泛指存在于人类社会、思维活动和自然界中一切可能的对象，存在方式指事物的内部结构和外部联系，运动状态指事物在时空变化的特征和规律。从认识论层次看信息是主体所感知或表述的事物存在的方式和运动状态。主体所感知的是外部世界向主体输入的信息，主体所表述的则是主体向外部世界输出的信息。

（二）数据

数据就是指能够客观反映事实的数字和资料，可定义为用意义的实体表达事物的存在形式，是表达知识的字符集合。性质可分为表示事物属性的定性数据和反映事物数量特征的定量数据。按表现形式可分为数字数据和模拟数据，模拟数据又可以分为符号数据、文字数据、图形数据和图像数据等。

数据在计算机领域是指可以输入电子计算机的一切字母、数字、符号，具有一定意义能够被程序处理，是信息系统的组成要素。数据可以记录或传输，并通过外围设备在物理介质上被计算机接受，经过处理而得到结果。计算机系统的每个操作都要处理数据，通过转换、检索、归并、计算、制表和模拟等操作，经过解释并赋予一定的意义之后便成为信息，可以得到人们需要的结果。分析数据中包含的主要特征，就是对数据进行分类、采集、录入、储存、统计检验、统计分析等一系列活动，接收并且解读数据才能获取信息。

（三）数据与信息

数据是信息的载体，信息是有背景的数据，而知识是经过人类的归纳和整理，最终呈现规律的信息。但进入信息时代之后，"数据"二字的内涵开始扩大：不仅指代"有根据的数字"，还统指一切保存在电脑中的信息，包括文本、图片、视频等。其中的原因是：20世纪60年代软件科学领域取得了巨大进步、发明了数据库。此后，数字、文本、图片都不加区分地保存在电脑的数据库中，数据也逐渐成为"数字、文本、图片、视频"等的统称，也即"信息"的代名词。

简单地说，信息是经过加工的数据，或者说，信息是数据处理的结果。信息与数据是不可分离的，数据是信息的表现形式，信息是数据的内涵。数据本身并没有意义，数据只有对实体行为产生影响时才成为信息。信息可以离开信息系统而独立存在，也可以离开信息系统的各个组成和阶段而独立存在；而数据的格式往往与计算机系统有关，并随载荷它的物理设备的形式而改变。大数据可以被看作是依靠信息技术支持的信息群。

三、大数据的分类

（一）依据来源不同分类

大数据依据来源不同一般分为四类：科研数据、互联网数据、感知数据和企业数据。

1. 科研数据

科研数据在大数据时代前很久就存在，可能来自生物工程、天文望远镜或粒子对撞机，不一而足。这些数据存在于封闭系统中，使用者都是传统上做高性能计算（HPC）的企业，很多大数据技术脱胎于HPC。早在大数据作为一个新概念出现之前，曾经就有过一个概念：Data Intensive Scalable Computing（DISC）。

科研数据存在于具有极高计算速度且性能优越机器的研究机构，包括生物工程研究以及粒子对撞机或天文望远镜，例如位于欧洲的国际核子研究中心装备的大型强子对撞机，在其满负荷的工作状态下每秒就可以产生PB级的数据。

2. 互联网数据

互联网大数据是时代的主流，尤其社交媒体是近年来大数据的主要来源，几乎所有的大数据技术都源于快速发展的国际互联网企业。比如以搜索著称的百度与谷歌的数据规模都已经达到上千PB的规模级别，而应用广泛影响巨大的脸谱、亚马逊、雅虎、阿里巴巴的数据都突破上百PB。互联网数据增长的驱动力一是梅特卡夫定律（互联网企业的价值与用户数的平方成正比），二是扎克伯格反复引用的信息分享理论：一个人分享的信息每一到两年翻番。

大型互联网企业的大数据生态系统比较独特，一方面不同程度上参与开源，另一方面维护自给自足的生态系统，甚至连硬件都越来越依靠自己了。从谷歌开始，后有Facebook的Open Compute Project，国内有TAB主导的天蝎计划。大型互联网公司不只是自身产生大体量数据，它还有平台级的带动作用，如Facebook之于Zynga，阿里牵头做的数据交换平台。中型互联网公司，基本上也能够维持大数据技术团队，只不过与大型互联网公司的核心开发能力和社区贡献能力相比，他们更多部重兵在外围开发、优化和运维。当然，他们多少会有一些绝招，比如豆瓣的推荐，暴风的Hadoop管理。三线互联网公司有数据但没有大数据能力，这催生了一些大数据技术和服务的机会，如百分点为电商网站做个性化推荐和营销分析，各类广告联盟、移动应用服务平台为网站和移动应用提供统计分析、营销服务等。

3. 感知数据

进入移动互联网时代后，移动平台的感知功能和LBS的普及，基于位置的服务和移动平台的感知功能，感知数据逐渐与互联网数据越来越重叠，但感知数据的体量同样惊人，并且总量或许可能不亚于社交媒体。Teradata预测感知数据的总量在2015年超过社交媒体，并达到后者的10~20倍。重庆曾计划做一个平安城市项目，规划了50万摄像头，数据存储需求要达到百PB级别，不亚于世界级的互联网公司。

4. 企业数据

企业数据种类繁杂，企业数据和感知数据本质上也并不是MECE（不重复、不遗漏）的划分，企业同样可以通过物联网收集大量的感知数据，增长极其迅猛，之所以把它们分为两类，是因为传统上认为企业数据是人产生的，感知数据是物、传感器、标识等机器产生的。企业外部数据则日益吸纳社交媒体数据，内部数据不仅有结构化数据，更多是越来越多的非结构化数据，由早期电子邮件和文档文本等扩展到社交媒体与感知数据，包括多种多样的音频、视频、图片、模拟信号等等。

可以把企业数据和感知数据放在一起讲，是因为它们都涉及传统产业，从经济总量上要比互联网产业大很多，而且传统产业自身的大数据能力有限，所以这是大数据技术和服务企业的主要目标市场。但目前的现实是就单个企业而言，具有大数据需求的并不多见。比如说麦肯锡的报告中把制造业列为大数据存量最多的行业，但很少有制造企业上马大数据项目。即使有，如Zara，只是在市场营销上加入了互联网的招数，获得来自终端的需求，供应链和生产这块相比大数据之前没有太多新意。通过数据采集和分析来提升制造业的效率，会是个很大的市场，这是工业物联网，但未必是大数据。

互联网上的大数据不容易分类，百度把数据分为用户搜索产生的需求数据以及通过公共网络获取的数据；阿里巴巴则根据其商业价值分为交易数据、社交数据、信用数据和移动数据；腾讯擅于挖掘用户关系数据并且在此基础生成社交数据。通过数据进行分析人们的许多想法和行为，从中发现政治治理、文化活动、社会行为、商业发展、身体健康等各个领域的各种信息，进而可以预测未来。互联网大数据可以分为互联网金融数据以及用户消费产生的行为、地理位置以及社交等大量数据。

（二）依据使用主体分类

从社会宏观角度根据其使用主体可分为三类：政府的大数据、企业的大数据、个人的大数据。

1.政府的大数据

各级政府各个机构拥有海量的原始数据，构成社会发展与运行的基础，包括形形色色的环保、气象、电力等生活数据，道路交通、自来水、住房等公共数据，安全、海关、旅游等管理数据，教育、医疗、信用及金融等服务数据。在具体的政府单一部门里面无数数据固化而没有产生任何价值，如果关联这些数据流动起来综合分析有效管理，这些数据将产生巨大的社会价值和经济效益。

现代城市依托网络智能走向智慧，无论智能电网与智慧医疗，还是智能交通和智慧环保都离不开大数据的支撑，大数据是智慧城市的核心资本。到2012年底已经有180个国内城市开始投资建设智慧城市，总的投资规模包括数据平台的投入和通信网络方面的各种基础设施全部加起来大约6000亿元人民币，根据十二五规划，各地建设智慧城市仅仅基础设备的投资拉动规模总和大约1万亿元人民币。建设智慧城市，大数据可以在方方面面提供各种决策与智力支持。政府作为国家的管理者应该将数据逐步开放供给更多有能力的机构组织或个人来分析并加以利用以加速造福人类。奥巴马任期内的一个重要举措是美国政府筹建了一个date.gov网站，要求政府公开透明，核心就是政府机构的数据公开。截至目前，已经开放了上万个数据库。

2. 企业的大数据

企业离不开数据支持有效决策，只有通过数据才能快速发展，实现利润，维护客户，传递价值，支撑规模，增加影响，撬动杠杆，带来差异，服务买家，提高质量，节省成本，扩大吸引，打败对手，开拓市场。企业需要大数据的帮助才能对快速膨胀的消费者群体提供差异化的产品或服务，实现精准营销。网络企业应该依靠大数据实现服务升级与方向转型，传统企业面临无处不在的互联网压力同样必须谋求变革实现融合不断前进。

随着信息技术的发展，数据成为企业的核心资产和基本要素，数据变成产业进而成长为供应链模式，慢慢连接为贯通的数据供应链。互联网时代，互相自由连通的外部数据的重要性逐渐超过单一的内部数据，企业个体的内部数据更是难以和整个互联网数据相提并论。综合提供数据，推动数据应用、整合数据加工的新型公司明显具有竞争优势。

大数据时代产生影响巨大的互联网企业，而传统IT公司随着网络社会的到来开始进入互联网领域，需要云计算与大数据技术，改善产品，提升平台，实现升级，这两类公司互相借鉴，相互合作彼此竞争。

3. 个人的大数据

每人都能通过互联网建立属于自己的信息中心，积累、记录、采集、储存个人的一切大数据信息。根据相关法律规定，经过本人亲自授权，所有个人相关信息将转化为有价值的数据，被第三方采集可以快速处理，获得个性化的数据服务。通过信息技术使得各种可穿戴设备，包括植入的各种芯片都可以通过感知技术获得个人的大数据，包括但不限于体温、心率、视力各类身体数据以及社会关系、地理位置、购物活动等等各类社会数据。个人可以选择将身体数据授权提供给医疗服务机构，以便监测出当前的身体状况，制定私人健康计划；还能把个人金融数据授权给专业的金融理财机构，以便制定相应的理财规划并预测收益。当然国家有关部门还会在法律范围内经过严格程序进行预防监控，实时监控公共安全，预防犯罪。

个人的大数据严格受到法律保护，其他第三方机构必须按法律规定授权使用，数据必须接受公开透明全面监管；采集个人数据应该明确按照国家立法要求，由用户自己决定采集内容与范围；数据只能由用户明确授权才能严格处理。

四、大数据的技术

大数据技术包括大数据科学、大数据工程和大数据应用。大数据工程指通过规划建设大数据并进行运营管理的整个系统；大数据科学指在大数据网络的快速发展和运营过程中寻找规律，验证大数据与社会活动之间的复杂关系。大数据需要有效地处理大量数据，包括大规模并行处理（MPP）数据库、分布式文件系统、数据挖掘电网、云计算平台、分布式数据库、互联网和可扩展的存储系统。当前用于分析大数据的工具主要有开源与商用两个生态圈，开源大数据生态圈主要包括 Hadoop HDFS、Hadoop Map Reduce、HBase 等等，商用大数据生态圈包括一体机数据库、数据仓库及数据集市。大量非结构化数据通过关系型数据库处理分析需要大量时间和金钱，由于大型数据集分析需要大量电脑持续高效分配工作。大数据分析常和云计算联系到一起，大数据分析相比传统的数据仓库数据量大、查询分析复杂。

大数据处理和存储技术源于军事需求，二战期间英国研发了能处理大规模数据的机器，二战后美国致力于数字化处理搜集得到大量情报信息。计算机和互联网技术导致大数据处理问题出现，"9·11"事件后美国政府在大数据挖掘领域组建了大数据库用于识别可疑人，通过筛选通信、教育、犯罪、医疗、金融和旅行等记录，之后组建基于网络的信息共享系统。大规模数据分析技术源于社交网络，大数据应用使人们的思维不局限于数据处理机器，重要的是新用途和新见解，对大规模信息的处理需求从根本上推动了大数据相关技术的发展，超级计算机的发明、大数据的存储和处理技术以及大数据分析算法的研发最终导致了大数据在教育、金融、医疗等多方面的广泛应用。

第三节 大数据的特征

一、体量巨大，种类繁多

互联网搜索的发展、电子商务交易平台的覆盖和微博等社交网站的兴起，产生了无穷无尽的各种数据内容。数据统计机构 IDC 曾预估 2011 年和 2012 年的全球信息总量分别达到 1.8ZB、2.8ZB，到 2020 年将是 40ZB；谷歌前 CEO 施密特指出从人类文明开始到 2003 年的近万年时间里人类大约产生 5EB 数据，而 2010 年人类每两天就能产生 5EB 数据。传感、存储和网络等计算机科学领域在不断前行，人们在不同领域采集到的数据量达到了前所未有的程度，收集大量数据原因在于网络数据可以实现同步实时收集，包括电子商务、传感器、智能手机等，还有医疗领域的临床数据和科学研究，例如基因组研究将GB级乃至TB级数据输送到数据库。数据总量的增长由于占到85%以上的非结构化数据的增长，增速比结构化数据快大概几十倍。对于存储和网络企业的投资者来说这类预测能提升信心，美国咨询公司麦肯锡从个体数据集的大体量定义大数据，它指传统数据库软件工具难以采集、存储、分析管理的巨大的数据集。数据类型日益繁多，例如视频、文字、图片、符号等各种信息，发掘这些形态各不相同的数据流之间的相关性是大数据的最大优点。比如供水系统数据与交通状况比较可以发现清晨洗浴和早高峰的时间密切相关，电网运行数据和堵车时间地点有相关性，交通事故率关联睡眠质量。

二、开放公开，容易获得

采集大数据不是为了存储而是为了进行分析。大数据不仅存在于特定的政府机构和企业组织，而是在社会生活生产过程中自动产生存储的。电信公司积累客户的电话沟通记录，电子商务网站整合消费者的各种信息，企业通过挖掘海量数据可以增强自身能力，改善运营服务，提供决策支持，实现商业智能进而为企业带来高额经济效益回报，发现企业发展的特殊规律。今天在一定规则开放性下，依靠应用程序接口技术和爬虫采集技术，越来越多的商业组织和政府机构开始向社会各界和研究机构提供自身采集储存的各种海量数据源，尤其是美国政府走在前列，主动提供具有权威的开放数据源date.gov等开源数据。并且国内外大量组织收集微博上的海量信息，分析个人特征和属性标签，预测社会舆情、电影票房或者商业机会。开放公开容易获得的数据源成为大数据时代的基本特征，产生了巨大的社会影响。

三、重视社会预测

预测是大数据的本质特征。在大数据时代，预见行业未来的能力成为企业追求的目标。最近美国Netflix公司推出《纸牌屋》，即通过采集其3000万用户的播放动作，包括打开、暂停、快进、倒退等动作，分析其注册用户的几百万次评级与搜索，评价受众对不同电视电影节目给予的不同观点，从导演、演员、题材、情节、类型等各个方面理解公众欣赏节目的习惯，通过挖掘海量数据，获得人们的喜好。该公司细致地采集分析用户数据改变了视频行业的制作方式，用计算方法和逻辑分析替代了以前的过时生产方式，通过大数据能先于受众分析需求，制作受人关注的节目。更有意思的案例是商场居然比父亲更早得知未成年女儿的怀孕信息，源于商家依据客户的购物行为进而通过大数据分析预测到其有很大的怀孕可能性。人们极为关注大数据预知社会问题的应用功能，在社会科学领域大数据将发挥越来越突出的巨大作用。

四、重视发现而非实证

实证研究强调建立理论假设，设定范围随机抽样，定量调查采集数据，收集相关数据，进而证伪或证实理论假设，是连续线性的决策，具有逻辑严密的思维。大数据则重视数据，创造知识，预测前景，探索未知，关注现象，发现机遇。预见未来依靠自下而上的数据收集处理，不依赖理论假设的前提下去发现知识，预知未来，洞察趋势，找到规律。例如沃尔玛超市经过大数据技术分析海量交易数据，发现周末如果男人买婴儿尿布的同时会顺便买啤酒的独特现象。通常数据挖掘不做刻板假设，具有未知性，但结果有效并且实用。还有是重视全体忽略抽样。大数据是信息技术自动采集存储的海量数据，可以进行快速分析处理得到结果。随着存储设备成本不断下降，计算机工具效能日趋先进，处理海量数据的能力快速提升，数据挖掘算法持续加速改进，尤其是机器学习的神经网络建模技术使得抽样调查不再是唯一的方法。大数据理论上可以把握总体数据，更加重视整体的全部数据。

五、非结构化数据的涌现

数据挖掘重视未知的有效信息和实用知识，越来越多的是非结构化数据，这成为大数据时代的突出特征。现在超过90%的数据都是非结构化数据。社交媒体尤其微博随时产生的无数数据文本，导致有价值的数据隐藏在海量信息中，大数据分析技术从大量文本中挖掘探析人们的态度和行为，呼应舆情监测的社会需求和企业的重大商机。面对非结构化的大数据采集处理，社会产生了新的需求，技术发生了新的变革，各种Hadoop集群、Map Reduce等非关系型数据库流行，IT新技术不断涌现。大数据包括数据挖掘、网络挖掘、文本挖掘、机器学习和NLP自然语言处理等IT和商业智能信息技术和决策支持系统及其在社会科学领域的应用。

第四节　大数据的发展动因

大数据的发展不仅靠信息技术的不断创新，更离不开社会各领域的互相促进，社会需要是大数据技术发展的最大动力。大数据时代的数据规模十分庞大，传统的信息技术不具备进行快速分析高效处理的能力，难以有效分析获得利用价值。感知采集数据储存分析加以商业化处理，推动大数据技术不断进步取得成功实现应用是当前最迫切需要的工作。大数据技术研发与其社会应用成为我国发展的战略重点，要体会数据技术与应用有机统一互相促进的深刻内涵，掌握主动权，发展大数据。

一、科学技术的创新推力

（一）社交网络崛起的大爆发

我们已经进入一个复杂科学领域，随着云计算、云存储、物联网、二维码技术和LBS（基于位置的服务）的互联网技术广泛应用，人类的各种社会互动、沟通设备、社交网络和传感器正在生成海量数据。商业自动化导致海量数据存储，但用于决策的有效信息又隐藏在数据中，如何从数据中发现知识，以数据挖掘为代表的大数据分析技术应运而生。

1.社交网络的公共性

社交网络是大数据的重要来源，大数据的社会应用与社会价值就来自于社交网络，比如国外影响巨大的Facebook和Twitter，国内近年来突然兴起的微博，特别是大家关注度非常高的新浪微博，这种网络交流平台具有媒介属性，日益成为影响不可忽视的社会化媒体，每分每秒时时刻刻都在产生数以亿计形形色色的话语文本。人具有与他人交流、分享、传播信息的天生需求，与他人直接交流互动和传播各种信息加大了人的社会交往。基于人际关系的信息传播创造了数量庞大的关系数据，扩大了大数据的社会价值与社会影响，带来商业上的无限想象力和各种企业的商业应用价值。大数据产生的技术背景离不开社交网络，移动互联网和物联网的发展导致大数据越来越大，使其具有随时收集、即时应用、及时生产的重要特点。

全世界每天都有10亿人以上在社交网络上交流信息发表观点。每一刻都会有上百万人通过社交媒体点赞分享、转发微博、讨论时尚、引导潮流。

2.社交网络的价值性

在一定程度上，大数据的社会应用价值越来越多的来自新型的社交媒体，在这些影响巨大的新媒体社会背景下，大数据参与渗透进入各种各样的商业应用领域，产生巨大的社会影响，微博营销开始成为商家的选择，已成为目前最显著的商业模式，是大数据最直接的商业应用。社会化媒体直接成为企业首选的营销工具，企业通过社会化媒体发布有效信息，直接影响和引导消费者的潮流，主动收集来自消费者的反馈信息，积极进行互动，这成为利润来源的重要渠道。社交网络互动传播彻底改变了传统大众媒体单向的传播方式，企业可以针对具体特定不同的各种目标群体，通过信息技术点对点直接传递不同的特定信息，影响舆论，改善声誉，建立美誉度，有助于使消费者形成购买决策。很多企业关注从海量采集的关系数据中提取发现真正有价值的商业信息，建立客户档案，实现精准营销，追踪目标客户，分析客户价值建立商业模型。

奥巴马为了赢得美国总统大选，他的团队就通过对来自各种社交媒体产生的数据进行有效分析，做出民意评估，监测舆情，最后帮助其连任。

3.社交网络的应用性

社交媒体可以很短时间产生很大信息量，采取有效方法运用海量数据才是面临的棘手问题。社会化媒体必须学会处理数据，例如电视广告价格很贵，媒体投放成本相对较高，一个企业的销售广告同时有15秒和30秒两个不同版本，但事先难以确定哪个版本更能吸引消费者，这时可以提前把视频传播至互联网，通过无处不在的社交媒体进行免费传播。应用大数据技术可以把采集消费者的信息，快速收集加以系统分析，找到有助于传播的元素，分析引起消费者反感的原因，快速提前测试有助决策，为广告主节省大量成本。通过大数据企业与用户间出现了新的沟通方式，商业模式正在发生变化，社交媒体在全世界都引起了市场变革，表现出企业日益关注消费者，用户重要性正在不断凸显。2012年9月一家美国调研机构对市场营销人员进行调查，将近2/3的受访客户承认在广告营销领域采用数据管理平台的原因出于挖掘大数据的市场需求。

运用社交大数据，关键在于拥有数据。尽管用户数量不迅速增加，但预测用户行为，提出更精准的建议，仍然需要采集更大更多的数据量。如果数据处理能力没有提高，不能结合实际商业场景，就不会形成精细落地方案，既不可持续，也不可获利，导致社交大数据发展面临挑战。只有提高分布式计算、改善存储功能、加快实时计算的能力，才会实现价值。如果没有实际应用，大数据技术就不会产生实际意义。大数据带来市场变革，挑战已有经验，颠覆已知模式，引领人类走向智能社会，数字化生存成为新的生活方式，社会化媒体随时记录人们的社会生活，数据记录不仅可以保存而且可以分析，能够产生新的社会科学研究方法，拥有预知社会的可能性，在社会科学领域产生革命性变革和影响，大数据直接改变了社会科学研究的模式和路径。

（二）物联网发展的促进作用

随着物联网迅速发展，各种行业、不同地域以及各个领域的物体都被十分密切地关联起来。物联网通过形形色色的传感器将现实世界中产生的各种信息收集为电子数据，并把信号直接传递到计算机中心处理系统，必然造成数字信息膨胀，数据总量极速增长。

1. 物联网形成产业链

物联信息不仅仅包括物联管理对象信息与物联感知设备信息，更突出物联实时信息。根据物联网数据的来源可以分成传感器感知数据和社交网络数据两种。虽然目前网络上产生的数据多于各种传感器感知到的数据总量，但是随着物联网设备的日益普及和感知技术的进步，传感器产生的数据量将大幅增加，最终将超过网络数据量，这种趋势越来越明显。物联网改变了人们的社会活动形式，改善了人们的生活方式，变革了商业模式，被称为第三次信息化高潮，继计算机、互联网产生之后对社会的发展产生新的冲击。物联网把对象物和互联网相互连接起来，即时信息交换，智能化识别，实现定位跟踪，监控管理对象，产生大量数据，影响电力、安防、医疗、物流、交通、环保等行业形成新的商业模式。物联网联合大数据，正在迅速创造出巨大的社会价值和商业价值。

物联网发展离不开基础建设，需要设备制造企业提供传感设备与网络核心设备，随着存储能力非常巨大的云计算中心的不断建设和投入使用，物联网持续产生的大数据可以随时存储，在线处理，产生价值，成为现实。企业需要思考物联网收集的大数据与其产业发展的融合与转换，将数据转化为利润，开辟市场蓝海，收获真金白银，发明新的商业模式，形成新的商业思维。

2. 物联网产生大数据

物联网大数据成为焦点，引起各大IT巨头越来越多的注意，其潜在的巨大价值也正在通过市场逐渐被挖掘出来。微软、IBM、SAP、谷歌等国际知名IT企业已经在全球分别部署了大量数据中心，还拿出大笔资金收购擅长数据管理和建构分析方面的优秀软件企业。这些物联网产生的大数据来自不同种类的终端，比如智能电表、移动通信终端、汽车和各种工业机器等，影响生产生活的各个领域，各个层面，不可小觑。

物联网产业链的核心是数据以及数据驱动的产业，物联网的核心价值是在更广泛的应用层。物联网产生的大数据经过智能化的处理、社会化的分析，将生成各种商业模式，产生各异的多种应用，形成了物联网最重要的商业价值。处理物联网收集的大数据并不容易，物联网中的大数据不是简单地等同于互联网数据。物联网大数据不仅包括社交网络数据，更包括传感器感知数据，尽管社交网络数据包含大量可被处理的非结构化数据，比如新闻、微博等，但是物联网传感器收集的许多碎片化数据属于非结构化数据，在目前还不能被处理。

物联网应用于多个行业，而每个行业产生的数据有独特的结构特点，因此就形成很多相异的商业模式。物联网创造商业价值的基础是数据分析，物联网产业将出现各种类型的数据处理公司，比如数据分析公司，软件应用集成公司和商业运营公司。

而在物联网应用的过程中，电信运营商起到主导作用，扮演起行业龙头的角色，发挥带动的作用，另外中国电信表现突出，也开始宣传自己物联网应用系统用于全球远程监控。而电信运营商之所以分外努力推广应用物联网，不仅仅在于运营商可整合硬件、芯片、应用等各步骤中的许多优秀合作伙伴，在运营方面以外，还在于物联网广泛应用在电信终端，可以有效整合电信互联网产业链的推进。电信运营商的示范不仅积累实战经验，甚至可帮助电信运营商将业务在物联网中拓展为系统方案解决商，介入各种增值业务。

3. 物联网催化大商业

物联网商业模式将更多的移动终端容纳进来，作为数据采集设备，加以信息化应用，适应市场需求，成为物联网跨界发展的趋势。这种数据如果能得到运营商快速化、规模化、跨领域的广泛应用，那么电信运营商可能获取的商业回报会进一步参与到物联网的各个建设环节中，并且还可能使越来越多的商业信息被运营商掌握。这些信息驱动企业合作，推动参与各方共同寻找一种多方共赢的路径，建立新型商业模式。现在大部分行业的商业信息移动化、社交化，大数据必然会成为最佳捷径，实现用户商业价值。物联网大数据支撑商业开展，服务商业决策，提供各种行业信息，因此物联网大数据的未来是无限的，富有商业魅力。物联网大数据要获得产业健康有序发展，不能仅在概念上停留，还需要政策支持，市场完善以及产品持续地不断创新。而更为重要的方向是推动不同部门、不同机构、不同行业之间共享物联网大数据的问题。各部门公开数据、分享数据才能利用数据深层价值，产生数据的附加价值。虽然目前交通、电力、工业等不同行业还没有合为一个物联网，但是共享不同行业的各种数据信息是可行的。而目前政府部门也开始意识到数据单一难以发挥最大效能，开始寻求数据交换伙伴，部门之间已经开始相互交换数据，这必将成为一种发展趋势，而共享不同部门之间不同种类的数据信息有助于发挥物联网更大的价值。在未来几十年，物联网大数据面临着战略性的时代发展机遇及挑战。物联网握手大数据，不仅延伸更为广泛的应用，更会产生出价值更大的产业链，所以，物联网发展离不开大数据理念，而大数据的广泛应用进一步加快物联网的前进步伐，在互动发展全过程中，物联网能够促进并带动大数据发展。大数据的采集和感知技术的发展是紧密联系的，提升以传感器技术、RFID技术、指纹识别技术、坐标定位技术等为基础的感知能力是物联网发展的基石。普及智能手机发展感知技术的高峰期，世界被数据化的过程就是感知被逐渐捕获的过程，一旦世界被完全数据化了，信息就是世界的本质。

（三）云计算提供的技术平台

大数据与云计算的关系密不可分，大数据必须采用分布式计算架构挖掘海量数据，必须依托云计算的分布式数据库、分布式处理、云存储和虚拟化技术。大数据包括大量非结构化和半结构化数据，下载这些数据到关系型数据库用于分析时会消耗大量时间和金钱，因为实时的大型数据集分析需要像Map Reduce一样的框架来向许多台电脑分配工作。依靠宽带、物联网的大数据提供了解决办法，具有无数分散决策中心的云计算大系统能够产生接近整体最优的帕累托效应，无数分别思考的决策分中心通过互联网与物联网形成超级决策中心。

互联网中多元动态、并行实时的大数据思维的出现促进重新定义知识的本质。大数据时代企业的疆界变得模糊、网民和消费者的界限正在消失、数据成为核心资产并将深刻影响企业的业务模式，甚至重构其文化和组织。

因此大数据改善国家治理模式，影响企业决策、组织和业务流程，改变个人生活方式。如果利用大数据贴近消费者、深刻理解需求、高效分析信息并做出预判，所有传统的产品公司都只能沦为新型用户平台级公司的附庸。大数据是继云计算、物联网之后IT产业又一次颠覆性的技术变革。云计算主要为数据资产提供了保管、访问的场所和渠道，而数据才是真正有价值的资产。企业内部的经营交易信息、互联网世界中的人与人交互信息、物联网世界中的商品物流信息、位置信息等数量远远超越现有企业IT架构和基础设施的承载能力，实时性要求也将大大超越现有的计算能力。大数据的核心议题和云计算必然的升级方向是盘活数据资产，使其为国家治理、企业决策乃至个人生活服务。

大数据和云计算这两个词经常被同时提到，很多人误以为大数据和云计算是同时诞生的、具有强绑定关系。其实这两者之间既有关联性，也有区别。云计算指的是一种以互联网方式来提供服务的计算模式，而大数据指的是基于多源异构、跨域关联的海量数据分析所产生的决策流程、商业模式、科学范式、生活方式和关联形态上的颠覆性变化的总和。大数据处理会利用到云计算领域的很多技术，但大数据并非完全依赖于云计算；反过来，云计算之上也并非只有大数据这一种应用。

大数据出现具有深刻的原因。2009年至2012年电子商务在全球全面发展，电子商务是第一个真正实现将纯互联网经济与传统经济融合，嫁接在一起发展的混合经济模式。正是互联网与传统经济的结合才催生出现在社会高度关注的大数据。大数据连接互联网产业与传统产业，而且大数据结合互联网应用于传统产业领域，范围超过纯互联网经济。在电子商务模式出现以前，传统企业的数据数量缓慢增长。传统企业的数据仓库大多数属于交易型数据，而交易行为处于用户消费决策的最后端，电子商务模式使得用户的搜索、浏览、比较等行为企业可以采集到，这就至少提升了企业的数据规模一个数量级。现在日益流行的移动互联网和物联网又必将使企业数据量提高两三个数量级。

二、个人生活的供给潜力

（一）大数据影响各类文化产品

根据统计资料，文化传媒是第二大数据来源，仅次于政府产生的信息数据。

如何进行利用，提高分析价值，了解消费者需求，生产文化商品，符合目标人群，提升利润空间，成为无数文化企业关注的核心课题。

影视直接迎合观众需求。过去依靠经验制作影视剧，主要靠导演、主演、制片人，很多时候投资需要寻找社会关系，播出需要借力平台，播出依靠品牌效应。在具体环节中，观众只是客体，只能被动欣赏。在大数据时代，影视制作模式创新，播出模式开始颠覆。导演直接了解观众需求，想看什么拍什么。《纸牌屋》利用大数据大获成功后，影视业开始跟风大数据，通过大数据技术亚马逊等有名网站均开始制作自制剧。旅游预测游客趋向。在法国阿维尼翁论坛上，人们热议大数据，成为会议最流行的热词。为了迎接外国游客，法国蓝色海岸区域旅游委员会和法国移动运营商Orange联合应用大数据计算进行调研，检测游客的游览路线、采集住宿情况、测量游客数量、对超过100万个用户进行数据分析、定位用户电话，计算停留时间，测算游客活动范围，改善地区旅游发展方案，修改明确方案，调整酒店位置，设计不同交往方式，欢迎外国游客，针对不同地区的旅游者，设计相应活动。这些做法快速有效，提高了地区收入，提升了服务质量。

在线音乐投放精确广告。音乐服务商可以通过网络收集用户的数据，找到适合的音乐类型，发现偏好收听的音乐，掌握场所与时间段，适应用户的爱好，从而直接推送对应类型的广告，让用户充满兴趣，重视用户的体验度。例如，在周末下午，收听动感音乐，电台会尝试投放参加波多黎各冒险游的广告；而如果周一早晨，在办公室上班前听激情音乐的用户，可能需要电台投放一个欢乐的巴黎之旅广告。

艺术品市场判断市场，评估变化，预测交易，提高数量。大数据在艺术市场引领潮流，预测方向。艺术品行业产生的大数据主要来自用户交易、内容分析和物流渠道三方面。艺术品数据公司搜集艺术品交易记录，建立包括艺术家、经纪人、设计师的数据库。签约用户可以利用大数据分析艺术品市场，预知变化，比如选出艺术家的所有信息，建立一个流派的指数，从中整理交易数量的随机变化。

时装设计社交媒体占据主流。大数据变革时装设计，影响时装行业。时装设计能否成功常常取决于正确的选择，包括合适的颜色图案、形状面料、大小尺寸等，而这些都可以通过大数据收集资料分析趋势获得答案。

电子游戏与玩家互动，参与创作。现在无论是手机游戏还是社交游戏，数据分析成为开发的主要环节，在这个过程中都起着重要作用。通过大数据，采集分析每日活跃在网络的用户数，判断玩家支付费用，调整游戏时间等，设计者不仅能提升客户体验度，也能为降低新游戏的风险，减免成本。

（二）大数据改善生活潜力巨大

大数据有望在社会生活的方方面面得到应用，改变市民的日常生活。在卫生健康方面，针对临床判断、质量分析、医疗看护、资源分配、辅助决策、科研实践、数据服务、个性治疗、健康引导的需求，需要建设全民医疗健康公共服务平台，完善涵盖全部患者的电子诊疗档案库，实现PB级的医疗大数据，支撑所有医生在线诊疗的医疗平台。在食品安全方面，面临食品安全形势，通过管理，了解需求，建设食品大数据安全平台；在全民教育方面，提高全民素质，终身学习，继续教育，都需要应用教育大数据提供服务；在智能交通方面，细化交通规划，改善交通决策，协调跨部门管理，提供个性化服务，掌握公众信息，要求全方位地利用交通大数据，建设服务平台；在社会安全方面，熟悉公共安全知识、实现治安防控、保证反恐维稳、做出情报研判、帮助案情侦破等各种需求，迫切呼唤建设大数据公共平台，整合安全管理数据，加强现实应用；在科技发展方面，支持科技服务，提供数据整合、实现交互式服务、预测发展趋势、支持战略决策，探索科技服务链，整合众包分包、实现供需对接，建立科技服务大数据体系，所有资源共享，建设跨领域平台，利用科技服务帮助工程创新。在互联网金融、数字证券、公共设施、机器制造和电子电力等行业，迫切需求开展行业大数据的研发，探索数据、应用、平台、终端全面发展四位一体的新型商业应用模式，促进产业交叉发展。

（三）大数据推动公共文化服务

大数据时代要求政府转型，转变职能，提供新的服务，带来新的发展机遇，这一时代趋势变革公共文化服务方式，影响文化服务体系建设，值得提前规划，深思布局。

首先，公共文化服务需要大数据提高效能。大数据有助于应对公共卫生危机，大数据应用可以提前预测，加速了应对时间，有助于及时控制突发公共卫生事件，做出有效措施。2009年，谷歌公司收集网络数据，通过网上高频检索词条，进而辨别用户是否感染了流感，继而调动数据资源、强化处理能力、利用统计技术，精确判断流感规模以及传播源头，速度超过美国政府疾控中心，提早一到两周，提前进行部署控制流感，有效提供更及时的信息。这个例子表明公共服务领域大数据优势明显，收集不确定的海量信息，大数据帮助政府做出有效决策，提供更快的方法、获得更精准的信息。

其次，大数据提高公共文化服务需求的导向机制。在公共文化领域，依靠大数据分析技术，系统收集信息，分析民众需求，开展有针对性地服务，实现网络推荐，进行效果评价，建立反馈机制，不仅提高公共文化的服务效能，更能够增加群众满意度。

最后，大数据提高政府公共文化决策效果。为应对挑战，迎接大数据时代，完善公共文化服务体系，决策部门应该提前规划，主动积极学习，掌握新技术，了解发展趋势，做好准备，推动文化发展，实现文化繁荣。政府需要在以下方面有所转变：一是切实布局，转变思想，全面加强公共文化服务体系建设，不仅仅提供内容，更要关注需求，进行受众细分，做到服务细分；二是扩大范围，吸引社会力量参与，通过竞争引入社会力量，共同进入公共文化服务领域，吸收先进的管理方法，应用前沿的服务理念充实政府部门；三是提前进行人才培养和储备，当前公共文化机构人员成分单一，专业结构单调，知识储备落后，他们大多来自图书馆、文艺创作和艺术演出等专业，缺乏大数据理念。

三、企业发展的利益拉力

（一）优化资源获得收益

无论是工业研究还是金融媒体，包括日常生活都可以产生大量数据。大数据通过采集周边环境的信息，建立数据库，帮助我们预测未来，推荐健康的生活方式。网络交互数据可以为企业创造机遇、改善服务，实现透明高效发展，通过个性化服务，改造社会。进行监管大数据是欧盟支持大数据建设、推动欧洲经济发展的第一步，2012年1月欧委会提交通用数据保护条例，实现较低费用使用公共数据，推动简捷方式优化使用条件。

每个机构和组织都在分析大数据，进而挖掘出来对客户与社会有价值的信息。通过分析客户的金融数据，银行可以进一步确定潜在的优质客户，找到高质量的信用卡用户，提高还款比例，实现利润提升。通过整合交通信息，交管部门可以掌握全局，了解实况，更好地预测路面情况，优化管理措施，实现优质交通，改善交通拥堵。

（二）高效分析释放价值

只有提出正确问题，利用高效分析工具，对数据做出分析处理，数据才能产生巨大价值，有用的相关数据才会产生效果，帮助我们决策，大数据的价值才会实现。企业除了需要大数据分析的新技术，还需要新人才，尤其是分析人才例如数据科学家。人才需求激增情况下，企业稳步发展的优势就是尽早开始人才储备。

数据离不开统计学，大数据时代需要新的统计方法，统计分析变得更加重要。大数据帮助我们构建信息社会，更好地了解社会，为每个人提供服务，帮助决策。目前分析数据人才稀缺，就业市场尤其需要有经验、有知识储备的人才。在日常生活中人们不能仅仅依据感性经验，而应该进行实证分析，医生应该建立在大数据分析的基础上给病患使用治疗手段；学校和老师需要对教学案例进行大数据分析，合理安排教学，改进教学方法；公司和企业应该学会利用大数据分析，帮助客户创造新产品，提供新服务；政府改进政策更加需要建立在大数据分析的基础上。人人都会意识到数据的价值的时候更加需要我们收集大量的数据并做出行之有效的分析，这样才能实现上述目标。

（三）转变经济发展方式

大数据产业的快速发展意义重大，推动中国经济进步，提升相关企业竞争力，具有十分重要的现实意义。当前中国经济发展由粗放污染开始转型，可持续发展成为共识，经济发展方式必须转变，这既是挑战又充满机遇。

随着大数据深入变革社会，企业开始逐渐认识到数据是一种资源，它的重要性日益提高，有效利用数据可以产生更大的价值，大数据开始成为核心资产，也是企业获取竞争优势的新资产，它将带来巨大的社会价值和经济效益。医疗保健与教育等领域的经济增长成为大数据的新动力。据麦肯锡全球研究院测算美国医疗服务业将通过大数据产生3000亿美元的收益，促进美国制造业净利润增长达到60%，使零售业产品开发、组装成本下降50%，而大数据所带来的新的信息技术应用需求将推动整个信息技术产业的创新发展，全球大数据2013年直接拉动信息技术支出高达1200亿美元。

四、社会服务的需求压力

在公共管理领域，大数据还有很大发展空间，在强势拥有大数据的政府手中仍然还有无限潜力可以利用挖掘。

（一）政府部门合作呼唤大数据整合

政府掌握着从人口卫生到交通税收，从医疗社保到城市规划等方方面面的大数据，但是各个部门间的各种数据并没有完成高效整合，大量部门数据仍然处于固化之中，信息孤岛不便于政府调度，难以服务公众，办事受到制约，数据活力不能有效激发。

政府部门拥有社会各领域产生的各种大数据，天然地在数据采集储存方面具有优势。一方面，政府拥有正规专门的各级统计部门和规模庞大的干部队伍，日常统计自然掌握了大量数据，包括经济社会各个领域，运行数据十分可观；另一方面，政府工作密切关系民生，在日常相关行政过程中，不断积累储存了各类数据，与社会生活紧密相关。同时，政府还可以按照具体需求，直接要求事业单位、企业、行业协会主动提供各种数据。但是，海量的政府信息分属于不同单位与部门，各部门间又有不同类别的数据，并没有互相关联，而是相互隔离，形成数据割据，对于这些规模巨大的信息，各部门利用不足，仅仅用于收集分类，简单统计分析，缺少整合统一，只有对数据深入挖掘，才能获得社会价值。

（二）大数据是公共服务的有力工具

大数据时代要求政府转型，转变职能，提供新的服务，带来新的发展机遇，公共服务需要大数据提供导向机制。当前公共服务的对象难以明确而且类型众多爱好各异，不能千篇一律，防止缺乏针对性，避免造成资源浪费，在公共领域，依靠大数据分析技术，系统收集信息，分析民众需求，开展有针对性地服务，实现网络推荐，进行效果评价，建立反馈机制，不仅能提高公共服务效能，更能够增加群众满意度。

在市政管理中，应用大数据技术有助于优化资源，有效使用行政资源，促进公共支出效益实现最大化。大数据有助于执法与经济规划，而防灾和灾后恢复等方面大数据可以大显身手。大数据能预防犯罪，可以在犯罪行为实施前做出预测，有助于执法人员提前预防先发制人。

在反恐与国防安全领域，大数据有助于提高国家安全保障能力。应用大数据，储存各部门搜集到的不同信息，进行自动分类、处理分析，有效预测，改善情报不足，帮助侦察系统升级，增强国家安全保障能力。

挖掘大数据，可帮助政府提高决策质量，实现科学性，具有时效性。如日本大地震爆发仅9分钟，美国国家海洋和大气管理局就公开发布了明确的海啸预警。随即通过计算机模拟对海洋传感器采集的实时数据进行分析判断，制定了充分的应急方案，并将设计的海啸影响模型公开发布在YouTube等网站上。

（三）我国改革亟须大数据思维

大数据的价值不在于占有，而在于应用。大数据的生产采集和分析共享成为流行，利用大数据成为时代需求，正在来临的是一个势不可挡的历史潮流，大数据成为时代的制高点。对政府来说，大数据必将成为国家治理、宏观调控、社会管理的信息基础。大数据不仅是客观存在，是一种新的世界观；还必将成为使用主体的竞争优势和发展战略。我们必须主动学习大数据，利用大数据才能在未来世界赢得先机，驱动发展，取得胜利。

过去数据采集不易，储存困难，是稀缺资源，现在大数据可以无限产生，海量存储，及时处理，赢得价值。大数据时代需要每一个个体、企业和政府采集数据，自动储存，客观分析，全面占用。决策者越来越离不开大数据里蕴藏的巨大价值。数据存储成本不断下降，大数据实践体现组织或机构的意识和实力。

第五节　大数据发展的时代意义

大数据不仅是数据科学的崭新阶段，更是信息化时代发展的必经之路。大数据对经济、社会、人类日常生活产生的影响不仅限于技术层面，对管理理念、运作方式都将产生巨大影响。大数据使人的思维方式、行为模式、管理理念发生全方位变革，引发了全球范围内深刻的行业调整，体现了国家治理中的战略价值。

一、行业制高点

大数据巨大的体量通常涉及以行业为单位的全局数据，从而通过大数据的分析，能够洞察行业的发展规律、趋势和利润增长点。率先掌握这些信息的企业或部门，将在时代的快速变化中拥有先发优势，占据行业制高点。

这一机遇并非仅由大型企业所独有。如前文所述，大数据技术的发展，使单位计算能力的价格大幅度降低。中小企业无须布局从硬件到软件的全流程设备，即使资金有限，仍然可以通过租用灵活的云端计算和存储服务实现大数据分析。

大型企业的优势在于可以凭借雄厚的积累，在数据采集和交换等环节以较小的成本获得更大规模的数据。然而另一方面，在大型企业里，将大数据技术渗透到所有环节中指导运行，或以大数据为基础推行决策，这一过程与中小企业相比所需时间更长，阻力也更大。

因此，在大数据的浪潮中，各行业不同规模的企业或部门在同样的机遇面前，各有不同的困难需要克服。谁能率先登上行业制高点，成为未来的最大赢家，关键的因素在于是否能够始终持有大数据的思维习惯，在正确认识大数据的内涵、价值和运用方式的基础上，以未来为导向，坚定地推行大数据策略。

二、国家竞争支点

大数据不仅能在一个行业中创造领先优势，对于国家之间的竞争而言，它同样可以发挥类似的作用，为国家的发展趋势指明方向。利用大数据提升国家整体的竞争力，正是各国政府纷纷在这一领域发力的主要目的。

掌握更高水平的大数据技术，能够在各个方面优化国家的资源战略和发展策略，使国家作为一个整体在更低的消耗水平上创造更大的价值，同时提高社会的运转效率，增强国家的影响力和竞争力。未来，大数据技术的发展水平，将显著影响国家之间竞争力的强弱转换。

大数据技术具有待开发的巨大潜能，为行业企业带来了更多商机，赋予了每个企业抢占行业制高点的机会。同时可以预见，未来大数据技术的发展水平，将显著影响国家之间竞争力的强弱转换。一个国家所拥有的数据规模和运用数据的能力将成为综合国力的重要组成部分，是国家提高国力和国际竞争力的重要支点。总体而言，善用大数据资源和技术，在当前时代具有无可取代的重要意义。

三、我国发展大数据的挑战与历史机遇

（一）挑战重重

在我国，实现大数据的广泛应用仍然有许多挑战和困难需要克服。理念和思维方面，国内有许多信息化程度不足的领域，不仅缺乏数据，而且并未形成由数据驱动决策的理念，因此缺少主动出击、寻找大数据突破点的积极思维。硬件与技术方面，一些企业和部门在数据库、数据仓库、智能分析软件等领域的基础积累较为薄弱，在数据采集、分析等方面的技术落后于国外先进企业。

此外，国内在部分领域的科学研究起步较晚，积累数据的时间不足，例如在环境监测方面，自2013年起才开始监测PM2.5污染物浓度数值。因此，如需对一部分针对性较强的问题进行有效和可靠的大数据分析，难度仍然较大。同时，国内许多领域虽然积累了大量数据，但有些尚未得到信息化，且不同行业、部门之间存在信息壁垒，在交互授权使用数据方面困难重重，需要通过改革推动数据共享的进程。

最后，在大数据挖掘的开发利用和安全、隐私保护方面，我国还缺乏相应的法律保障。针对其中的部分问题，人们已经做出了尝试和努力，在政府大力推进智能化、数据化科技发展政策的助力下，逐步解决这些问题，让大数据技术在我国落地安家。

（二）充满机遇

在面对困难的同时，我们也必须看到，挑战之中蕴藏着无穷机遇。目前，我国的大数据应用正处在起步阶段，许多行业尚在初步接触和了解大数据，还未形成竞争的风潮，因此我国的大数据领域拥有巨大的发展潜力。

首先，我国是全球传统互联网和移动互联网用户量最多的国家，巨大的网络用户基数提供了充足的数据生产和数据消费主体，尤为适合大数据技术的发展和实施。其次，我国许多新兴行业的模式尚未固化，例如电子商务、互联网金融等领域，可以毫无负担地应用大数据模式，适于秉持大数据思维，迅速完成高端战略布局。此外，我国许多传统行业和领域中长期积累了大量数据，这些数据大都处于"沉睡"状态，并未体现出它们应有的价值。善用这部分数据，将其有机结合至目前的信息化体系中，将成为大数据分析的宝贵财富。

（三）大数据与"中国制造2025"

在政府导向方面，我国在2015年提出《中国制造2025》行动纲领，旨在通过信息化和工业化的深度融合来引领和带动整个制造业的创新发展。其中指出，要加快推动云计算、大数据等新一代信息技术与制造技术融合发展，把智能制造作为两化深度融合的主攻方向。

"中国制造2025"的规划，为大数据技术发挥作用提供了广阔的舞台。2015年8月31日，国务院印发《促进大数据发展行动纲要》，进一步明确了要推动大数据的发展和应用，为未来5~10年打造精准治理、多方协作的社会治理新模式做好准备。在政府相关政策的支持下，公共数据的开放共享进程也开始起步，大数据技术将在各个领域获得施展的机会。

第二章　大数据技术在教育领域的价值体现

第一节　大数据技术在教育中的价值

2015年8月31日，国务院发布《促进大数据发展行动纲要》，文件指出"数据已成为国家基础性战略资源"，并在启动的十大工程之一"公共服务大数据工程"中明确提出要建设教育文化大数据。由此可见，教育大数据的重要性已经上升到国家战略层面，引起社会各界的广泛关注和高度重视。

一、教育大数据的战略定位

大数据时代，教育数据的价值正在被广大教育者重新认识和评估。教育数据不再只是一堆用作统计的简单"数字"，其正在成为一种变革教育的战略资产和科学力量。

（一）教育大数据是一种教育战略资产

随着大数据理念在全球的发酵，以美国、英国、法国等为代表的发达国家率先将大数据作为新型战略资源，视其为"未来的石油"。数据作为战略资产的观念被越来越多的国家所认可，国际社会纷纷通过"公共数据开放"运动激发数据活力，以期创造更大价值。

理论上讲，任何领域有了人的活动，都可以持续不断地产生大数据，教育领域也不例外。随着全球教育信息化的快速发展，教育数据正在以几何级的规模递增。除了传统学校教育产生的数据外，互联网教育市场每天也在产生海量的教育数据。

目前，我国教育规模位居世界首位，根据国家统计局和教育部发布的最新数据显示，2017年全国共有在校大学生2695.8万人。如此大规模的教育，必将产生世界量级的教育大数据，而如何发挥这笔"资产"的价值则成为我国教育赶超欧美的关键。

教育大数据是一种无形的资产，是一座可无限开采的"金矿"，充分地挖掘与应用是实现数据"资产"增值的唯一途径。西方发达国家已经先行一步，我国也应该加速部署教育大数据战略，强化教育大数据战略资产意识，让每个人都成为教育数据的缔造者和受惠者，并顺应数据开放趋势，通过教育大数据的适度公开，汇聚广大民众、企业、政府等多方智慧，使教育数据资产实现源源不断的增值。

（二）教育大数据是教育领域综合改革的科学力量

当前我国教育还不完全适应国家经济社会发展和人民群众接受良好教育期盼的要求，存在一系列发展难题。比如，中小学生课业负担过重，素质教育推进困难；学生创造力不足；城乡之间、区域之间教育发展不均衡；教育公平问题长期存在；高等教育规模飞跃式扩张导致本科教学质量下滑；各地校园安全事件频发等。改革是解决教育发展难题的唯一途径，党的十八届三中全会提出要"深化教育领域综合改革"，将促进教育公平和提升教育质量、考试招生制度改革和教育管理体制改革作为改革的重点任务。

虽然我国教育改革的攻坚方向和重点举措已经明确，但是如何科学、有序、有效地全面推进改革则成为必须解决的关键问题。教育改革是复杂的系统工程，需要综合考虑经济、文化、社会等因素，而大数据最擅长的就是关联分析，即从繁杂的交叉领域数据中寻求有意义的关联。大数据是一股创新的力量，是一股时代变革的力量，也是一股推动教育领域全面深化改革的科学力量。因此，确立教育大数据的战略地位已是教育领域综合改革的必然要求。

改革既要有胆魄，更需要科学的依据。教育大数据将汇聚无数以前看不到、采集不到、不重视的数据，对这些混杂数据进行深度挖掘以及与其他领域（如公安、交通、社保、医疗等）的大数据进行关联分析。教育决策将不再过度依靠经验、拍脑袋和简单的统计结果，而转向基于数据的科学决策。招考制度、管理体制以及教育公平与质量提升，无论是宏观的制度与体制改革，还是微观的教学方法和管理方式的改革，都可以通过科学的数据分析寻找问题的症结所在，识别不同地区教育发展的独有规律，然后对症下药，实施改革。

（三）教育大数据是发展智慧教育的基石

世界范围内的教育信息化建设正在走向融合创新的深层次发展阶段。在物联网、云计算、大数据、移动通信等新一代信息技术的推动下，世界上多个国家和地区已将智慧教育作为其未来教育发展的重大战略。新加坡在"智慧国2015"

计划中提出实施智慧教育战略，韩国于2011年颁布了"智慧教育推进战略"的国家教育政策，美国在2010年发布的《国家教育技术计划》虽未提到智慧教育，但其与信息技术支持下教育系统的全方位、整体性变革的理念与智慧教育不谋而合。技术变革教育的时代已经到来，从数字化教育转向智慧教育正在成为全球教育发展的重要趋势。

智慧教育是依托物联网、云计算、无线通信、大数据等新一代信息技术所打造的物联化、智能化、感知化、泛在化的教育生态系统，是数字化教育的高级发展阶段。各种智能型技术是构建智慧教育"大厦"的技术支柱，其中大数据是实现教育智慧化的灵魂所在。教育大数据汇聚存储了教育领域的信息资产，是发展智慧教育最重要的基础。教育大数据将促进教育发生几个方面的重要转变：其一，教育过程从"非量化"到"可量化"，教与学的行为信息将越来越精确地被记录下来；其二的能力，实现因材施教；其四，教育管理从"不可见"到"可视化"，通过可视化技术将实现更直观、更准确、更高效的教育资源与业务管理。

二、教育大数据的价值体现

在政府、企业、学校、研究机构、行业协会等社会力量的推动下，大数据在社会各行各业的战略价值正在逐步凸显。教育领域的研究者和实践者也在积极探寻大数据技术与教育最适合的结合点和实施方式。教育大数据的最终价值应体现在与教育主流业务的深度融合以及持续推动教育系统的智慧化变革上。

（一）教育大数据驱动教育管理的科学化

当前我国的教育管理信息化仍属于"人管、电控"的管理模式，智能化程度不高，管理水平和效率有待提升。随着国家教育管理公共服务平台的建设与运营，我国教育数据的采集工作将越来越规范化、有序化和全面化。大数据时代，教育数据的分析将走向深层次挖掘，既注重相关关系的识别，又强调因果关系的确定。大数据技术能够从海量的教育数据中发现隐藏的、有用的信息，反映教育系统中实际存在的问题，从而为做好教育管理和决策工作提供科学的数据支持。大数据在教育管理业务中的应用价值主要体现在三个方面：一是教育的科学决策，二是教育设备与环境的智能管控，三是教育危机预防与安全管理。

大数据除了可以对各级各类教育单位的人员信息、教育经费、学校办学条件、运维服务管理等数据进行图表式的统计与分析，还可以基于各级各类教育机构长期的数据积累，整合社会人口分布、经济发展、地理环境等从各类跨行业操作级的应用系统中提取的有用数据，通过数据统计、指标展现、横向对比、趋势分析、钻取转换等技术方法将数据转化为知识，为各级管理人员的科学决策提供数据支持。美国政府早在2002年就通过立法的形式确定了教育数据在支持教育科学决策方面的重要地位。纵观我国十几年的新课程改革历程，虽然在课程内容、教学方法、教学环境等方面取得了进步，但实际的改革效果远未达到预期状态。其中的要因之一便是忽视了教育数据在课程改革诸多决策上的重要性，使改革更趋向于理性思辨和经验决策。

可以采取如下措施促使教育大数据驱动教育管理的科学化：通过设置全方位的传感器，对教育管理过程中的教学活动、人员信息、学校资产及办学条件等数据进行采集、汇总、挖掘与分析，并对数据分析结果进行可视化处理。根据各级各类教育管理机构的需求，建立自上而下的教育管理和调度指令发布功能。对各级各类教育管理机构所需的各方面信息与数据、资产设备、教学活动、企业运维服务管理数据等进行远程可视化质量监控与管理。通过对教育设备的智能化管控，实现设备的科学使用，降低能耗和管理负担，节约开支。比如，江南大学建设了"校园级"智能能源监管平台，该平台通过物联网、通信、信息、控制、检测等前沿技术智能化监管能源，将原来能源管理过程中的"模糊"概念变成清晰数据，为管理者提供更好、更科学的决策支持，打造低碳绿色校园。

近年来校园安全问题已成为社会关注的热点。通过对传感设备所采集的数据以及信息系统所汇聚的数据进行实时监控与对比分析，可以对校园的安全运行状况进行预警，以提前预防、妥当处理教育危机，提高教育安全管理水平。此外，大数据在提升学校网络安全、改善教学和科研管理、完善学生救助体系、促进区域教育均衡发展等方面也有极大的应用价值。

（二）教育大数据驱动教学模式的改革

通过应用大数据技术对海量教学数据进行分析与预测，将改变传统千篇一律的教学模式，有利于真正实现个性化教育。以翻转课堂、慕课等为代表的新型教学模式的成功开展，离不开大数据的支持。通过对学生学习历程记录的分析，教师能够快速、准确地掌握每位学生的兴趣点、知识缺陷等，从而为设计更加灵活多样、更具针对性的学习活动提供数据支持。传统预设的固化课堂教学将转变为动态生成的个性化教学。在大数据的支持下，教师能够更好地认识自己和学生，不断改进教学模式与策略，并且在学生进行自我导向学习时，真正变成学生学习的促进者与协作者。利用大数据技术可以对教师进行全面考核，跟踪教师成长过程，还可以运用回归分析、关联规则挖掘等方法帮助教师分析教学方法和手段的有效性，使教师及时调整教学方案，优化教学方法，提高教学质量。

近年来应用大数据技术改善课程教学日渐流行。例如，美国奥兰治县的马鞍峰社区学院通过"高等教育个性化服务助理"系统，运用学生数据成功实施了个性化教育。该软件为每个学生建立详细档案，记录其完整的在校期间的日程信息、跟随导师学习的经历其他个人信息；接着对这些信息进行分析，提出对时间管理、课程选择的建议，以及分析其他有助于学生在学业上获得成功的要素。美国普渡大学早在2007年就启动了"课程信号项目"，通过将数据从学生信息系统、课程管理系统和课程成绩单中提取出来，按照学习表现进行分类，并利用数据分析技术对那些极有可能不及格或辍学的学生提供针对性的辅导服务。

大数据技术的突出优势在于其拥有强大的"预判"能力，从商业计划到选举结果，大数据发挥着越来越精准的预言能力。随着教育大数据应用的逐步深入，预测性分析在消除教育不确定性、提供提前干预方面潜力巨大，越来越多的公司推出了基于数据驱动的个性化学习和教学工具。学生可以利用学习管理平台阅读课程材料、提交家庭作业、做练习、提问题、交流互动等，所有这些活动数据将自动存储下来。基于上述原始学习过程数据，"S3"可以预测学生是否适合一些新的课程，从而辅助学生做出选课决定。"S3"具有多样化的模型管理、预测和数据可视化能力，教师不仅可以查看整个班级表现的报表，并能像传统联机分析工具OLAP那样，对教学报表进行钻取，筛选学生或课程的详细信息，以检视学生的能力、参与度和评估分数。此外，"S3"综合应用多种预测模型，能够基于每门课程来准确预测每位学习者的课程学习情况，辅助教学人员提供恰当的教学介入，提高学生课程学习的成功率。

（三）教育大数据驱动个性化学习的真正实现

大数据将使得教师和机器能够真正了解每个学生的真实情况，从而为其提供真正个性化的学习资源、学习活动、学习路径、学习工具与服务等。网络学习虽然具有天然的"个性化"优势，然而缺少大数据的支持，机器无法真正了解每位学习者，也就无法实现个性化资源与服务地推送。如果说互联网促进了教育的民主化，那么大数据将实现教育的个性化，而教育个性化的首要体现便是学习的个性化。

当前学习管理系统正在向智慧型学习平台发展。通过集成教育数据挖掘与学习分析技术，能够持续采集学习者的学习行为数据并进行智能分析，如依据学习者模型推送适合的学习资源，进行个性化的学习评价，提供准确的诊断结果，给出适合学习者的个性化学习建议。大数据技术使得学习行为的记录更加精细化，可以准确记录到每位用户使用学习资源的过程细节，如点击资源的时间点、停留了多长时间、答对了多少道题、资源的回访率等信息。这些过程数据一方面可用于精准分析学习资源的质量，进而优化学习资源的设计与开发；另一方面，学生可以对自己某一段时期内的学习情况（包括学习爱好、业余活动等非结构化的学习行为）进行分析和预测，以便尽早通过这些预测做出最适合自身发展的决策，更好地开展适应性学习和自我导向学习。

事实上，无论是研发中的还是市场上推广应用的各种适应性学习系统，要实现为不同学习者提供个性化学习服务的目的，都依赖于大量学习过程数据的采集与深度分析。例如，美国纽约一家在线教育公司Knewton，其主打产品是适应性在线学习系统，核心技术是适配学习技术，通过数据收集、推断及建议"三部曲"来为学习者提供个性化学习建议。其中，数据收集阶段会建立学习内容中不同概念的关联，然后将类别、学习目标与学生互动集成起来，再由模型计算引擎对数据进行处理。推断阶段会通过心理测试引擎、策略引擎及反馈引擎对收集到的数据进行分析，分析的结果将提供给建议阶段进行个性化学习推荐使用。建议阶段则通过建议引擎、预测性分析引擎为教师与学生提供学习建议并提供统一汇总的学习历史。

（四）教育大数据驱动教育评价体系重构

随着大数据时代的到来，教育评价正在从"经验主义"走向"数据主义"，从"宏观群体"评价走向"微观个体"评价，从"单一评价"走向"综合评价"。

智慧学习环境中通过新一代信息技术可以采集到教与学的全过程数据，不仅仅包括网络教学平台上记录的档案数据，还包括更多学习情境数据（如地点、时间、个体特征、所用设备、周围环境等），为开展中小学学业成就评价提供了更全面的数据支持。每个学生拥有相伴一生的学习档案袋，持续存储每个学期、每门课程、每节课、每次学习的表现数据。每个教师拥有一个教学档案袋，全面记录每个学期、每门课程的教学表现。基于云计算技术，将档案袋数据永久存储在云端，同时通过科学的评估模型，对教师和学生的发展进行定期评估，提出更具针对性的发展建议。学校不仅要对学生在校期间的学业成就进行评价，还要持续跟踪学生毕业后的发展情况，以期为学校教学质量评估提供更全面、更准确的科学数据。

目前，我国教育部已经建立了较为完整的国家基础教育质量数据库和多级数据采集网络。全面客观地记录学生成长轨迹，沉淀和积累多维度的学生成长数据，让反映学生发展状态的数据完整显示出来，将能引导学生培养模式和教育质量管理方式的科学健康发展。现阶段已有不少国家和地区尝试将基于大数据的学习评价方式应用于教学中。例如，美国田纳西州增值评价系统（Tennessee Value Added Assessment System，TVAAS）是一个通过对学生的成绩进行多年连续追踪分析来评估学区、学校和教师效能的系统。在TVAAS中，3～12年级的每个学生都要参加一系列的测试，如语言、数学、科学等，该系统采用增值评价方法分析每个学生的学业进步，并依此评估各区、各校、各教师对学生学业进步的贡献大小。TVAAS可以为教育决策者提供大量的诊断信息，有利于促进形成性评价的开展与实施：可以计算每所学校或学校子群体在各科上的成绩进步率，然后参照以往的进步率，发现那些没有取得足够进步的学生群体，并对其进行干预；可以预测每个学生在各科上将来可能获得的成绩，有助于学校管理者与教师尽早发现那些将来有可能会达不到毕业要求的学生，使他们有足够的时间为这些学生制定不同的课程和教学策略；还可以帮助教师提前了解那些即将在他们班就读学生以前的成绩，有助于教师根据学生的学习情况制定更加适合本班学生的教学方案，从而提高教师的教学质量。

（五）教育大数据驱动科学研究范式转型

随着大数据技术的不断成熟，各种科研数据的获取将更加便利，传统科研的复杂性将大大降低，也在一定程度上破解了科研经费投入、数据分析以及科研管理等难题，为科研工作者提供了更为便捷的技术支撑与人性化服务，大大提高了研究的效率和结果的可信度。

在自然科学领域，大数据为发现更多"意外"的结果提供了可能，使传统研究中很多的不可能逐步成为可能。例如，美国的大数据研究计划中专门列出寻找"希格斯粒子"（被称为"上帝粒子"）的大型强子对撞机实验，实验目标是至少要在1万亿个事例中才可能找出1个希格斯粒子。2012年7月4日，终于发现新的玻色子，标准差为4.9，被认为可能是希格斯玻色子（承认是希格斯玻色子粒子需要5个标准差，即99.99943%的可能性是对的）。大数据处理是整个实验的一个预定步骤，为实验的成功提供了数据保障。

在社会科学领域，由于实验设施及人员精力的限制，研究者总是通过人工搜集、资料查找等方式获得科研数据，并根据对"抽样"数据的分析，推算一般规律。这种研究范式导致社会科学研究一直备受逻辑性和科学性不足的诟病。随着大数据的出现，越来越多的社会科学变得可以被量化，社会科学的研究范式正在从抽样模式走向全样本模式，成为一门实实在在的实证科学。

此外，大数据技术还可以为科研人员便捷地获取个性化的学术文献资源、自动寻找研究同行和合作伙伴、组建跨学科跨地域的国际研究团队提供支持和便利。

（六）教育大数据驱动教育服务更具人性化

教育大数据是一笔难以估量的潜在的巨额财富，而数据挖掘技术与学习分析技术的发展将实现这笔财富的无限增值。教育数据的合理、合法、有效、创新应用正在催生越来越多样化、智慧化的教育服务。

上海闵行区教育局依托大数据进行数字化校园建设，全面客观地记录学生成长轨迹，沉淀和积累多维度的学生成长数据，让反映学生发展状态的数据完整显示出来，以推进教育质量观的转变，引导学生培养模式和教育质量管理方式的科学发展。为了全面搜集数据，学校为每一位学生发放了电子学生证，学生的日常行为数据将被动态抓取和实时记录，并能在系统内自动生成各种数据统计图表，从而让学生隐性的状态和需求显性化，让家长和教师能够更直观地看到学生的点滴进步或潜在的问题。比如学生早晨上学是从哪个校门进入，中午吃了什么，选了哪些兴趣课，有没有去图书馆，喜欢看哪些课外书等，这些情况学生家长从家里的ITV数学电视中都能看到。

百度教育上线了包含1336所院校信息的高考院校库，首期院校信息已基本覆盖全国"985"和"211"等重点高校，通过搜索数据分析与资源整合，利用大数据与自然语言算法将搜索数据与个性化需求相匹配，可以为考生在估分、报考、专业选择上提供帮助和指导。除了填报高考志愿，大数据在促进就业方面也大有用武之地。在美国，只要点击进入"Wherearethejobs"网站就可以一目了然地看到美国各领域的就业人员数和平均工资。该网站是根据美国劳工部开放就业数据开发的一个应用系统，利用美国政府手中掌握的海量教育数据进行分析和挖掘，并最终以可视化的图表进行形象地展现，让公众与政府官员都能看得懂，从而为其提供自身决策需要的有关依据。这个过程的关键是海量教育数据以机器可读的方式完全对公众开放，数据资源被"激活"，教育数据服务社会的价值被很好地体现出来。

第二节　大数据技术给教育带来的转变

一、真实信息得以显现

长期以来，对课程的教学评价工作主要是学校以及上级主管部门在听课和学生考试成绩的基础上对老师的教学质量进行评价，也有的学校采取学生进行网络投票或评分的方式对老师的教学质量进行评价。对于学生课程学习效果的评价，则由任课老师通过学生考试成绩、作业情况和课堂表现对学生进行评价。以笔者所在的学校华东师范大学为例，为了获得学生对教师和相应课程的评价，会采用学生上网评价教师和课程的"网上评教系统"。虽然实现了100%的学生参与评价，但评教系统本身是否能完全真实地反映任课教师的水平和课程的质量、学生在评价的过程中是否会受到各种想法和情绪的影响、这些影响是否对评价产生了干扰、干扰的强度如何计算等问题都会对结果的真实性和可信度产生影响。

问卷调查是常用的搜集资料和数据的手段，但其可靠性是建立在被试者提供真实想法和信息的基础上的。斯坦福大学的教育评估专家哈代教授曾经设计过一个实验，用来调查不同国家师生在填量表和问卷时的掩饰倾向。结果表明，在中国的文化环境下，无论是老师还是学生都更倾向于掩饰自己的真实想法。同时，问卷设计得是否合理也会对调查结果的有效性产生很大影响。在填写调查问卷时你是否遇到过这样的问题？面对问卷上的有些问题，我们想提供自己真实的信息，但似乎并不容易。比如，一份调查人们日常步行情况的问卷上有这样一道题目"你平均每天步行多少步？ A.4000步以下；B.4000~7000步；C.7000~10000步；D.10000步以上"，姑且不论选项设计的区间范围是否合理，如果不随身带个计步器你真能准确估算出自己平均每天走多少步吗？由此可见，想通过问卷调查获得真实客观的数据并不容易。

大数据技术可以改变传统的数据采集方式和数据应用方向。第一，实现了在师生不知情的情况下实时采集数据，避免问卷调查等传统形式采集信息时人们可能出现的刻意性、掩饰性。第二，让原本无法量化的信息，如学生的感受、情绪、态度等，可以利用大数据技术进行挖掘和分析，从而让这些信息得以量化和显现。总之大数据时代让教育工作和研究不再只是经验式的，而是通过强大的数据采集、归纳和分析手段洞察每个师生的真实信息。

二、个性化教育成为可能

我们都有这样的感受，现在的互联网正在变得越来越了解我们了。例如，上微博浏览和发帖，大数据会"猜你喜欢"什么样的内容和"推荐专注"你可能感兴趣的人；上淘宝购物，大数据会贴心地根据你的风格喜好"为你推荐"你可能还喜欢兴趣的人正在线上不妨也关注一下；大数据之所以能如此敏感地捕捉到我们的兴趣喜好，正是由于其获得了我们所创造出的信息数据。这些信息数据包含了我们发过的帖子、看过的网页、买过的商品、关注过的人等，有意或无意中我们就成了大数据收集的样本对象。大数据将这些信息数据进行汇总、整理、归类和分析，就能够为每个不同的人提供个性化的预测、推荐和建议等。

大数据的这项功能如果应用到教育上，会产生怎样的效果呢？比如，一位老师上完课后布置作业，是给所有学生布置一模一样的作业？还是根据每个学生不同的学习水平和习惯等差异，设计不同的作业？后者的效果会更好，但在以往的教育环境下老师很难做到。如果能利用大数据技术对学生在学习过程中的兴趣点、关注时段和强度、回答问题的情况、与老师互动的频率和时长、开小差的次数、听课时的表情变化等状况实现动态捕捉和评估，并且能将评估结果进行整合后反馈给老师和学生本人，那么离个性化教育的理想就更近了。在学生做作业的过程中，大数据技术也可以发挥跟踪和预测功能，实时分析学生对知识点的掌握情况，如哪些没有掌握需要再学习并练习，哪些基本掌握但需要通过练习巩固和加强，哪些已熟练掌握不需要再做同类练习等，通过捕捉这些信息形成数据档案，能够帮助学生更好地了解自己的学习情况，有针对性地开展自主学习，提高学习效率，也可以帮助老师了解学生学习的全过程，并向学生提供个性化的教育。再比如，利用大数据技术可以了解每个学生对什么感兴趣、擅长什么，从而有针对性地进行引导和教育，充分发挥每个学生的潜能，实现个性化教育。

三、产生新的教育模式

现实课堂越来越少，网络课堂却越来越多；面对面讲授越来越少，人机交互却越来越多；办公室越来越少，跨校跨国合作交流却越来越多，这些场景我们以前也许不曾想象，但随着大数据时代的到来，使网络教育平台得以飞速发展，原本处于绝对优势地位的传统学校教育正在受到巨大冲击。教育的方式不再局限于学校教育，而原本老师的课堂教学也出现新的替代模式，获取知识的途径不再只是课堂，线上学习将越来越普及。2010年，比尔·盖茨在世界经济与发展论坛上表示"五年之后你将可以在网上免费获取世界上最好的课程，而且这些课程比任何一个单独的大学提供的课程都要好"。

通过对教育大数据的采集、处理和分析，可以构建学习者学习行为相关模型，分析学习者已有学习行为，并对学习者的未来学习趋势进行科学预测，为学生的自我学习监控、教师的教学决策和教育机构的教育决策提供更精细化的服务。

大数据帮助学习者发现并开发他们的潜力，提升学业表现。学习者可以掌握学习的主动权，自主规划学习计划，随时随地监督学习进度，检查学习效果，根据自身需求，决定个性化的学习参与路径，选择和定制个性化的学习内容。大数据帮助教师确定最有效的教学方式，优化教学过程。教师可以全面跟踪和掌握学生特点、学习行为、学习过程，分析评估每个学生的学习需求、学习风格、学习态度及学习模式，相应地提供适合不同学生发展的学习内容和学习指导，促进其个性发展。大数据帮助教育管理者全面审视教育需求，制定科学决策。教育管理者可以充分了解教育系统的特征，评估教育发展的进程，教育环境的设计、教育时空的变化、教育场景的变革等各种决策和行为将基于数据分析得出，为学习者找到真正适合的课程、课堂、教师、校园。

在大数据的支撑下，未来的教育将越来越个性化。学校教育将逐步摆脱大校、大班、统一标准与程序等工业化时代的烙印，在学生个性化发展方面承担更重要的角色，课堂将成为师生间深度知识探究和互动的实践场所，教师由教学者逐渐转变为助学者。以教师为中心、知识灌输为主的教学模式将转变为以学生为中心、以能力提升为核心的个性化教学模式。

第三章 高校学生管理的历史与基本经验

第一节 高校学生管理的历史沿革

一、我国古代大学生管理

大学生管理是伴随着大学的产生而出现的。我国古代的高等学校萌芽于殷商时代，当时大学叫"薯宗"、"右学"，对学生的入学年限、资格都做了规定。《礼记·学记》记载了国学大学九年的规定，入学资格、年龄依贵贱而定：王太子15岁入大学，公卿大夫之嫡子20岁入大学。汉代首建"太学"，它是中央的最高学府，以传授知识、研究专门学问为主要任务的大学是从此开始的。唐代除"太学"外还有国子学、四门学，确立了实科教育，这是我国封建教育最发达的时期。"太学"的招生，一是由"太常"直接选送，二是由郡、国、县、道、邑选送。标准是德才为主，亦重仪表，一般有年龄限制，但对聪颖超常者则放宽入学年龄。"太学"正式学生有官体，也可以自费求学。"太学"生毕业后主要经考试录用做官，也可被荐举做官。古代大学入学资格有鲜明的等级性，如唐代规定国子学须文武三品以上官更子孙，太学须文武五品以上官更子孙，四门学须文武七品以上官更子孙。当时学校初步建立了学制规定，如升级与退学规定、考试作息规定。

宋、元、明、清称大学为"书院"。宋朝以后学生管理的学规学则、奖惩制度不断严格，增设了专门管理学生品行的人员与机构。

如元朝专设"学正""学寻"管理学生，规定其职责是"审明规矩，督习课业"。还建立"壁罚科条"，对"应私试积分出点，其有不学课业及一切违庆规矩者，初犯罚一分，再犯罚二分，三犯除名"。

到明朝学生管理更前进一步，如国子学的学生可享受优厚的膳食，每年发给一定的衣服、鞋等，节日还有赏钱，还发给探亲费用。但"黑罚科条"更多了，诸如外出衣冠、行动、饮食等方面都必须合乎规范，夜间必须在学校住宿，因故外宿必须告知本班教官。监丞掌管"集放簿",记录学生姓名与犯规事实,再三犯规者"决责",四犯者"发道安置"。因省亲、婚姻回籍者,依途远近规定期限,过期不返校者,即给以流放远方充贱役之处分。清朝时期国子学明文规定:学生矿大课一次或无故离校三次以上,罚由内班改为外班;学生出入必记于集放簿,以此为依据惩治不服教导或违章者;学生省亲、完婚、丁忧、告病及居伯、叔、兄长丧而无子者,准假归里,限期回校,退误限期则予以惩罚;私归者黜革,冒名顶替者除名。

无论哪个朝代,对学生管理上的要求,都包含着深刻的思想内涵。如在春秋战国时期,已有集录当时学校对学生的学则,体现了学生管理的初步思想,如其中的"行必正真,游居有常","风兴夜寐,衣带必饬","出入恭敬,如见宾客"。明朝的学规有这样的条目:"正趋向以立其志",学生要使"本心常明,物欲不行,则天性自圣,圣人可学而至"。明末"东林会约"中提出学生要"指视森严""正肃习气",不准"比眠狎玩""党同伐异""假公行私""评论是非"、"多言人过"等。

我国古代的大学生管理,一方面深深打上了奴隶制和封建制的烙印,另一方面也为我们留下了可借鉴的历史经验,如春秋战国学术上的"百家争鸣",宋、元、明、清时的大学和书院的自学府等,所有这些无疑影响着我国近现代的大学生管理实践。

二、我国近代大学生管理

19世纪90年代京师大学堂的建立,开始了我国的近代高等教育。

鸦片战争以后,清王朝为了维持其行将崩溃的封建统治,同意兴办"西学"。在这过程中关于学生管理的思想也发生了变化,以康有为为首的维新派,便清帝废除"八股",改革科举制度,宣布以后取士以实学实考为主,不以楷法优劣为取舍标准。光绪三十一年(1905年)清廷下令"自丙午年为始,所有乡试、会试一律停止,各省岁科考试亦即停止",从此中国封建时代的教育制度在形式上完全结束,新的教育制度得以建立。

中国的洋务派创设的一系列学校,使学生管理体制产生了新的变化。洋务派兴办的学校有京师同文馆、上海同文馆、广州同文馆、湖北自强学堂。京师同文馆规定:入学的学生必须具有科名,如举人、贡生,及由此出身的五品以下各官,年龄在30岁的才能入学,若对天文、算术有研究者可不受年龄限制;学生的伙食、书籍、纸笔由馆内供给,考试优等者有奖;学生一律住宿;学生每月有月考,每季有季考,还有岁考,月考、季考两天考完,岁考三天考完,每三年举行大考一次，优等的保升官阶，次等的留馆继续学习，劣等的开除。湖北自强学堂在学生管理中规定：学生寄宿在外，不必逐日到学堂听课，只按月来学堂考试；学生的伙食、书籍、纸笔由学校供给，每月发一定补助费；学生学习五年毕业，若有毕业前借故退学或改学其他业务的，追缴其在学堂学习的全部费用。这一时期的学生管理方法主要是以下五个方面：1.学校具有学生登记册，记录学生基本情况，为管理提供依据；2.对调皮捣蛋、教诲不改的学生清除出校；3.分期考试以激勤情，限年考试以定优劣；4.规定作息学习制度；5.奖惩分明。

清代晚期的张百熙制定了《钦定学堂章程》，主张设立"学务部"编定学制，考察学规，选录毕业生。该章程共分三段七级，是中国近代第一个高等教育管理章程。

三、我国现代大学生管理

1922年"新学制"的颁布，是我国高等教育进入现代大学阶段的标志。"新学制"（即"壬戌学制"）规定：中小学为六三制，初中三年，高中三年，大学四至六年，医科及法科至少五年，师范大学四年。这一学制一直沿用至1949年，其间作过三次修改，但基本体制却是这一时期奠定下来的。

这一时期，出现了一批杰出的教育家，如蔡元培、李大钊、鲁迅、陶行知、竺可桢等。在学生管理方面，他们强调发展学生的个性，实行民主办校、民主管理；对学生要重理解，"俏不去行理解，一味蛮做，便大碍于学生的发展"；重指导，"长者须是指导者、协商者，却不应是命令者"；要求学生追求真理，注重实际。人民教育家陶行知先生提出，"不会种菜，不算学生"，极力主张教育要与实际相结合。这些思想与主张，对我们现在的学生管理仍有着积极的参考意义。

民国期间大学招生出现新制度。1939年教育部制定并公布《国立各院校统一招生办法大纲》，明确规定教育部设统一招生委员会，进行统一招考，录取后统一分到各高等学校。

在学生成绩考核及升留级管理制度方面，教育部于1940年制定专科以上学校学生考核办法：学生每学期末均要参加考试，学期考试成绩与平时成绩合并计算；学期考试不及格的，给一次补考机会，但成绩不足40分的不得补考应重读；如不及格科目学分数超过该学期所学学分总数的三分之一的令其留级，超过二分之一的令其退学；毕业考试实行总考制，除考试最近一学期科目四种以上，并须通过以前所学主要科目三种以上，不及格者不得毕业。1941年教育部又发布专科以上学校学籍管理规则128条，并对考试与升留级做了一些补充规定：专科以上学生的成绩分操行成绩与学业成绩两项，操行成绩不及格者，应令其退学或不予毕业；凡学期不及格科目学分数超过该学期修习学分总数的二分之一以上者，应令其退学，不得补考；毕业考试不及格的科目，可以补考，补考仍不及格，令其重读。

组织纪律管理方面，1930年教育部公布《学生自治会组织大纲》规定学生组织须经当地国民党党部批准，活动限于校内，不得干预学校行政。国民党政府"行政院"亦发布《整顿全国学风》的通令，发表蒋介石的《告诫全国学生书》，要学生"禀古人思不出其位之训诫"。1938年的《青年训练大纲》规定信仰训练就是训练青年信仰和服从"领袖"。同年又成立"三青团"。这些规定、规则都是为了控制学生行为，稳固国民党反动统治。

在革命根据地，中国共产党为了造就党和军队的干部队伍，先后创办了红军大学、抗日军政大学、华北联大、人民革命大学等学校。这些大学的阶级属性和培养目标决定了学生管理的指导思想：一是在中国共产党领导下以共产主义思想体系为指导方针；二是教育方针必须是为革命战争和阶级斗争服务的，并和生产劳动相结合；三是必须创立新型的教育体制，创建新的教学制度；四是贯彻党的群众路线，采取多种形式办学。

由于革命斗争需要及环境条件限制，学生入学资格和学制年限随革命战争需要而改变。如土地革命战争时期，中央人民委员会在瑞金沙洲坝创办苏维埃大学，毛泽东亲自兼任校长，学生的入学资格规定必须有半年以上革命工作经验并是积极参加革命斗争者，学习期限为半年。抗战时，延安的抗日军政大学着重训练高级军事干部，它的一二期的学生大多是各军的骨干，学习期限一般为2至6个月。

1949年8月中央东北局颁发《关于整顿高等教育的决定》，确定工、农、医等学院修业期为4年，社会科学、文艺学院为3至4年，专修科为2年，同时要求各校精简编制，克服学校编制军队化和机关化，实行学校编制学校化。

坚决贯彻教育与生产劳动相结合的方针，组织师生参加各种生产劳动，自己动手，建设环境。苏区时的红军大学，办在瑞金西郊，校舍是师生建造的，校内的园圃、畜牧场、房等，供师生课余劳动用。抗大第三期因吸收知识青年多，窑洞不够，师生就在15天内挖了170孔窑洞，解决了近千名学生的住宿。全校师生还经常参加农业生产，学校提出开垦与种植2万亩土地，生产3300石以上的粮食，师生热烈响应，作为保卫陕甘宁边区的献礼。

主张民主与法律的结合。民主管理是解放区教育的特色。当时的苏维埃大学在校长和学校管理委员会监督下设"学生公社"，由全体学生大会选举干事会领导。抗大重视让学生参加学校管理，学校内遍设意见箱收集意见，允许学生越级申诉，不许打击报复。在倡导民主的同时，抗大又提倡"自动与强制并举"，实行"勤学有奖，怠惰有罚"的办法。东北解放区在1949年将学生的全部供给制或全部公费改为助学金制。

四、新中国成立后大学生管理的几个阶段

新中国成立50多年来，我国高校学生管理大致经历了四个发展阶段：

（一）完成社会主义改造的8年（1949—1957年），即接管、恢复、调整阶段

1949年至1957年期间，我国基本上完成了对高等学校的改造。在这个时期，一方面在老解放区干部学校的基础上创办革命大学，学习前苏联教育经验，创办了中国人民大学和哈尔滨工业大学，另一方面对国民党政府遗留下来的高等学校进行了初步改造。此时学生管理有关政策主要内容有：全国高等学校一律废除国民党义和反动的训导制，确立中国共产党对学生的领导，建立政治工作机构；开设马列主义课程，对学生进行政治思想教育；规定基本学制，实施课题改革。这一时期学生管理特点大体有以下几方面。

1. 从根本上改变大学生管理指导思想

鉴于这一时期的社会主义高校学生管理必须取代封建的、帝国主义的学生管理，其根本的措施之一就是在接收、接管的高等学校里，加强马列主义的思想政治教育。根据教育部1950年8月颁布的《高等学校暂行规程》第二条"高等学校的具体任务"——进行革命的政治思想教育，"肃清封建的、买办的、法西斯主义的思想，树立正确的观点和方法，发扬为人民服务的思想"，以及"爱祖国、爱人民、爱科学、爱劳动、爱护公共财物"这一国民公德的要求，学校对大学生加强了马列主义思想政治教育和共产主义道德教育，组织大学生参加土地改革、"三反""五反"等政治运动，提高了大学生的社会主义觉悟和共产主义道德品质。

2. 体现了社会主义民主管理思想

当时在学生生活和政治思想教育管理方面，比较重视发挥学生党团组织和学生会的作用。如1951年7月在北京召开了中华全国学生第十五次代表大会，大会决议指出："现在中国学生运动的主要任务是在全国学生中普及与加深爱国主义的思想教育，努力提高自己的知识水平，积极开展学校中的体育和文化娱乐活动，努力提高全国同学的健康状况，加强各校学生联合会和各校学生会的工作。同时，也较重视学生的自我管理能力和独立工作能力的培养。在人民助学金的发

放方面采用学生"自报公议、民主讨论"的方法。

3.废除旧的学生管理条文，实施我国社会主义的大学生管理政策、条例和规则

这一时期教育部学籍管理中对升留级、毕业及学生成绩的考核、学籍转移、退学问题的处理，对考勤、鉴定、奖惩的规定等，从1950年3月起至1957年10月连续制定了一系列规定。1951年10月国务院颁布《关于改革学制的决定》，高等学校，即大学、专门学院修业年限以3至5年为原则；专科学校为2至3年；各高等学校得附设专修科，修业年限1至2年。1950年7月《关于实施高等学校课程改革的规定》明确，高等学校每学期的实际授课时间以17周为原则，学生每周实际学习时间（包括自习和实验）以44小时为标准。1953年5月高等教育部《附发（关于华东区高等学校处理学生学籍问题的若干规定）希参考试行的通知》中，对学生的入学及学籍、转专业、转学、休学、复学、退学、惩罚、毕业证书等做了详细规定。

现行的全国高等学校统一招生制度，是在新中国成立初期由学校单独招生改为联合招生的基础上逐步形成的。1949年，所有高校都实行单独招生，招生计划和办法都由各校自行决定。条件好的学校一次或二次招考即可足额，其他学校则多次招考仍不足额。考试成绩好的学生往往被几个个学校同时录取，造成新生报到率很低，最高的只达录取数的75%，少数学校仅有20%。

为了使招生工作逐步纳入国家计划轨道，1950年教育部采取联合或相互委托的招生办法，1951年扩大为行政区范围内统一招生，收到较好的效果。但各大行政区之间学生来源不平衡，又没进行必要的调剂，以致学生来源较少的西北、东北地区的高等学校招不足额。1952年为保证全面完成高等学校的招生计划，由大行政区范围内的统一招生过渡到全国统一招生，即由全国统一命题，统一规定报考条件、考试科目、政治审查标准、健康检查标准、录取新生的原则及招生的方针、政策、办法，各地区根据全国统一规定，结合当地具体情况，分别办理报名、考试、政审、体检、评卷和录取等工作。1953年高校执行向工农开门的方针，工农速成中学毕业生、产业工人和革命干部等，当他们的考试成绩达到录取标准时，可优先录取。

这一时期的毕业生分配工作做法是实行政府招聘和地区调剂的办法。1951年开始明确统一分配，由教育部和人事部共同负责。1956年编制计划工作移交国家计委，教育部负责调配派遣。

4.学习前苏联高等教育的教学管理经验

从1952年开始，全国高等学校由学分制全部改行学年制，即以规定的学习

时数和学年考试合格为毕业标准。学年和学时根据不同专业的培养目标有不同规定，既规定一定的修业年限，又规定一定的教学时数。学生一律按入学先后编入相应年级上课，课程按学年安排，同一专业、同一年级除选修课外，其他课程全部相同。

（二）开始全面建设社会主义高等教育时期（1957—1966年）

这一阶段的特点是我国高等教育在党的教育方针指导下，探索我们自己培养人才的道路，过程是曲折的。这一时期学生管理的特点是：

1.排除"左"的思想干扰，全面贯彻党的教育方针

1957年毛泽东同志提出了我国社会主义的教育方针："应该使受教育者在德育、智育、体育几方面都得到发展，成为有社会主义觉悟的、有文化的劳动者。"1958年党中央又提出"教育必须为无产阶级政治服务，教育必须与生产劳动相结合"的教育工作方针。强调党对教育领导的重要性，强调加强马列主义理论和政治，大力培养学生的独立工作能力。为此，1958年各高校加强了教育与生产劳动相结合，组织学生上山下乡，勤工俭学，接近工农，熟悉工农，使脑力劳动与体力劳动相结合。通过这些活动，使学生了解了国情，提高了学生的社会主义觉悟，也增强了学生的劳动观念和对劳动人民的思想感情。

但1958年教育改革中"左"的思想影响冲击了正常的教学秩序，在教学工作上搞单科独进，大砍大并基础课程，削弱基础理论教育，大搞现场教学，师生过多地参加生产劳动、科学研究和社会活动，学习和教学时间偏少，打乱了教学程序；在学术上违背"百花齐放、百家争鸣"的方针，搞"拔白旗、插红旗"、"红专辩论"等一系列的错误做法，挫伤了教师和学生的学习积极性。

1961年国民经济处于暂时困难时期，根据党中央"调整、巩固、充实、提高"的方针，教育战线进行了全面调整和必要的压缩。1962年《高校六十条》在全国高等学校试行，纠正了1958年以后出现的一些"左"的做法，教育质量得到了提高。

2.加强学生思想政治教育，重视培养学生的独立工作能力，发挥学生的主动性

1957年反右斗争后，针对国内的政治形势，一些学校在校内设立政治辅导处，辅导处下设辅导员。1962年《高校六十条》规定："为加强思想政治工作，要在大学一二年级设政治辅导员或班主任，从专职的党政干部、政治理论课教师和其他青年教师中挑选有一定政治工作经验的人担任，同时，要逐步培养和配备一批专职的政治辅导员。"辅导员由教师和学生中理论水平高、政治品质优良者

担任，任务是辅导学生的政治学习和社会活动。

为更好地发挥学生的主动性，应正确处理好集体和个人的关系。《高校六十条》中规定："学生应该积极参加必要的集体活动，除学校统一规定的重大政治活动外，一律由学生自由支配。""学生在课外学习和文娱体育等活动中都必须认真贯彻自愿参加的原则，允许自由结合，不要强求一律。个人的习惯和爱好，只要不妨碍集体利益，则不必加以限制和干涉。"

为了更好地发挥学生的主动性，在教学中一方面重视教师的主导作用，同时还重视听取学生对教学的意见，做到教学相长，在教学计划规定的时间内进行科学研究、论文写作，对教学方法、考试方法和学习方法等进行了改革，并贯彻"少而精"的原则，减轻学生学习负担，加强自学和独立思考能力。这些方法为培养学生的主动性、创造性提供了很好的条件。

3.加强具体管理制度和条例的调整

在招生制度方面，强调政治挂帅和贯彻阶级路线，对工人、农民、工农速成中学毕业生和工农干部等采取免试保送入学的办法，不参加全国统一考试。1958年录取新生中的工农成分学员的比例虽然有显著提高，但文化水平有所下降，给教学造成困难，一定程度上影响了人才的质量。1959年国家又恢复了全国统一招生制度，取消了免试保送入学的做法。

在学籍管理方面颁布了《关于处理高等学校学生转专业、转学、休学、复学、退学等问题的规定》。为提高教育质量，1962年制订了《教育部直属高等学校学生成绩暂行规程（草案）》，其中不少条例是涉及调干生、工农速成中学学生的学籍处理及根据当时形势需要，处理抽调生及"加子"简题。1961年中共中央转发教育部、国家计委、内务部党组《关于加强管理中央部门和省、市、区直属全日制高等学校在校学生问题的报告》的条例，对管理中的混乱现象提出了具体整顿意见。

第二节　高校学生管理的基本经验

新中国成立50余年来，我国大学生的管理工作经过了一段曲折的历程。当对大学生的管理从我国的实际情况出发，又遵循管理的基本原理时，我们的管理就成功，而当我们受到"左"的或右的倾向的干扰，违背了管理的基本原理时，就出现管理的混乱。这些成功的经验和失败的教训，特别是近十年来的管理改革探索，使我们大学生管理逐步走上了科学管理的轨道，总结这些正反两方面的工作实践，高校学生管理取得了一些基本的经验，概括地说有以下几点：

第一，高校学生管理必须紧紧围绕我们的培养目标，这就是要为培养社会主义的建设者和接班人服务。大学生管理作为一种手段，它是为实现我们的教育方针服务的，离开了这个大的目标，我们的一切管理都是徒劳的，甚至还会走向反面。从这个意义上来说，大学生管理更需注重目标管理，在管理中体现我们的引导、灌输，使我们培养的人才符合社会主义建设事业的需要，从而保证教育方针的贯彻。社会主义政治、经济制度在我国的确立，决定了我国教育的社会主义性质。社会主义教育同以往封建主义、资本主义教育有着本质的不同，集中表现为坚持党对教育工作的领导，坚持教育为社会主义现代化建设服务，教育与生产劳动相结合，培养德、智、体、美、劳诸方面都得到发展的社会主义建设者和接班人。高校的工作应把培养什么人的问题放在第一位，大学生管理工作当然不能例外。但是，在一段时期里，不少学校经常出现偏离这个目标的现象，造成了管理的混乱。

第二，高校学生管理必须遵循教育规律，建立健全一整套科学的管理制度，作为管理科学的分支，大学生管理理所当然地要注意吸收国内外创立的关于管理科学方面一切有用的经验和理论，以利于我们实现管理的基本目标。同时也必须看到，对于大学生管理来说，它具有自身的特殊性。我们的管理对象是大学生，大学生不只是体现了人的要素，而且他是个受教育者，他既不同于中学生，也区别于走上工作岗位的干部，因此，对大学生的管理又必须遵循教育规律，必须按教育学、心理学揭示的科学规律来进行管理。诸如大学生智育与德育、体育的关系问题，知识的获得与能力的发展问题，课堂教学和社会实践关系问题等。在心理学方面，要重视和研究大学生的注意、感觉、知觉、记忆、思维、想象、情感、意志、气质、性格、能力等心理活动，使我们的管理把握大学生的心理状态，使我们的管理更切合实际。应该看到，当代大学生一方面希望成才，渴求理解，而另一方面，他们往往脱离实际，缺乏实际工作能力，我们的管理就应该体现它的针对性和有效性。一些高校开展大学生心理咨询活动，无疑是加强管理的一项有效措施。科学的心理咨询，可以排除大学生的心理障碍，引导大学生正确地思考和观察问题，防止一些不幸事件的发生，使一些矛盾和问题解决在萌芽状态。这些管理都是教育学、心理学及有关科学综合运用的成果。

管理作为一种手段，它主要是借助于各种规章制度、办法来实现其目标。科学的管理从本质上讲是法治，依法治理，管理的许多原理就是通过这些规章制度、办法使之具体化而加以落实。就大学生管理来说，建立一系列德、智、体以及日常生活各方面的管理制度，就是一种约束和规范，把全体学生的思想、行为引导到我们的培养目标上去，我们常说管理也是教育，正是通过这些管理制度来实现的。

要建立一套管理制度，首先必须体现它的科学性。它包括这套制度要符合客观的实际情况，符合事物发展的规律。要建立大学生的管理制度，就必须认真进行调查研究，要了解大学生，我们的制度既要符合大学生的实际状况，又要体现我们的培养要求，有它的可行性。有些制度还需考虑本地区或本校学生的具体情况，制定各项制度必须从实际出发，实事求是，理论要联系实际。其次，作为制度必须有可操作性，什么该做，什么不该做，做了又如何检查，都有明确条目，这样就便于执行和贯彻。所谓有法可依，就是按规章办事。在这方面，特别要重视制度的配套建设。如我们实行贷学金制度，一方面允许学生借贷，另一方面也需提出如何收回贷学金的办法。只有制度配套，可操作，才能真正达到管理的目的。再次，我们建立的制度必须体现它的稳定性。管理制度难免有其不完善的地方，但应尽量保持其稳定性，随着时间的推移和实践经验的总结，可作适当的调整、完善。

教育部公布的《大学生行为准则》和《普通高等学校学生管理规定》等都是总结了长期以来大学生管理的经验而制定的基本要求或法规，有了这些规定，就可以照章办事。当然，在执行中，我们还必须结合本地区、本校的实际，对有些原则的规定加以具体化，提出实施办法。

在建立起规章、制度、办法后，必须强调严格执法，要定期地进行检查和反馈。有法不依，不仅影响了这些法规的严肃性，而且降低了执法者的威信，是极其有害的，它必然导致管理的混乱无序。

第三，高校学生管理必须建立一支训练有素的管理队伍。科学、完善的管理制度，需要管理者去制定和执行，建立一支训练有素的管理队伍是搞好大学生管理的关键和根本保证。应该看到，近几年来大学生管理队伍不断地得到充实和加强，但在大学生管理队伍中还存在着不少模糊的认识。主要反映在，一是认为大学生管理只是些琐碎的事务性工作，而不认为它是一门科学，同样有许多课题需要研究，因而工作水平只停留在处理具体工作上，缺乏深入的理论研究；二是大学生管理面广量大，工作繁重，不如教学工作专一，远不如当个教授、讲师实惠；三是管理队伍待遇问题解决得不好，职称评定难度高，进修、出国机会少等等。所有这些都导致大学生管理队伍不够稳定，一定程度上影响了管理的效能。

要提高大学生管理水平，首先必须提高管理者的素质。大学生管理者应该是专业人才，特别是管理理论成为一门迅速发展的学科后，管理工作需要有管理理论和管理技能的专门人才，那种称管理者是"万金油"的陈辞必将被抛却。因而大学生管理队伍成员必须不断学习、进修，在实践中理论联系实际，不断地提高。同时，作为管理者既是管理职权的拥有者，也应是热情为大学生工作的服务者，是大学生的良师益友。一方面以自己良好的政治品质和道德品质来影响学生，对大学生进行宣传、激励、培养、训练，其言论、行为都具有潜移默化的教育作用；另一方面，也正是通过完成任务、实现目标来为大学生服务。大学生管理者不仅应该懂得管理学，还应懂得教育学、心理学、公共关系学、文学、美学等等。此外，还应加强自身能力的培养，包括组织能力，对大学生做思想工作的能力，调查研究、独立解决问题的能力。

大学生管理不是单个管理者的孤立行为，而是多序列、多层次管理者集体的协同活动。大学生的管理面广量大，从招生、培养到毕业分配，各个环节都以学生为中心，因此必须形成一股合力。在这方面，教师通过教书育人具有特殊的感染力，因此，专业教师也应是大学生管理队伍中不可缺少的一员。只有多方位的不同层次的教育，管理才能更严密，更有效。五六十年代实行的教学业务工作和思想政治工作"双肩挑"的经验还是行之有效的，有条件的学校可以继续推广。

要加强和稳定大学生管理队伍，除了在政治上关心、在业务上给予提高、明确岗位职责、严格要求外，在生活上和其他待遇上也应给予关心和落实，包括分房、提职、定级、评聘专业技术职务等都应与专业教师一视同仁；使他们能更专心致志地搞好本职工作。

第四，高校学生管理必须学校各部门齐抓共管。毛泽东同志早就指出："思想政治工作，各个部门都要负责任。共产党应该管，青年团应该管，政府主管部门应该管，学校的校长教师更应该管。"思想政治教育工作是这样，大学生管理工作同样如此，需要学校各部门齐抓共管，形成合力。我国的大学与资本主义国家大学不同之处之一是对大学生的管理更为全面，除了学习之外，还包括生活上的管理，从行政管理、教学管理、课外活动管理到后勤管理都是大学生管理的重要内容。因此，必须改变大学生管理只是行政管理部门的事，更不能认为只是一些辅导员、班主任的事，齐抓共管是我们高校的培养目标所决定的。管理育人、教书育人和服务育人是全面管理大学生的经验的总结，也是学校的根本任务。

要做到齐抓共管，学校不仅在认识上，而且在组织上应加以落实。有些高校建立的定期的学校各部门联席会议制度或学生工作领导小组等在协调学生管理等方面都起了积极的作用，收到了较好的效果。

第五，在高校学生管理中，应处理好以下几个关系：

1. 管理与育人的关系

大学生的管理是为了实现我们的培养目标，采用有效的手段对各种因素（包括人、财、物、事、时空、信息）实行最佳结合（包括计划、组织、协调、控制等），以达到最大功效的过程。从这个意义上讲，管理的目的就是育人，只是它不是通过教学的形式或主要不是通过教学形式，而是通过一种规范和行政手段，因此在某些方面，它通过带有强制性的措施来实现育人的目的。

但在管理的同时，必须宣传为什么要这样管理，并有具体的教育内容。单纯的事务性管理不可能达到育人的目的，至于不切实际的管理，该管的不管，不该管的管头管脚，对于育人也是不利的。

对大学生的管理主要是通过管理者来实施的，因此，管理者本身的一言一行都必须严格要求。只有严于律己，起到为人师表的作用，才能达到育人的目的。

2. 严格管理与法制的关系

管理在许多方面是通过制定各种规章、制度、办法来实现的，这种规章、制度、办法本身是管理的一种形式，符合学校实际的一系列制度本身就体现了严格管理的精神。但在我们日常工作中，常常在一时强调严格管理而置自己所制定的制度而不顾。就以学生违纪处理而言，从警告、严重警告、记过、留校察看，到开除学籍，每种处分都有一定的内涵，它本身体现了错误的程度和党的政策，也体现我们教育机构的基本职能。但我们也曾见过有些学校平时对违纪学生教育不够，到时算总账，或当强调严格管理时就一下子连跳几级，本可严重警告的就给予退学，甚至开除，这种失度的处理不仅达不到教育的目的，而且破坏了自己制定的制度。我们认为严格管理首先应该是严格执法，按制定的法规处理，要严得适度，要体现教育部门的教育功能。当然，对于不完善的制度，不能体现严格管理精神的，也应从实际出发进行修订，使之完善。

3. 管理的主体与客体的关系

管理总是有管理者与被管理者两个方面，也就是管理的主体和客体两个方面。从大学生管理来看，一方面是学校——管理者，另一方面是大学生——被管理者，要实行有效的管理，不仅应体现在管理者的严格管理，也应体现在被管理者的严格守法上。校方与大学生在管理上是既有不同又有相同之处的，只有学校的严格管理，没有大学生的积极配合，这种管理是脆弱的。以教学管理为例，学生旷课50节就要退学，这是从保证教学质量的角度制定的办法，但如果没有学生的认真配合，学生上课考勤记载马虎，即使缺课再多也无从处理。只有当学生充分认识了制定的法规的重要性，才能更好地配合校方加强管理。

4. 从严管理与思想政治工作的关系

我们是社会主义的高等学校，管理工作与思想政治工作既有分工，又必须相互配合，有机联系。只讲严格管理，只会按惩罚规定对号入座而忽视做思想政治工作，或者相信思想政治工作万能，置必要的行政手段而不顾的做法，都是片面的，都难以达到预期的目的。在这方面，我们也有许多经验教训可以总结。管理工作者既要看到我们在思想政治工作方面的优势，又必须理直气壮地依法照章办事，二者不可偏废。

总的来说，我国大学生的管理积累了一定的经验，有些方面须坚持和发扬。随着改革开放的深入发展，在大学生管理方面还会出现一些新问题需要研究，我们将本着科学的精神，进一步探索大学生管理的经验，把我们的管理水平提到新的高度。

第三节　用马克思主义理论指导高校学生管理理论研究

高校学生管理，既是一门实践性很强的艺术，又有其自身的发展规律和管理理论。党的十一届三中全会以来，我国的高校学生管理在制度化、规范化和科学化等方面有了新的发展，并取得了较为丰富的实践经验。然而，高校学生管理的自身理论建设还较薄弱，与管理实践的需要不相适应。在高校学生管理的实践过程中，如何以马克思主义为指导，不断总结实践经验，加强高校学生管理理论研究，促进管理实践与理论研究有机结合，是摆在广大高等教育工作者，尤其是直接从事高校学生管理的教育行政工作者面前的或待解决的重大课题。

一、确立马克思主义的指导地位

高校学生管理是高等教育中的一种社会实践活动，它的行为总是要受一定的思想、观点和理论支配的。社会主义高等学校要坚持办学的政治方向，培养德、智、体诸方面全面发展的社会主义事业的建设者和接班人，必须确立马克思主义在大学生管理及理论研究中的指导地位，坚持以马克思主义的基本理论、立场、观点和方法作为高校学生管理的理论基础和行动指南。

自从有了人类社会就有了教育。在阶级社会中教育具有鲜明的阶级性，任何阶级的教育都是为了本阶级的统治和利益服务的，都是为了有利于培养本阶级的接班人而进行学生管理的，都有本阶级的教育理论、思想和学生管理的理论、观点及管理途径、原则和方法。社会主义高等学校的大学生管理及理论研究，如不以马克思主义为指导，而将别的阶级的管理理论不加分析地"拿来"，就难以实现为培养社会主义"四有"人才服务的根本宗旨，更难以探索出具有中国特色的社会主义的大学生管理的科学理论体系。

大学生管理理论研究，涉及教育学、高等教育学、学校管理学、教育行政学、心理学、大学生心理学、社会学等诸多学科。各个学科都有其特殊的研究对象和学科自身的理论,而任何一个学科的理论观点、流派又都具有多样性。有鉴于此,社会主义高等学校的大学生管理及理论研究,更需要用马克思主义作指导从中去分析、评说,去辨别理论是非、思想是非和政治是非,从而科学地概括和总结,吸取精华,去其糟粕,否则理论上的混乱就必然导致思想上的混乱,进而导致管理混乱,难以形成社会主义大学生管理的理论特色。强调确立马克思主义在大学生管理理论研究中的指导地位,并不是用马克思主义的一般理论代替大学生管理的自身的理论,更不是要求在理论研究中去简单地"对号"或机械地"引用",而是要求研究者坚持以马克思主义的基本原理为武器,去科学地分析大学生管理过程中遇到的复杂现象,实事求是地总结经验,寻求大学生管理的客观规律,从而为指导学生管理的实践活动提供理论依据。

二、树立马克思主义的教育观

大学生管理理论研究,虽然涉及诸多学科的理论、知识,带有多学科综合的某些特点,但其主体方面仍属教育科学的范畴。这就要求大学生管理的理论研究工作者必须首先确立马克思主义的教育观,然后才能谈得上坚持用马克思主义指导大学生管理理论研究。

所谓马克思主义教育观,即马克思主义关于教育的基本理论和基本观点。例如,教育与政治的辩证关系的观点。教育必须为无产阶级政治服务,教育与政治是密切相连的,教育不可能脱离或超越政治。江泽民同志提出"讲学习、讲政治、讲正气",教育也要按"三讲"的要求,站在"讲政治"的高度来开展工作。这对如何端正办学的政治方向,培养社会主义事业的建设者和接班人至为重要,对如何优化大学生管理的环境,使青年学生树立坚定的政治方向至为重要。再如,关于教育与生产劳动相结合的观点。教育必须为社会主义建设服务,必须同生产劳动相结合,否则教育脱离劳动,脱离人民,脱离实际,脱离国情,就难以培养出合格人才。又如,教育在阶级社会中具有阶级性的观点。在社会主义初级阶段不承认或者忽视国际国内阶级斗争对大学生的影响是错误的,要防止国内外敌对势力"和平演变"的阴谋。还如,关于德、智、体全面发展的观点,对大学生的管理有直接的深刻影响,要依据三者之间的辩证关系和各自的特点妥善处理有关问题。要把德育放在首位,智育活动当然应占相当大的时间比重,体育应贯穿学生管理之中,否则,顾此失彼,难以使学生全面发展。此外,关于集体主义教育和个性发展的观点。学生间的差异是客观存在的，每个学生都有自己的个性，发展学生的正当个性没有什么错，然而片面强调"个性发展"并放在不恰当的位置，就可能助长个人主义滋生。学生中一度存在的"自我设计"、"我即太阳"、"个人至上"等思想，不利于优良学风的形成。人是社会的人，集体主义教育对优良学风的形成和增强学生的社会责任感至关重要。只有加强集体主义教育，才能使学生在集体中找到个人的位置，更好地成长，更好地施展个人才华。

马克思主义关于教育的基本理论和观点相当丰富，并正在形成独立的教育理论体系。大学生管理的理论研究工作者，必须学习马克思主义教育理论，尤其应通读马克思主义关于教育的论述原著，只有这样，才能在管理的理论研究中自觉地以马克思主义为指南，用马克思主义的教育观去分析判别管理过程中的复杂现象，自觉抵制各种非马克思主义的思想侵蚀，得出符合教育和人才成长规律的大学生管理的理论性结论。

树立马克思主义教育观，不是一日之功。要学习马克思主义，必须具有丰富的基本理论知识，同时还要把马克思主义与大学生管理的实践相结合，及时探索高等教育发展和大学生管理过程中的新情况、新问题，从而丰富和发展马克思主义教育理论和大学生管理的理论。

三、以唯物辩证法为指导

辩证唯物主义和历史唯物主义是马克思主义学说的重要组成部分和理论基础，是无产阶级的世界观和方法论的科学体系。大学生管理作为复杂的社会实践活动，必须以唯物辩证法为指导，才能科学地揭示这一复杂过程中诸方面的内在联系，通过复杂的现象看到普遍存在的本质特征及规律，从而丰富大学生管理的理论。要用一分为二的观点正确看待青年一代大学生，认识管理的对象。青年一代是祖国的未来和希望，他们的主流是热爱祖国、热爱党、热爱社会主义，具有奋发向上、求知欲强、思维敏捷、求新求实等鲜明特点，这有利于我们因势利导，引导他们健康成长。同时，也要看到他们涉世过浅、思想幼稚、易于激动、缺乏实践知识和社会责任感以及存在娇气、骄傲等缺点，以便有针对性地采取管理措施。只见缺点不看主流，或只见优点盲目捧吹，都是形而上学的，都不利于加强管理和对社会主义建设者的培养。

大学生管理中，不论是学籍移动、成绩管理，还是奖励、处分，乃至学风建设等，都是政策性、政治性很强的管理工作，都要以唯物辩证法作指导。例如质量互变、对立统一、否定之否定规律，原因与结果、必然与偶然、可能与现实、现象与本质等的辩证关系，在探索大学生管理的理论研究和处理管理实践过程中的具体问题方面，都具有直接的指导意义，都是必须遵循的基本原则和方法。如果在研究中偏离了唯物辩证法的基本要求，就可能跌入形而上学的泥坑，得出片面性的结论，管理就难以为育人服务，难以为端正办学方向服务。

四、坚持实事求是、一切从实际出发的原则，勇于实践，勇于开拓进取

高校学生管理的理论研究是亟待开辟和丰富的研究领域。这就要求我们必须以马克思主义的实事求是、一切从实际出发和具体问题具体分析等基本理论为指导，勇于实践，勇于开拓进取。

从实际出发，就要从大学生管理的实践出发。实践出真知，实践出理论，要善于发现和总结实践经验，要勇于提出新的理论见解。离开管理的实践，缺乏开拓进取的精神，在理论研究中就难以有所发现、有所发明、有所创造、有所前进。从实际出发，还要从教育的实际出发。教育具有某些继承性和连续性的特点，要科学总结我国历代的高等学校学生管理经验，尤其应注意总结新民主主义革命时期根据地和解放区学校教育的经验，总结新中国成立50多年来社会主义高等学校学生管理的经验，从中寻求科学的规律。凡符合教育和人才成长规律的管理经验，就应古为今用，或借鉴充实到大学生管理的理论知识中去，或进行理论的升华。

一切从实际出发，还必须从社会主义的国情出发，正确对待外国高等学校管理的经验和理论。要认真研究国外大学生管理的制度、措施和方法，以马克思主义为武器进行分析和鉴别，凡能为社会主义大学所用，符合教育和人才成长规律者，经改造、消化为我所用。但是，在学习和借鉴外国的管理方式和管理理论时，切不可照抄照搬，事实告诉我们，照抄照搬别国的经验、别国的模式，从来是不能成功的。要从中国国情和高等教育的实际出发，以是否有利于社会主义教育事业的发展，是否有利于社会主义事业的建设者和接班人的成长与培养，作为取舍的标准。

要坚持理论联系实际的原则。理论来源于实践，实践是理论的源泉。大学生管理工作者在探索管理的理论中，要以马克思主义为指导认真总结自己的实践经验，并力求实现认识上的飞跃，要坚持调查研究，取得大学生管理的第一手实际材料和感性认识。在调查研究中，要将定性调研分析与定量调研分析结

合起来，并充分利用从事大学生管理的实际工作这一优势，实行跟踪性调查研究，积累材料和经验。这样，通过实践——认识——再实践——再认识，就能在大学生管理理论研究中有所建树，有所贡献，所得出的科学结论才具有旺盛的生命力。

高校学生管理的理论研究，是一项复杂的研究工作，有相当的难度，对每个研究者又有其特殊的知识、能力要求，然而，只要我们坚持以马克思主义作指导，坚持不懈地总结与探求，适合中国国情、具有社会主义特色的高校学生管理的理论体系就能逐步建立和完善。

第四章 高校学生工作管理概述

第一节 高校学生工作管理的内涵及特点

一、高校学生工作管理的内涵

高校学生工作管理是对大学生日常事务的管理，它是指通过对学生的日常行为进行规范、指导和服务，来促进学生的全面发展。学生工作管理有广义和狭义之分，学生工作就是广义的学生工作管理，包括思想政治教育、日常事务管理、学生工作的考核与评估、学生成长发展指导等内容。本书所讲的学生工作管理指的是狭义的学生工作管理，也就是管理学生，它侧重的是日常管理，包括班级建设、学生奖惩、学生资助、安全教育、宿舍管理、生活服务、就业指导等，涉及学生在校生活、学习的方方面面。

（一）理想信念教育和道德品质规范的养成教育

理想信念是一个人前进的航向，而道德品质则是为人做事的准绳。在高校学生工作管理中，管理工作者要重视校园文化建设，为大学生创造高雅的文化氛围。通过校园文化的影响和熏陶帮助大学生营造良好的舆论氛围，通过文化活动的组织和开展提高思想政治教育的效果。

（二）依法治校，维护学生合法权益

实行依法治校，就是在高校的日常管理工作中，要明确学校和学生的权利及义务，要充分保障学生的合法权益。要依靠法律和学校的各种规章制度，对学生进行奖励、资助、处分等。在处理如学生处分等涉及学生权益问题时，要严格按照正当程序，规范处理过程，使学生的合法权益不受侵害。

（三）学籍管理和学习指导

随着高校教学体制改革的深入和弹性学制、学分制的实施，在学生学籍管理中，高校可以实施跨校、跨专业修读，专修和辅修相结合等有利于学生成长的管理模式。学生工作管理者可以通过学风建设，为学生创造积极向上的学习氛围。

学生在进行自主学习的同时，管理者要提供全方位、积极主动地辅导，帮助学生养成自主式的学习习惯和终身学习的思想观念。

（四）就业指导和就业服务

就业指导和服务是学生工作管理的一项重要内容。面对日益严峻的就业形势，高校要设立专门的就业指导部门，由学校主要领导直接负责管理。就业指导部门要做好在校生职业生涯规划指导、就业信息收集、实习基地建设、毕业生就业指导、毕业生职业规划等工作。

（五）勤工俭学和贫困生资助

贫困生资助和勤工俭学也是学生工作管理的一项重要内容。学生工作管理部门要针对学生的实际情况和高校的规章制度，开通助学贷款的"绿色通道"，尽可能多开辟勤工俭学的岗位，认真做好国家奖、助学金和校内贫困生补助的发放工作。同时，针对学生群体中发生的突发事件应建立应急处理机制和临时困难补助制度，对于发生重大家庭变故的学生，要及时给予特殊帮助。

（六）生活服务和心理健康教育

高等教育不仅仅体现在学习方面，还要把服务育人的理念贯彻到日常的学生工作管理中去。学生工作管理部门要和校内其他服务部门互相配合，在为学生提供衣、食、住、行等方面服务的同时，还要重视对学生进行健康生活方式的引导。

高校心理咨询中心要通过各种渠道、运用多种形式在全校范围内对学生开展心理健康教育和心理咨询活动，加强对学生的心理疏导。学生工作管理者要建立畅通的信息网络，使思想政治教育和心理健康教育有效结合，进而提高学生工作管理的水平。

（七）校园秩序与课外活动

学校要为学生提供健康、和谐的学习和生活环境。学生工作管理者要积极引导学生，自觉遵守学校管理制度，提高自身的道德修养，自觉维护校园秩序。同时，学校要积极鼓励学生团体组织开展有益于大学生身心健康的活动，并对活动加以管理和指导，保证学生活动的合法性和科学性。大学生通过参加各种类型的团体活动，可以在人际交往和社会适应能力等方面得到锻炼，这有利于学生的全面发展。

二、高校学生工作管理的特点

大学生是思想最为敏锐的群体，有着自身独特的特点。根据大学生的身心特点有针对性地开展工作，是高校学生工作管理顺利进行的保证。每个学生的成长和教育环境不同，造成他们价值取向的多元化、思想观念的差异化，具体表现有："理想与现实的差距使其虽有理想信念，但难以抉择；虽有明确的是非观，但自控性和自律性较差；实用主义倾向明显，只关注与自身利益相关的事情；个人主义突出，自我意识较强；要求独立，但依赖性强，渴望尽快走向社会，但又无法实现经济独立；适应新事物的能力较强，但心理承受能力较差"。学生工作管理要适应学生的特点、满足学生的需要，这是学生工作管理取得成效的关键。针对大学生的特点开展工作，能够使学生工作管理更具专业性和操作性，从而促进高校学生工作管理目标的实现。高校学生工作管理有以下特点。

（一）教育性

培养全面发展的高素质人才为社会主义现代化建设服务是高校学生工作管理的主要目标。学生工作管理者要通过对学生的教育和引导，提高大学生的科学文化素质，培养他们良好的品德和修养，引导他们坚持正确的政治方向，帮助他们树立远大的理想信念。总之，通过学生工作管理的教育和引导作用，促进高校管理目标的实现。

（二）开放性

高校的学生工作管理具有开放性，日常管理工作可以通过多种途径和方法开展。既可以通过课堂教学教育，又可以通过组织校园文化活动进行日常管理，还可以通过学校教育、社会教育、家庭教育等多种渠道展开。学生工作管理者要善于利用多方资源，懂得统筹和协调，形成促进学生工作管理的合力。

（三）持续性

高校学生工作管理系统是一项复杂的工程。每一项具体工作的完成都要以学生工作管理的总体目标为方向，都要体现学生工作管理的效果，都要促进大学生的全面发展。高校学生工作管理要建立长效的工作机制，使学校教育、社会教育、家庭教育三者有效结合，通过外在的制度管理和内在的学生自我约束，结合思想政治教育，来提高学生工作管理的效果和系统性。

（四）实践性

高等教育以培养适合社会需要和适应时代发展的高级知识人才为目标，要提高学生解决实际问题的能力。随着社会形势的不断变化和发展，要求学生工作管理模式随之改变。新的管理方法和手段不能只是空谈理论，而应该在实际的工作中得到切实的运用，以达到理论指导实践的目的。只有具有实践性的学生工作管理，才能更好地适应日益变化的社会环境。

第二节　高校学生工作管理的目标及原则

一、高校学生工作管理的目标

高校学生工作管理的目标是要培养适应社会发展需要的高素质人才，以提高大学生的综合素质为主要目的。具体来说，就是要提高大学生的思想政治素质、科学文化素质、身心素质、创新素质等。

（一）思想政治素质

要求大学生拥有正确的政治方向、坚定的理想信念，要养成良好的道德品格。自觉跟党走，认真学习党的理论知识和重要思想，同时自觉践行党的路线、方针、政策，坚持正确的政治立场。

（二）科学文化素质

要求大学生拥有全面丰富的知识结构和扎实的理论功底。提高科学文化素质，要求大学生要努力学习科学文化知识，掌握正确的学习方法，养成良好的学习习惯，要学会用理论指导实践，全面提高自身素质。同时，要树立终身学习的观念，在实践中寻找不足，以学习来弥补不足。

（三）身心素质

要求大学生要拥有强健的身体和健康的心理。通过积极参加体育锻炼、文体活动，强健体魄，提高身体素质；通过自我管理、自我控制和自我调节健全人格；通过积极参加社会实践，养成良好的个性和环境适应能力，并且使大学生拥有健康的身心素质，更好地为社会服务。

（四）创新素质

要求大学生要有科学的思维方式和把理论运用于实践的能力。大学生要通过学习积累理论知识，运用科学的思维，辩证地、全面地分析和辨别事物；要有较强的创新和实践能力，面对不断变化的环境要勇于创新，不断地进行自我突破，在提高大学生创新能力的同时，拓展他们的综合素质。

二、高校学生工作管理的原则

为提高学生工作管理水平，实现有效管理，学生工作管理者在日常管理中应该遵循以下原则。

（一）实际性原则

要求高校学生工作管理要一切从实际出发，既要考虑学校的实际情况，又要考虑学生的实际情况。通过了解学校与学生的实际，建立健全组织机构，明确各组织机构职能，确定学生管理目标，同时要研究适合高校自身的学生管理模式。从实际出发进行学生管理，有利于有针对性地开展学生工作。

（二）制度化原则

要求学生工作管理者要根据国家法律规定，结合高校自身实际，制定各种规章制度进行学生管理。制度化是进行规范管理和提高管理效率的必然要求。只有通过制度化管理，高校学生工作管理才有章可循，才能不断地推进学生工作管理的科学性、有效性。

（三）服务性原则

高校学生工作管理要坚持服务育人的理念，以服务学生为出发点和落脚点。在对学生的日常管理中坚持服务性原则，就要从学生的根本利益和切身需要出发，把学生看作学生工作管理的主体，一切为了学生。因此，在实际工作中应坚持服务性原则，通过服务达到管理的目的。

第三节 高校学生工作管理取得的成绩

高等学校的根本任务是培养德、智、体、美、劳各方面全面发展的社会主义事业的建设者和接班人。学生工作管理是高校工作的重要组成部分，它对于培育适应21世纪经济社会发展需要的"四有"大学生至关重要。几十年来，各高等学校对学生工作管理都十分重视，投入了大量的人力、物力和财力；学校的学生工作管理者认真贯彻党的教育方针，围绕学校培养目标，大胆实践，努力探索，形成了一套行之有效的工作途径和方法。他们热爱学生、关心学生，爱岗敬业，为培养学生付出了巨大的劳动和心血，为我国的社会主义建设培养了大批合格的专门人才。特别是近年来，高校学生工作管理队伍在学生工作管理的科学化、规范化上进行了有益的研究与探讨，取得了一定的成绩，归结起来主要有以下几点。

一、加强大学生思想政治教育，为大学生成才提供精神动力

大学生的日常思想政治工作是课堂教学、德育课、形势政策课等之外的重要补充，具有针对性、时效性等特点。高校学生工作管理注重大学生的日常思想政治工作，解放思想，更新观念，提高认识，树立"一切为了学生"的教育理念，增强服务的意识，强化服务的功能，自觉、主动地为大学生成长和成才服务。既坚持教育学生、引导学生、鼓舞学生、鞭策学生，又做到尊重学生、理解学生、关心学生、帮助学生；对大学生学习、生活规范管理，促进大学生向有道德、有纪律的方向发展；提高大学生的文明素养，促进大学生文明习惯的养成。思想政治教育工作要做到学生的心坎里，要被学生接受，要受学生欢迎，达到解疑释惑、化解矛盾、鼓舞士气和激发热情的作用，为大学生成才提供精神动力和舆论力量。

对大学生的思想政治教育，一般采取集体、小组、个别教育的形式，运用大会、讨论、学习、讲评等方法，结合不同阶段学生的思想状况，有目的地对学生加强思想政治教育、引导大学生全面提高素质。例如通过各项先进评奖，"三好学生""文明宿舍"等，引导学生开展创优争先活动，努力学习，积极进取，在学习、品德、行为、身体锻炼等各方面追求进步，成为优秀人才；而对大学生不良行为的处罚，不仅对其本人的健康成长具有重要意义，对其他同学也具有重要的教育意义。另外，通过新生军训，培养学生适应环境的能力，提高学生的国家安全意识，培养学生坚韧不拔的意志、艰苦奋斗的精神，养成文明、守纪习惯；通过专业介绍，进行学习目的教育、理想教育，激发学生学习的热情，提高学生自我提升的积极性；通过校史校情教育，对学生进行学校光荣传统教育、艰苦奋斗教育、优良学风教育，为他们今后的学习和提高打下坚实而良好的思想基础；通过对毕业生的各项教育，引导学生正确看待和处理自我发展需要与社会的需要之间的关系，帮助学生树立正确的择业观；通过引导学生剖析自身素质与社会需要之间的差距，增强学生的忧患意识，进一步提高大学生道德修养的自觉性、主动性和积极性；同时，还要加强竞争意识教育、挫折教育、创业教育等，进一步促进学生养成不断提高自身素质，永不停步、永不言败的信心和习惯。

二、积极开展丰富多彩的活动，为全面提高大学生素质搭建舞台

（一）积极组织社会实践，锻炼学生的社会适应能力

利用寒暑假开展社会实践是高校学生工作管理的常规内容。大学生利用寒暑假进行社会实践的形式是多种多样的，有环保调查、行业实践、公益实践、母校回访、勤工助学等。社会实践活动没有固定的模式，也没有固定的场地和对象，一般是在一个比较开放的环境下，面对着不断变化的情境，学生独立面对和解决各种问题。社会实践能充分调动学生的积极性，引导学生在实践中勇于开拓、敢于创新。

此外，大学生通过实践走向社会，亲身体验生活，看到城乡差别，感受贫富差距，在与人民群众的接触、了解、交流中受到真切的感染，从活生生的典型事例中受到深刻的教育和启发，这能使他们的思想得到升华，他们的社会责任感和使命感得到加强。同时，也能使学生看到自身知识和能力上存在的不足，比较客观地去重新认识、评价自我，逐渐摆正个人与社会的位置，进而潜心思考自身的发展问题，不断地提高自身素质和能力，以适应社会发展的需要。

总之，社会实践可以训练学生独立生活和适应环境的能力；提高知识的实际应用能力和自身的组织管理能力；巩固和发展专业技能；了解国情民情，增强社会责任感；强化学生的社会服务精神，塑造他们吃苦耐劳的品德。大学生在积极参与这种实践活动的过程中，会逐渐养成坚韧、顽强的优良品性，养成务实的学习态度和生活作风，不断提高自己，完善自己。

（二）组织社团活动，为大学生搭建开发潜能、展现自我的重要平台

社团活动是大学生校园文化活动的重要组成部分，是对大学德育的有效补充也是大学生素质教育的重要载体，是高等院校中一道亮丽的风景线。大学生社团是大学生立足校园，基于共同兴趣和爱好，依照法律，按照一定的章程，自愿结成的具有固定成员和特定活动内容的组织，大致可分为思想政治、学术科技、文体娱乐、志愿服务、创业或综合五种类型。社团活动形式新颖、丰富多彩，在培养学生的想象力、创造力、批判能力和协作精神，充分调动社团协会的主体性与参与性等方面，起着桥梁和纽带的作用。它不仅丰富了大学生活，而且为大学生身心健康发展提供了课堂以外的学习机会，让他们在活动中锻炼自己的能力、发挥自己的特长、展现自己的才干，这无疑是大学生开发潜能、展示自我的舞台。

（三）丰富校园文化，提高学生的人文艺术修养

文化素质是素质中的一个重要内容，它是指具有一定的文学修养、理论修养、音乐修养、艺术修养等。学生工作管理的重要内容之一就是校园文化建设。所谓校园文化具体表现在各种活动的组织与开展中，如元旦联欢会、歌手大赛、合唱比赛、社团嘉年华、科技文化节、校园辩论赛、纳雅大讲堂、假面舞会等。青年人思想活跃，吸收力强，可塑性大，比较容易接纳新生事物、观念、行为及生活方式，通过群体文化的规约和引导，形成良好的校园文化大气候，对学生素质的提高大有裨益。通过丰富多彩、形式多样的文化艺术活动，引进高雅艺术如音乐会、芭蕾舞、话剧等，使学生的艺术修养和审美素质得以有效提高。

（四）组织课外学术科技活动，锻炼学生的创新能力

大学生课外学术科技活动包含三个方面的内容：一是学术科技的学习，二是学术科技的创新，三是学术科技的应用。这是伴随着"科学技术是第一生产力"的论断逐步为社会接受并确立其在经济社会发展中的主导地位、一步一步发展起来的。高校学生工作管理部门应高度重视，不断健全组织机构，形成有效管理的模式：建立评比表彰制度，营造学术气氛，并采取积极措施使这一活动不断发展和深化。

课外科技创新活动，激发了学生的学习积极性和创造能力，使学生从校园走向社会，从单纯受教育和知识传承的身份，逐渐成长为社会财富的创造者，打破课外与课内的界限，最终使学生树立终身学习的观念。

三、加强学生工作管理队伍建设，提高推进素质教育的能力和水平

辅导员是从事学生思想政治工作的基层干部，是思想政治工作第一线的组织者和教育者，也是和学生接触最多的老师之一。高素质的辅导员有利于国家的稳定和繁荣、学校的生存和发展以及学生的健康成长。把那些政治素质硬、业务水平高、思想品德优、综合能力强、热爱辅导员工作的优秀毕业生党员选留到辅导员队伍中来，加强对辅导员的管理，以提高队伍整体素质。从发展趋势来看，我国高校学生工作管理开始强调教育性和发展性，在强调德育传统的同时，"以人为本"的管理理念基本上得到认同。管理制度也更为完善，管理干部队伍的层次日益改善，有的高校学生管理干部中硕士毕业生已经占有一定比例，有的学校为博士毕业生任专职书记。

第四节 高校学生工作管理面临的问题及其成因

一、高校学生工作管理面临的问题

高校是培养人才的重要场所，高校的学生工作管理直接影响着人才的培养质量，影响着高校和社会的稳定。因此，各高校都十分重视学生工作管理，结合新形势对学生工作管理进行了积极的、有益的研究和实践探索，取得了一定的成效，但目前仍面临很多挑战，存在一定的问题。

（一）社会主义市场经济的深入发展使学生工作管理面临严峻的挑战

随着我国改革开放的不断深入，人民生活水平进一步提高，广大人民群众对接受高等教育的需求愈加迫切。为了适应改革开放的形势、满足各行各业对人才的需求，党中央、国务院及时做出了高校扩招的决策，高校招生人数连年增加，在校生人数持续增长。高校扩招、学生人数急剧增加，高校逐步实现了由精英化教育向大众化教育的过渡，但生源质量下降是一个不争的事实；交费上学，导致经济困难学生增多；高考取消年龄限制、学分制和弹性学制的实施、后勤社会化改革都给学生工作管理带来了相当大的挑战。加上很多高校对形势估计不足，也出现了很多问题，例如学生宿舍建设滞后，不得不推迟开学时间；食堂容量小，学生就餐拥挤；教室数量少，仅能满足学生上课之用，学生自修教室紧缺，导致学生宿舍成为学生的主要自修场所；文化体育场馆建设滞后，学生课外活动较少，学生的体育文化生活相对单调。此外，随着市场经济的发展，大学生的思想观念、价值取向发生了巨大的变化，大学生思想活动的独立性、差异性日益增强，原有的单一学生工作管理模式已无法达到预期的效果，学生工作管理面临着严峻的挑战。

（二）传统管理模式的弊端使高校学生工作管理面临新的问题

传统的学生管理模式固然有其历史必然性以及成功的做法和经验，但在新的情况下存在着难以克服的弊端。从现状上看，有些高校的学生工作管理仍然停留在处理事务的阶段，常常重管理、轻服务，认为学生工作管理者在管理过程中起主导作用，学生只是起辅助作用；学生只是被管理者，在管理过程中，学生要服从学生工作管理者的管理、听从学生工作管理者的安排；停留于管好学生、管住学生的阶段；以满足学校的现实需要即学校的稳定和发展为重点，而不是以满足学生的发展需要为重点来开展工作。另外，有一些学生工作管理者认为学生性本恶，故往往喜欢采取"管、控、压"的方法来压制学生；也有些学生工作管理者认为学生本身是一张白纸，可以对其随意"刻画"，于是随意向学生发号施令，以显示权威。殊不知，这更加激发了大学生的逆反情绪，严重影响管理的效果。总的来看，学生工作管理者采用行政化的教育管理方式，对学生训导多，平等交流解决问题的机会少；充当长者、管理者的色彩浓，担当朋友、服务者的色彩淡；空洞的说教多，能真正满足大学生情感、生活等需求的心理沟通等有效的工作少；消极被动解决问题得多，积极主动为学生综合素质的提高和发展创造广阔空间的工作少。面对新时代、新形势的需要，学生工作管理者应该转变思想、更新观念，树立以人为本、以学生全面发展为中心的理念，为学生的发展创造一个广阔的平台和空间。

（三）网络普及的负面影响对学生工作管理模式带来冲击

信息化技术的发展和普及给传统学生工作管理带来新的问题。信息化的迅速发展，使互联网对学生的学习、生活乃至思想观念产生着广泛而深刻的影响。网络正极大地改变着学生的生活方式、学习方式甚至是语言习惯。对学生工作管理而言，网络是一把双刃剑。一方面，网络为高校学生工作管理提供了新的阵地和领域，对加强和改进高校学生思想政治工作带来了新的机遇。另一方面，网络也给传统学生工作管理带来了极大的冲击。首先，网络信息的快捷性、丰富性和开放性特点，使得学生从学校获取知识的权威性受到怀疑。在网络普及的社会条件下，大学生能够借助网络比以往任何时候都更快捷地获取信息，而思想政治工作部门和有关干部、教师在获取信息的渠道、时间、数量等方面已不占明显优势。冲击，使学校所要传达给学生的信息很难在学生头脑中沉淀，严重影响了思想政治教育工作。其次，网络的虚拟性、隐蔽性使得网络成为有害信息的滋生地和传播地。一部分人利用信息技术参与社会政治，一些虚假、不健康甚至反动的信息污染了学生思想政治教育的环境，学生难以判别和抵御，有的上当受骗，还有的沉溺于网络虚拟世界不能自拔。

（四）学分制和弹性学制的实施使学生工作管理面临新的变革

目前，全国各高校普遍实施了学分制。在学分制下，学生工作管理打破了学年制整齐划一的教学管理模式，学生专业班级观念淡化，形成了以课程为纽带的、多变的听课群；不同专业甚至不同学校的学生在一起学习，学生工作管理不仅局限于本专业学生，而且还要管理选修课程形成的其他专业或其他学校的学生。同时,学生工作管理除了对学生进行教学、思想和生活管理外,还需指导学生选课,帮助学生构造合理的学科知识结构,并要求学生在老师的指导下,由定向学习变为自主学习,学生工作管理由学年制下的指令性管理变为指导性管理。在这种现实情况下,学生工作管理必须寻找和构建新的"平台"。

(五)学生工作管理队伍储备不足和不稳定制约着学生工作管理的成效

目前高校学生工作管理面临的一个重大难题就是人员空缺和人员素质不高。辅导员分布也极不平衡,有的学校一名辅导员要负责600名或者更多学生。辅导员任务加重,无法在时间上和精力上对学生开展过细的思想政治教育工作,无法及时对他们进行心理疏导。再加上,高校中从事学生工作管理的人员主要来源于本校留校的本科生或研究生,他们中很少有人专门学习过管理学或心理学的知识,同时又缺乏进修以提高自身专业水平的机会。有很多高校的辅导员都比较年轻,看似容易与学生沟通却管理经验不足。这些问题的存在致使高校学生工作管理力度不足,管理效率低下。高校学生工作管理内容庞杂,事务琐细,全校凡涉及学生的各个部门的工作,最后的落脚点都在辅导员身上,"千条线一根针"。再加上现行工作体系的约束,学生工作管理者不可避免地陷于每日的事务中,疲于应付。这就使学生工作管理表面化、肤浅化,流于形式,难以对学生日常行为、生活、学习等方面进行高效、规范、科学的管理,严重影响着学生综合素质的提高。

(六)高校新区建设和高校后勤社会化给学生工作管理带来新的问题。

高校后勤社会化,实际上是建立一种教育成本分担机制。目前,我国大多数高校实现了高校后勤社会化。高校按市场经济规律运作,开放学校市场,允许社会上的人员、资金、技术、设备开发校内市场。这些经营者进入高校市场的主要目的是盈利,而学生在缴纳各种费用的同时也树立了投资意识,对学校教学、生活条件有了更多、更高的要求,这就容易产生矛盾。随着高校招生规模的扩大,许多高校原有的校园难以满足学生的学习、生活要求,各高校纷纷在原有校园外建设新校区,这造成同一专业的学生或者同一院系的学生分开接受教育,严重冲击了以前按院系管理的模式。在这种新的形势下,探索新的学生工作管理模式将是学生工作管理面临的新课题。

二、新形势下高校学生工作管理问题产生的原因分析

（一）环境因素：社会转型加快与教育发展滞后

当前，我国社会正处于转型期。我国的社会转型是在中国的传统文化、社会主义制度文化和西方文化所构成的复杂的文化背景中展开的，其实质就是由传统农业社会向现代工业社会、传统封闭社会向现代开放社会、高度集中的计划经济体制向以竞争和利益导向为主要特征的社会主义市场经济体制的转变，其中必然充斥着东西文化的交融与碰撞。而且这一过程必然带来社会体制及其运行机制的变化。马克思主义认为，物质生产活动是人类最基本的实践活动，它是一切其他社会活动的基础和决定性因素，教育活动也概莫能外。教育不可能脱离社会物质生产的需要而发展。社会发展丰富了教育资源，改善了教育条件，提高了教育水平，顺应了时代发展的需要，高等教育进入由精英教育向大众教育转变的阶段。一方面，急速扩招在满足大众接受高等教育需要的同时，加重了高校自身的负担，造成师资的严重紧缺；另一方面，教育的时代效应决定了教育改革从开始实施到完成是一个渐进的过程，人的成长成才亦需要一定的时间。因此，不可避免地会出现社会物质生产的急剧变化与教育变革满足之间的矛盾。

改革开放的深入发展和社会主义市场经济建设的全面展开，将中国带入了一个以现代化为根本特征的全面深刻的社会变革时期。现代化的实践要求现代化的价值观念和伦理精神的支撑，需要与之相适应的高校学生工作管理理念与操作体系。但是就方法而言，高校学生工作管理多坚持灌输的方法，以说教为主，忽视了社会转型所带来的教育环境、教育对象发生的巨大变化，这种机械呆板的方法抹杀了鲜明个性的思想。就目标而言，基于单一的、封闭的社会结构，在特定的教育教学环境中，着力塑造符合某种特定目标的学校角色，这种学校角色往往与社会转型期所要求的人才特质相脱节。从本质上说，在现代社会开放和价值多元的背景下，高校学生工作管理因为忽视了学生的主体性本质及其自主性和创造性，而在解释现实问题、解决矛盾冲突方面趋于苍白，不能发挥其应有的塑造学生人格、传承时代精神的历史使命，进而引发高校学生工作管理中的骨牌效应。

（二）理念因素：科学主义的僭越与人文关怀的弱化

近代以来，在科技和教育的影响下，人类驾驭物质世界的知识和能力有了长足发展，科学的发展彰显了理性的威力，将人的精神也视为与物质无异的实在。在科学技术的激发下产生的各种哲学往往把人类以外的一切事物看成仅仅是有待加工的原材料，并在处理人与自然关系的过程中演绎为人类为控制自然而产生的

一种工具理性，技术统治取代了一切，单纯重视机械化、技术化，试图借助对理性（逻辑）和技术的把握，通过一系列常规化、程序化的操作完成高校学生工作管理的全过程。

科学主义的盛行催生了教育观上的工具主义，着力于教会人们何以为生的知识和本领，其"最基本的缺失就在于它放弃了'为何而生'的教育，不能让人们从人生的意义、生存的价值等根本问题上去认识和改变自己；也必然地要抛弃人自由心灵的神圣尺度，把一切教育的无限目的都化解为谋取生存适应的有限目的，缺少以人为出发点的教育理念；人自身也成为由工具理性所任意摆布和支配的工具，人为物所役成为一种理性程序化的存在物和机器，而失去各种精神的追求"，丧失了否定性、批判性、超越性而成为单向度的人。可见，科学主义"可能以一种异化形态统治人、控制人，把人置于纯粹工具的地位，退化到物的境地，从而控制人，丧失其应然性"。用科学的物质性、实在性来说明人的丰富性是不恰当的，"形不成人与世界相互作用造成的复杂的'属人世界'的现实观念，因其简单化而无法揭示现实世界中的复杂现象。"从而造成人文关怀的旁落，而这恰恰是高校学生工作管理的核心和关键。

（三）人的因素：学生思想多元化与不稳定性

随着改革开放的深入，特别是高新技术的迅猛发展，信息手段不断更新，信息传输速度日益快捷，学生对各种思想、文化的接收有了更快捷的方法，各种思想和价值观念随之汹涌而来，这势必对大学生产生巨大的影响。主要表现为学生思想逐步由单一趋于丰富，封闭僵化转向开放活跃，呈现多元化的发展趋势。

新一代大学生是在改革开放的环境中逐步成长起来的。他们是最积极、最活跃、最有生气的群体，其思想品德的形成、发展具有强烈的时代特征；主体意识不断增强，自主意识不断强化：思想活跃，具有强烈的进取心和好奇心，易于接受新鲜事物，能够通过各种方式和途径获取知识和信息，文化反哺生动说明了他们在获取信息方面的超前性；思维敏捷，具有极强的灵活性、批评性和独立性。特别是伴随网络技术的发展，处于数字化生存状态的大学生们有了更多自主选择的权利和空间，这为他们了解各种基于不同文化背景、政治主张、宗教信仰的多元价值观提供了平台，加剧了多元价值体系的相互碰撞。

但是这个年龄阶段的大学生，心理机能和道德判断能力均处于相对较低的水平，且缺乏社会经验，心理状态尚不稳固，情绪易于起伏，具有较大的随意性和可变性，使得他们面对多元价值无法自如地评价和选择。事实上，面对价值观念的多元化，他们时而表现出"自主与依赖的矛盾、自信与自卑的矛盾、感情与理智的矛盾、要求与满足的矛盾、冲动与压抑的矛盾，等等"，从而产生价值评价及选择的迷茫和困顿，在思维方式和行为方式上出现偏颇，加大了高校学生工作管理的难度。

第五节 完善我国高校学生工作管理模式对策研究

一、以"柔性管理"思想为指导，更新管理理念

我们已经知道，在学生工作管理中"以人为本"是柔性管理的核心，同时也是柔性管理的价值取向，更是柔性管理的核心指导原则。高校的学生工作管理特别是院系的学生工作管理的出发点和落脚点应该是学生的成长成才，以培养德、智、体、美、劳全面发展的学生为最终目的，使得学生能够成为社会主义的建设者和接班人，这才是高校学生工作管理的根本任务。

（一）确立以学生为本的管理理念

中共中央、国务院颁布的《关于进一步加强和改进大学生思想政治教育的意见》，明确把以人为本作为加强和改进大学生思想政治教育的指导思想，强调要坚持以人为本，贴近实际，贴近生活，贴近学生，促进人的全面发展。这就给高校学生工作管理提供了理论支持，要求我们必须树立以学生为本的学生工作管理理念，更好地指导我国高校学生工作管理的开展。

要在实际工作中树立起以学生为本的学生工作管理理念，就要通过相应的规则确定学生在高校的学生工作管理中的主体地位，充分突出学生的主体性。这也就是说，在学生工作管理过程中，学生工作管理人员要时刻以学生为中心，发掘学生的潜能，发挥学生参与管理的积极性，引导学生维护自身的合法权益。关心学生发展，帮助解决他们在日常学习和生活中出现的各类问题，真心诚意地为学生服务。

以生为本、服务学生的理念要求高校院系在实施具体的学生工作管理中，要考虑到学生的主体性和个性发展，减少一些强制性的单一性的内容。基层管理人员在具体工作中要做到：尊重学生的个性诉求（基础），关注学生的身心健康（关键），服务学生的各类需求（方式），发展学生的综合素质（目的）。尊重学生就是尊重学生的个性诉求，尊重学生在高校中的主体地位。高校成立的基础是学生，所以在具体工作中，要尊重学生的主体地位，尤其对特殊学生更要加倍重视。关心学生就是关心学生的学习和生活，及时掌握学生在学校的

学习和生活的具体情况，帮助学生解决问题，让他们感受到学校的关爱。服务学生就是以学生需求为导向，努力培养适合学生发展的软硬件环境，促使学生进行良好的自我管理，促进学生形成正确的人生观和世界观。发展学生是以学生为本的目的，也是尊重学生、关心学生、服务学生的归宿，最终都是为了学生的全面、协调发展。

（二）坚持民主管理

民主管理是相对于"一言堂"的管理而言的。民主管理对于现代管理、对于我国高校院系学生工作管理既是手段又是目标。一方面，它是院系学生工作管理有效性的重要保证。通过学生广泛参与，可以树立主人翁意识，牢固学校的凝聚力和向心力。另一方面，它能培养学生的民主意识，增强学生参加学校管理的积极性。

民主管理内涵非常丰富，它是现代管理的重要内容之一。根据当前我国高校的实际情况，在高校院系学生工作管理中，民主管理的理念应着重体现在两个方面。第一，以人为本，认同学生的主体地位；第二，讲求宽容，为学生发展提供宽松的环境。

1.以人为本，认同学生的主体地位

实施对人的管理是学生工作管理的本质，因此，在学生工作管理中，必须始终贯彻以人为本的核心思想。学生是高校管理的对象，也是高校管理的主体。因此，"为了一切学生，一切为了学生，为了学生的一切"的思想，应该成为高校学生工作管理的基本理念。这也是柔性管理理论中一个重要的概念。这就要求学校涉及学生的各个部门都要树立起以学生为本的核心思想，实行民主管理的方式。基层学生工作管理者对学生的个性发展要正确认识和充分尊重，对学生的意见和要求要广泛听取，将学校和学生的发展融为一体。在各项规章制度的制定过程中，要调动学生参与的积极性，同时增加透明度；对学校院系各项工作中存在的问题，要鼓励学生主动积极参与管理，听取来自学生的意见，以此来充分有效地调动学生"自我教育、自我管理、自我服务、自我激励"的积极性。

2.讲求宽容，为学生发展提供宽松的环境

宽容就是要求学生工作管理人员尽量理解或亲身参与到学生的各种创造性活动中去，鼓励学生在校园文化活动中百家争鸣、百花齐放，不要用简单划一的制度和方式去规定学生，减少对学生的强制要求和无谓监督。既然有创新，也就意味着有风险，宽容就是要求学生工作管理者特别是院系学生工作管理者要有勇气去替学生承担风险和压力，力所能及地为创新性学生提供帮助和支持。当前大学生体现出个性多元化、发展差异化的特点，院系学生工作管理人员不仅要考查学生学业知识，还要考查学生的道德、创新以及实践能力等方面，以促进学生的个性化发展。

（三）强调管理服务意识、实现个性化管理

市场经济的建立和高等教育大众化的发展，使高等教育成为一种消费，大学生就是特殊的教育消费者。"教育是一种具有服务性质的实践活动，教育服务就是教育活动的产品，或者说是一种服务形态的产品，教育产品是教育服务。"市场经济条件下，服务的提供方是高校，学生作为消费者，那么在市场上、在学生付出学费的前提下，学生有权利要求高质量的教育服务、享受优质的教育资源，而高校也必须提供相应的教育服务。因此，高校学生工作管理理念必须要进行转变，而院系作为与学生接触最密切的基层组织，其本质就是要坚持以服务学生为学生工作管理理念，这就要求学生工作组织以及学生工作管理者要根据市场经济发展的各项要求为学生提供服务，要一改以往行政化、官僚化的学生工作管理作风，实现学生工作管理向规范化、制度化、科学化的方向转变。

理念为行动指明了方向。院系学生工作管理者要学会转变角色思考问题，要多从学生的角度出发，思考学生面临什么问题，应该如何处理。要搞清学生当前的思想动态，把解决学生的问题作为学生工作管理的出发点和归宿。同时，发挥学生的主动性，使得学生参与到学生工作管理当中来，让学生提出积极的意见，这也是培养他们发现问题、分析问题、解决问题能力的一大重要举措。

二、坚持以学生为本，改革和完善院系管理体制

（一）建立院系党政共同负责学生工作管理领导机制

基层院系学生工作管理的有效开展离不开院系领导班子的大力支持。院系学生工作管理体系建设首先要安排院系班子即专门领导全面负责学生工作管理，同时院系党政领导也要亲自抓。建立党政领导共同负责学生工作管理的领导机制，可以全面整合院系各部门的力量，使得院系教务、行政等各部门分工协调，促进基层院系学生工作管理有序开展。在院系党政领导的共同负责下，学生工作管理既不是单纯的思想教育工作，也不是单纯的行政管理工作，而应该既是思想教育工作，又是行政管理工作。为了确保党政共同负责落到实处，可以在院系党政联席会议上单列一项学生工作管理，用以保障学生工作管理顺利、高效开展。

需要说明的是，各项工作的开展要学校学工处发挥指导功能。同时，学校有

必要赋予院系学生工作管理部门一定的行政权力和主动权，否则，仅作为与院系同等的职能部门，其各项工作极有可能得不到有效开展，导致院系学生工作管理部门的职能与目标存在距离，从而达不到预期的管理目标。

（二）以学生的发展和需要为依据进行组织机构和职能设置

院系基层学生工作管理必须建立在配备完善、工作得力的学生工作管理机构的基础上。长期以来，院系的学生工作管理机构虽然采取了不同的设置形式，但是无论采取哪种设置形式都必须满足学生受教育的需要，满足一定的设立条件。比如：是否适合学生全面发展，是否能使学生工作管理人员顺利开展工作，是否能够使得院系学生工作管理部门达到预期的目的。

要加强院系一级的领导和管理。在机构上，成立院系学生工作管理办公室，与学校学生工作管理处相对应，院系党政负责人共同对本院系的学生工作管理负责，院系学生工作管理办公室的常务负责人是院系党委（党总支）副书记。成员包括院系学生工作管理办公室主任在、团委书记、年级辅导员等，需注意的是，院系一级的本科生学生工作管理由党委（党总支）副书记负责，而一些高校的研究生学生工作管理由党委（党总支）书记负责，那么在管理中应当有院党委（党总支）书记对全院研究生、本科生的学生工作管理负责，在具体工作中一定要统筹兼顾、理顺研究生和本科生的管理机制。

目前，由于大学生数量不断增多，事务量也在增大。虽然近年来学生工作管理组织进一步扩大，学生工作管理人员数量进一步增多，但是院系学生工作管理人员既要应付日常学生工作管理，也要随时处理突发事件，往往有些力不从心。为此，院系学生工作管理部门应当以管理职能化、规范化为目标进行部门设置，细化管理职能，以更好地满足学生的需要。具体来说，院系层面要成立或者设立以下几个与学生利益相关的办公机构。

1.成立院系资助工作办公室

在院系层面上成立院系资助工作办公室，专门负责管理院系学生的各种经济资助事务。具体职能：做好与学校的资助管理办公室的任务衔接，同时，根据本学院的专业特点与有意向资助单位进行联络，负责资助信息的收集和发布。同时，要做好学校奖学金、助学金的发放工作，适时提供一些勤工助学岗位信息，等等。院系资助工作办公室一是深入学生中摸查情况，全面了解学生经济状况，做好贫困生建档工作；二是努力构建和完善以"奖、贷、勤、助、补"为主体的资助体系；三是对贫困学生开展励志教育，引导贫困学生自强不息；四是大力开展诚信教育、感恩教育，引导贫困学生以实际行动回报社会。

2. 建立院系心理健康辅导室

当前由于经济社会的快速发展，学生心理健康问题呈现出独特性和复杂性的特点，从学生工作管理的本质出发以及服务学生的需要，当代大学生需要专门化的心理辅导。院系直接接触学生，需要成立针对各院系特点的专门的健康和发展咨询部门，配备既了解心理辅导知识也了解本院系特点的专门人员。院系层面上的心理辅导室，可以借助学校心理辅导中心的力量，为每个本院系的学生建立心理健康档案，使得院系心理辅导工作成为学校心理辅导的有效补充，同时，也能在第一时间为院系学生提供心理帮助。

目前，我国很多高校都对辅导员提出考取心理咨询师职业资格证书的要求，很多辅导员也顺利通过考试，获得了心理咨询师职业资格证书。所以，院系学生工作管理系统已经具备建立心理健康辅导室的师资条件。院系在辅导学生心理健康时要注意：一是制订学生心理危机干预预案，完善学生心理健康档案；二是举办心理健康活动，普及心理健康知识；三是做好心理辅导和咨询工作；四是认真进行学生心理状况摸排工作，妥善处理好有心理问题倾向的学生的心理干预工作。

3. 成立院系学生就业创业指导中心

在院系层面设立院系就业创业指导中心，其职责是利用相关学生工作管理人员的专业优势，指导院系学生制订职业生涯发展规划，为毕业生提供与专业相关的求职技能和就业信息，指导学生从事创业活动等事务。院系就业创业指导中心应加强与学校就业创业指导中心的合作，利用院系的专业优势，加强与相关企业的联系，为学生提供高质量就业创业服务。

院系就业创业指导中心要牢牢抓住就业创业服务和就业创业指导这两条主线开展工作：做到重点关注、重点服务、重点推荐，谋求整体突破，提高毕业生就业率。

（三）加强院系学生工作管理队伍专业建设

优秀的学生工作管理队伍是基层院系学生工作管理开展的组织保障。一支高水平的学生工作管理队伍，是基层院系学生工作管理开展的有效保证。我国高校基层学生工作管理者称为辅导员，要打造一支优秀的辅导员队伍就要注意以下几个方面。首先，要建立辅导员的聘用选拔体系。以"专业化、科学化"为原则，在选拔过程中不仅要考核辅导员的专业知识还要考察辅导员的作风、纪律、观念，要高标准、严要求。其次，要建立辅导员培训发展机制。结合高校学生工作的特点，制订辅导员培养计划，可根据实际制订出固定培养机制、临时培养机制。再者，要建立辅导员队伍的绩效考核和监督评价机制。实行量化考核，对辅导员的工作进行动态管理，要增加考核工作的透明度和实效性。最后，要建立辅导员激励和淘汰机制。要重视辅导员的个人发展，在辅导员的评先评优、职务晋升上要建立起完善的机制；对于考核中表现不及格或者在任期内发生重大事故的辅导员要进行批评和教育，严重者要从辅导员队伍中除名。

院系学生工作管理办公室要注重专、兼职辅导员的学习培养和教育管理，专、兼职一视同仁，责权利清晰，形成一支团结上进、富有朝气和战斗力的辅导员团队。通过辅导员培训、交流和考核等多种形式，着重提升辅导员的以下五种能力。

1. 服务大局，提升凝聚力

学生工作管理队伍要紧紧围绕学校奋斗目标、紧扣学校发展定位、紧跟学校发展步伐，做到耐得住目标不偏离、耐得住寂寞不放弃。全体辅导员和学生工作管理者要互帮互助，团结协作，共同进步。

2. 加强修养，提升道德力

要求辅导员示范德行，带头遵守校纪校规。在工作中做到平等对待学生，牢固树立以学生为本的理念，尊重学生创新性，关心学生疾苦，了解学生的难处，始终不忘责任，不导教师的神圣使命。

3. 持之以恒，提升学习力

首先，院系要为辅导员提供学习的平台，为辅导员"充电"提供良好的环境。其次，要培养辅导员独立思考的能力。因为当前我国高校从事专职辅导员工作的人员大多数是刚刚参加工作的研究生或者本科毕业生，社会阅历不足，缺乏处理问题的经验。最后，辅导员要坚持理论与实践相结合的原则，努力把理论知识转化为谋划学生工作管理的思路、解决学生商题的办法和推动学生工作管理的本领。

4. 与时俱进，提升创新力

院系还在一定程度上要求全体辅导员努力探索学生工作管理新途径，解决学生工作管理中出现的新问题。

5. 爱岗敬业，提升执行力

要求每一名辅导员勤恳踏实、爱岗敬业，做到坚持政策不走样，灵活把握不教条。同时，认真负责，经常深入班级寝室，了解学生情况，解决学生矛盾，疏导学生情绪，坚持处理矛盾讲究策略、解决问题注意方法。

三、完善院系学生工作管理的内容架构

（一）构建以学生安全管理为基础，促进学生全方位发展的保障平台

高校基层院系学生工作管理最基本的职责是保障学生生命、健康和财产安全

院系必须采取有效措施构建一个安全、稳固的平台，为学生创造安全的学习、生活环境，以保护学生的生命、健康和财产安全。

1.要牢固树立安全第一的思想

利用网络、板报、展板、开主题班会等形式，经常性地开展安全法制教育，使安全防范意识更加深入人心。比如：加强学生的安全意识，特别是防盗、防骗意识。

2.加强对特殊学生的管理，特别是加强毕业班学生、有心理隐患学生、在外实习学生等重点群体的管理

院系学生工作管理者要时刻掌握特殊学生的情况和思想，一旦发现问题，要及时进行干预，必要时上报学校学生工作管理部门，寻求更高层面上的帮助。同时，还要关注产生问题的原因，以从根源上解决问题。如针对孤儿、单亲家庭学生，院系可以多组织些座谈会，让孤儿、单亲家庭学生互相了解，增强生活信心；针对家庭困难学生，院系可以提供一些勤工助学岗位或者发放困难补助，帮助其解决经济问题；对于有学习方面困难的学生，学院安排教师或者学习成绩较好的同学展开帮扶；对于确诊有心理疾病的学生，学院在保密的前提下，邀请心理健康教育中心的老师，为其做好心理疏导工作，避免问题的进一步恶化。

3.完善突发事件应急预案和学校公寓管理办法，成立学生公寓管理委员会、文明督导队等

要经常性地进行突发事件的演习，使得学生工作管理者在演习中不断丰富经验，当危机来临时，可以以良好的心态和恰当的方法来应对。建立完善的危机预警机制。一个完善的危机预警机制，是院系面对危机的最主要的手段之一，对于解决危机起到不可估量的作用。

（二）构建指导学生成长成才，促进学生全面发展的服务平台

当代大学生应当具备的各项能力，概括而言可以归纳为思想领域和实践领域两方面。其中实践领域包含专业技能、人际交往能力、应变及抗压能力等。

1.思想领域

大学生的思想素质主要通过思想政治教育来实现，而基层院系学生工作管理的核心就是学生党建工作。共产主义理想信念、社会主义核心价值观等先进的思想应成为当代大学生必须懂得的真理。因此，新时期下，学生党建工作应成为基层院系学生工作管理体系的核心，把院系建设成为对学生进行思想政治教育的主阵地，以党建工作推动其他各项教育工作不断向前发展。

2.实践领域

基层院系学生工作管理的主要内容是全方位的学生发展指导。学生的全方位发展是院系学生工作管理内容的本质所在，以学生全方位发展为依据，建立起培养学生综合技能的帮扶指导平台。第一，构架学生的专业规划。当前很多院系的学生在校学习了一年还不知道本专业到底是什么。针对这一问题，笔者认为有必要让学生从入校开始就懂得专业概念，并深刻地了解本专业的学习特点、学习方法和就业趋势。第二，指导并培养学生适应社会的各项能力。院系必须充分了解当前的社会发展现状，结合当代学生的各类特点，有针对性地组织开展相应的活动，制订行动方案，且贯穿于大学生活的始终。

第五章　高校学生工作的机遇与挑战

21世纪，随着经济全球化、知识经济和信息化时代的到来，以及高等教育改革的不断深化，高校学生工作既遇到难得的历史机遇，也面临着许多新情况、新问题、新挑战。对此，学生工作该如何把握机遇，发挥优势，迎接挑战，开拓创新，这是我们必须认真研究和回答的时代课题。

第一节　我国高校学生工作面临的新机遇

党的十八大报告指出，综观国际国内大势，我国发展仍处于可以大有作为的"重要战略机遇期"。这是党的十八届三中全会做出全面深化改革决定总体部署的重要依据，也是我国高等教育与人力资源开发难得的重大战略机遇期。高校学生工作同样存在着如何认识和把握机遇，推进创新与发展的问题。

一、党和国家高度重视高校学生工作

当今社会经济的发展归根到底依靠的是人才，人才培养的关键在于教育。

改革开放以来，我国大力实施"科教兴国"和"人才强国"战略，推进了高等教育的快速发展。近几年来，党和国家十分重视大学生工作，陆续颁布了关于大学思想政治教育、心理健康教育、贫困生资助、毕业生就业、工作队伍建设等一系列法规文件。中共中央国务院1999年做出《关于深化教育改革全面推进素质教育的决定》，2001年教育部颁布了《关于加强普通高等学校大学生心理健康教育工作的意见》，2004年颁布《中共中央国务院关于进一步加强和改进大学生思想政治教育的意见》（即16号文件）。中央16号文件的下发，表明了党和国家对加强和改进大学生思想政治教育工作空前的高度重视，它对地方党委和政府及高校加强和改进大学生思想政治教育工作提供了重要依据。教育部2005年初又颁布了修订的《高等学校学生管理规范》。该规范不仅体现了学生管理的继承性、创新性、时代性和规范性特征，而且体现了学生教育管理的人本化、民主化、法制化、科学化发展趋势。2012年，中央宣传部、教育部联合颁发了《全国大学生

思想政治教育测评体系（试行）》，这为研究大学生思想政治教育走向可视化评价迈出了重要的一步。这些不仅是我国高校在今后相当长一段时间内学生管理的重要政策依据，而且也是高校学生管理工作制度的创新起点，为做好21世纪高校学生工作提供了可靠的法规依据和保证。

二、高等教育改革的日益深化为高校学生工作创造了有利条件

随着社会主义市场经济体制的逐步建立和高等教育改革的不断深入，高等教育出现了前所未有的良好发展局面，高校校园面貌发生了巨大变化，教学设施和条件显著改善。就拿高校基础设施较差的西部来讲，近年来，国家投入大量资金，加强西部高校基础设施建设，校园面貌发生了巨大变化。如西藏大学投入5.3亿元改善教学条件，四川大学建设了新的校区。大量现代化教学设施投入西部高校使用。多数高校学生宿舍公寓化、社区化，热水器、空调、网络、电视、电话进宿舍，为学生创造了现代化的学习生活条件。各高校认真贯彻落实教育部《关于加强高等学校本科教学工作提高教学质量的若干意见》，积极实施"高等学校教学质量和教学改革工程"，努力构建符合时代和社会发展所需要的人才培养模式、课程体系、教学内容、教学方法、教学手段和质量监控保证体系，在招生不断扩大的情况下，人才培养质量不断提高。大学生一方面深受高等教育改革发展所带来的实惠，另一方面学习的紧迫感和自性逐步增强，学习风气也有明显好转。

三、高校学生工作本身有着良好基础

高校学生工作在实践中探索并积累了丰富的经验，逐步形成了一定的优势和特色。突出表现在如下六个方面：

（一）学生工作的重要地位得到了确立

学生工作已从先前学校工作的边缘走向了学校工作的轴心，特别是在生源、就业市场竞争日益激烈的情况下，学生工作的重要性愈来愈引起学校各级领导的共同关注。

（二）学生工作机构得以完善

各高校设立了学生工作部（处），形成了相对独立和稳定的工作体系，培养了一支专兼职相结合的学生管理工作队伍，在学校育人和学校的稳定工作中发挥了重要作用。

（三）建立并不断完善学生管理工作制度

各高校陆续出台包括学生奖惩条例、行为规范的制定、目标管理运行机制、素质评价的制定、学工队伍建设的规定等在内的学生管理规章制度，学生管理日渐科学化、制度化、规范化。

（四）探索出一系列行之有效的素质教育与社会实践活动

例如各高校开展的学风建设、社团建设、文化艺术节、科技展示活动、大学生暑寒假"三下乡"、"带薪实习"系列等社会实践活动，丰富了校园文化生活，提高了大学生的能力素质，营造了良好的育人氛围，促进了学生知识、能力、素质的协调发展。

（五）学生工作服务体系逐渐形成

各高校积极拓展学生工作服务职能，逐步完善贫困生资助体系，开展了一定程度的心理咨询工作，搭建了心灵沟通的桥梁，加强毕业生就业指导。不少学校还为学生办理了保险。

（六）学生工作网站逐步建立

各高校依托校园网建设了学生工作网站，初步实现了网上教育、信息化管理和服务，为今后更好地开展学生工作搭建了方便、快捷、高效的平台，开辟了更多的学习与生活空间。

四、大学生精神面貌主流积极向上

改革开放以来，我国经济快速发展，政治形势稳定，综合国力强大，国际地位逐步提高。特别是近年来，战胜"非典"，北京圆满举办奥运会，广州成功举办亚运会，"神舟七号""神舟八号""神舟九号"顺利升空，"天宫一号"发射成功，同舟共济克服汶川大地震、玉树大地震、甘肃舟曲特大泥石流等自然灾害的侵袭并完成灾害重建工作、党和政府正确处理拉萨"3·14"打砸抢烧严重暴力犯罪、乌鲁木齐多次发生的打砸抢烧严重暴力犯罪事件等重大事件以及党和政府实施的惠农政策、家庭经济困难学生资助政策、高校学生伙食补贴政策，极大地激发了大学生的爱国热情和民族自豪感。他们从思想上和行动上更加信赖和拥护党和政府，对中国的前途充满信心。广大学生能够认真学习、宣传中国特色社会主义理论，坚信中国特色社会主义主义道路选择的正确性，践行科学发展观，具有较高的政治觉悟和较强的社会责任感，人生价值取向积极向上，务实进取，有较强的竞争意识和自强精神。随着社会竞争日益加剧以及受社会多样化趋势的影响，大学生更加注重自身素质和个性发展，参与各种社会活动的热情增加，许多学生在重视专业知识学习的同时，乐于从事一定的社会实践活动以提高自己适应社会的能力。大学生对交费上学、毕业后自主择业等高等教育改革举措早已从心理上适应。看到大学生身上出现的这些可喜的新变化，无疑会增强我们做好学生工作的信心。

第二节　我国高校学生工作面临的新挑战

高校学生工作是一项受国内外环境和形势影响较为突显的工作。现实的情况既给高校学生工作带来难得的发展机遇，也使学生工作面临着复杂的新情况、新问题、新选择、新挑战。为此，我们必须清醒地认识到这些问题，并对其不断地认真分析与研究。

一、社会发展宏观环境带来的挑战

大学生的成长与成才离不开社会大环境、社会主义市场经济大背景。因此，我们研究新时期的高校学生工作，不能局限在学生教育和管理的具体问题和具体细节上，更应该从众多变化的社会发展环境中找到对大学生产生影响的最本质的因素。

（一）市场经济的影响

市场经济所遵循的是价值规律，其驱动力是逐利思想。商品进入市场交换，就是为了营利。按照"逐利思想"，只要不违法、不违背职业道德，在市场行为中应该说是合理的、积极的。但若任其蔓延、膨胀，以至于扩大到非经济领域，成为社会的一般价值取向，就会对大学生的思想政治教育产生消极的影响。这种消极影响主要体现在以下几个方面。

1. 自我意识太强

社会行为主体在市场经济建立和发展的过程中，重新认识自然、审视社会，与此同时，更加深刻地认识人生、认识自我，个体意识、自我意识在市场经济运行的过程中不断得以强化、塑造。大学生在这些方面表现得尤为突出，他们在以批判的眼光审视这个社会的同时，更加珍视自我，认为必须凭借自我的主动性、独立性和创造性才能充分实现人生价值，因而尤其重视个体的发展。他们自我意识的不断强化、塑造促进形成独立人格，有利于充分发挥个体创造性。但是，也有一些大学生不能正确处理个人与集体、个人与国家、个人与他人的关系，处处以自我为中心，独来独往，我行我素，甚至不惜以损害国家、集体和他人的利益来满足个人的私利。个别学生对身边的先进人物、先进事迹不是感动，不是仿效、学习，而是持讽刺、取乐和消极抵触的态度。

2. 功利主义倾向明显

市场经济固有的特征以及现阶段市场本身发育的不完善，造成人们行为的短期化和功利化，过去那些先公后私、先人后己、无私奉献的精神受到冲击。受其影响，大学生在学习、择业、工作的过程中，更多想到的是自我价值的发挥，把需要能否满足的程度作为价值取向。这种价值取向在一定程度上是以自我为中心向多向辐射，而其核心的部分是"功"和"利"。这种功利性常常表现为：在入党动机上，是为了谋取好职业，或者为了更好地发挥自己的才干；在择业观上，从原来的服从国家需要到今天的强调自我价值，自我实现；在处理人际关系上，从原来的以人情友谊关系为重到今天的以经济利益关系为重，等等。这种看重功利的价值观，固然有利于个人价值的满足，但对社会价值的充分发挥无疑是十分有害的。

3. 道德观念复杂

市场经济利益主体的多元化，使大学生的道德观念出现多元化趋势。道德观念多元化带来了道德评价的宽容性，他们对社会现象不再以单一的眼光来看待，而是多角度地看待、分析和评价，过去那种以是否对社会、对人民、对他人有利作为评判善、恶的道德标准受到了冲击。这既有积极的一面，也有消极的一面。例如：注重自我价值的实现以及开放竞争意识的增强，反映了道德上的进步，但是，基础文明、社会公德方面的削弱则是道德上的退步；思想开放、拥护改革开放是正确的，但个人主义、损人利己则是错误的、有害的。相互矛盾、相互冲突的道德观念复杂而又统一地表现在大学生身上，使大学生的道德观念呈现多样性、复杂性等特点。

4. 心理困境突出

具有竞争特点的市场经济促使人们开展激烈竞争，优胜劣汰，加之大学的扩招导致大学生就业竞争越来越激烈，当代大学生面临着严峻的就业挑战。在如此竞争的环境中，大学生的竞争意识、学习的主动性、积极性都有了一定的提高。但是，面临独生子女占据较多家庭的形势，一些大学生是在家庭条件较宽裕的环境中逐渐成长起来的，遭遇的挫折和难较少，心理素质较差，抗挫能力低下，一些学生不能客观地评价自我和正确认识社会，往往任意夸大其优点，对择业期望值过高，为此，一旦在学习、生活、择业中受到挫折或遇到困难，他们就会怨天尤人、消极逃避，于是就有了今天在大学生中存在一味依靠父母养活的"啃老族""月光族"一说，有的难以抵御困难和挫折的考验，有的甚至走上犯罪或自杀的道路。

（二）经济全球一体化的影响

随着我国加入世界贸易自治组织及其经济全球化的快速推进，民族间、国家间的文化交流日益频繁，不同文化、不同思想在交流中融合、碰撞。全球化趋势下，我国高等教育本身也面临着空前的发展机遇，国内高校在与发达资本主义高校的交流与竞争中，其教育思想、教育体制、教育方式、教育产业等均面临着新的机遇与挑战。在此情况下，我国高校学生管理工作必然与世界先进高校学生管理工作接轨，带来学生管理理念和管理方式的变革。同时，全球一体化促使国家间文化交流渠道空前广泛和频繁，西方敌对势力对社会主义国家实施的"西化""分化"和"弱化"的手段、途径更加多样，开放条件下的交流使得外来文化、外来习俗和观念的影响日益增多，我国的大学生在中外文化的交流碰撞中常常会遇到新问题、新困惑。为高校学生管理工作者怎样在纷繁复杂的文化和思想观念中保持主流意识形态价值观，树立正确的、积极的健康文化心态，提出了更高更严的要求。

（三）信息化技术的影响

信息技术的快速发展，促使互联网对大学生的学习、生活乃至思想观念产生广泛而深刻的影响。互联网正在改变大学生的生活方式、学习方法、思维习惯。就高校学生工作而言，网络是一把双刃剑，一方面，网络为高校学生管理工作提供了新的教育阵地和领域，这为加强和改进高校大学生思想政治教育工作带来了新的发展机遇；另一方面，网络也极大地冲击着高校的学生教育管理工作。首先，网络信息的快捷性、丰富性和开放性等特点，使得大学生从学校获取知识的权威性受到质疑。在网络覆盖多数受众的环境下，大学生借助网络，比以往任何时候都能更快捷地获取信息，而高校思想政治教育工作者在获取各种信息的渠道、时间、数量上已不占明显优势。数量巨大的网络信息"海没"了大学生思想政治教育信息，特别是色情、暴力、游戏等不良信息的冲击，让学校教育者所要传达给学生的信息，很难在学生头脑中沉淀，这严重影响着学生思想政治教育积极作用的发挥。其次，网络的虚拟性、隐蔽性、潜伏性使得网络成为有害信息的草生地和传播地，给学生管理工作带来消极的影响。一部分人利用信息技术干扰社会政治秩序，一些虚假、不健康甚至反动的信息污染了学生思想政治教育的环境，使得大学生很难判断和抵制，时有上当受骗大学生，还有沉溺于网上虚拟世界不能自拔的学生。

二、高等教育改革深化带来的挑战

高等教育是由若干相互联系、相互作用的要素组成的有机系统，高校学生工作是这个系统中的重要组成部分，其他要素的变化与发展必然作用和影响学生工作。随着高等教育的改革与发展，高校学生工作面临着一系列新情况、新问题。

（一）高校扩招使学生工作难度增加

根据美国著名社会学家、教育家马丁·特罗（Martin Trow）提出的高等教育阶段理论及其"毛入学率15%"的门槛指标衡量，我国从1999年扩大招生开始，到2016年高等教育毛入学率达到40%，我国已经进入高等教育大众化阶段，大学生不再是传统意义上的佼佼者、精英分子。学生工作不仅面广、量大，而且难度增加。高等教育在迈向大众化的过程中，"政府承担的角色发生了转变，市场进入和政府淡出的现象也开始在中国的教育领域浮现"。根据格兰德（Le Grand）和罗宾逊（Robinson）的观点，"国家对公共服务的提供、资助和管理的减少，皆可被视为'市场化'和'私有化'的一些表现"。事实上，我国高等教育改革和民办高校的发展。在这种情况下，大学生教育和管理的环境及条件将发生根本性的变化，越来越多的"社会人"参与学生管理和服务，代表和维护学生利益，高校加强与"社会人"的协调与合作成为学生理工作的一个难题。

（二）学分制和弹性学制的实施使学生工作管理面临新的变革

完全学分制、弹性学分制、自主选课制和主辅修制是高等教育管理实施的新制度，是高校全面推行素质教育的重要举措，也体现了新时期"以人为本"的高校教育发展理念的转变。但是，实施学分制突出了"自主性"，这正好冲击着传统的学生工作管理模式：突出"目标性"，对学生工作严格的过程管理提出了挑战；突出"弹性化"，使学生管理工作的可控性弱化；突出"个性化"，使学生的集体意识、团结协作和进取精神淡化。学分制和弹性学制的实施使高校学生工作面临新的大变革。目前，全国各地高校普遍实施了学分制。学分制实施后，打乱了学年制整齐划一的教学管理模式，学生院（系）、年级、专业、班级观念淡化，形成了以课程为纽带、多变的听课群，使不同专业、不同院系甚至是不同学校的学生在一起学习，这给学生管理工作增加了极大的难度。同时，除对学生进行教学和思想生活管理外，还需指导学生选课，帮助学生构造合理的学科知识结构，并要求学生在老师的指导下，由定向学习变为自主选择性学习，学生管理工作由学年学分制下的指令性管理变为指导性管理。

（三）高校后勤社会化和高校新区建设给学生管理工作带来新的问题

高校后勤社会化，实际上是建立一种教育成本分担机制。目前，我国大多数高校实现了高校后勤社会化。高校按市场经济规律运作，开放学校市场，允许社会上的人员、资金、技术、设备开发校内市场。这些经营者进入高校市场的主要目的是营利，而学生在缴纳各种费用的同时也树立了教育投资意识，对学校教学生活条件有了更多更高的要求。这就容易使二者产生矛盾。比如，学生宿舍管理实行公寓化管理后，不同院（系）、不同年级、不同专业、不同班级的学生混合居住，就给学生管理工作带来了很大难度，以前按班级、院系管理的模式难以取得应有的效果。随着高校招生规模扩大，许多高校原有的校园难以满足学生的学习生活需求，各高校纷纷在原有校园之外建设新校区，造成同一专业学生或者同一院系学生在不同校区公开接受教育，严重冲击了以前按院系管理的模式。在这种新的形势下，探索新的学生管理模式将是学生管理工作面临的新课题。

（四）就业方式转换和学生就业压力增大对学生工作的新挑战

我国在计划经济时期形成的"统包统分"的大学生就业制度使高校的办学积极性不能得到发挥，毕业生分配计划与社会真正需求之间的矛盾、人才短缺与人才浪费并存的矛盾十分突。1993年，国家颁布《中国教育改革和发展纲要》，开始改变高校毕业生"包分配"的做法。大部分学生通过人才劳务市场、单位场所或网络招聘自主择业。通过"双向选择"，力求人尽其才、才尽其用。到2000年，高等院校毕业生通过"双向选择"实现就业新体制已经形成。大学生就业制度在世纪之交实现了体制转轨。这一改革，一方面给毕业生提供了更多的可供选择的就业途径和机遇，另一方面，越来越激烈的人才竞争也对大学生就业提出了严峻的挑战。近年来，特别是2009年以来，受全球金融危机的影响，大学生就业面临着前所未有的艰难局面。如何采取措施帮助大学生实现就业、创业，如何对大学毕业生采取有效的心理疏导，如何稳定学生情绪，如何确保高校和全社会的安全及稳定，是摆在学生工作者面前的一项艰巨任务。

三、大学生群体的新特点带来的挑战

当前，由于受各种因素的影响，大学生出现了一些值得重视的新变化、新特点。这些新变化和新特点对高校学生工作提出新的挑战。

（一）群体成分复杂化

国家取消高考年龄、婚否等条件的限制，已婚育龄学生越来越多，大学生将由不同年龄结构、成就取向、生活阅历、心理个性等多层次的人员组成。很多高校多层次、多形式、多校区办学，同一学校有本专科生，也有研究生；有公办学生，也有民办二级学院学生；不同校区学习生活条件和校园文化氛围不一样。独生子女成为学生主体，他们中有相当一部分人依赖性强，自理和适应能力差，合作与吃苦精神不足，集体意识淡薄。这些情况表明，学生素质参差不齐，成才需要各异，单一的教育管理模式很难满足他们的需要。

（二）思维模式多元化

随着科技的发展和社会交往范围的扩大及信息渠道的增多，多元化判断的意识显著增强。受其影响，大学生的思维模式也呈现出由"单向思维"转向"多向思维"、由"单一的正向思维"转向"正向与逆向双向互动思维结合"的变化相应地，价值目标从"理想主义"转向"现实主义"，价值判断从"重义轻利"转为"义利并重"；价值取向呈现多元化，从"依赖组织"转为"注重自我"等。

（三）成长压力集聚

大学生成长压力主要表现在四个方面：一是学习压力。奖学金、评优、入党都以学习成绩为依据，一些学校还严格规定英语四、六级水平、补考门数与学位挂钩等，使学生感到巨大的学习压力。二是经济压力。大学生群体中的贫富差距明显，这种贫富矛盾给贫困生造成了一定的压力。三是就业压力。严峻的就业形势和部分歧视性就业规定使部分冷门专业学生、女大学生就业压力明显增加。四是心理压力。由于学习期望的压力、经济拮据的困扰、人际交往的受挫、择业和就业的忧虑、自身生理的缺陷等种种原因，大学生的心理问题十分突出。

（四）活动方式分散化

实施学分制后，高校教学体制改革和后勤管理改革加快步伐，大学生由以前的"班级人"逐步转变为以学生公寓为核心的"社区人"，学生的自由度明显扩大，学生社区成为他们生活、休息、学习和交流活动的重要场所。大学生获取信息的渠道增多，兴趣点增多，对集体活动的兴趣呈下降趋势。

（五）评价功利化

当代大学生不再固守"政治唯上"的思维定式，"实用标准"已被一些大学生奉为人生信条。社会生活的政治化成分在降低弱化，其现象是大学生单纯的政治观念逐渐淡化，更重实际，讲实用、讲享受。

四、高校学生工作自身存在的问题和不足带来的挑战

（一）学生教育管理工作表面化

学生工作中的"教育、管理"在我国社会发展过程中起到统一思想、确立社会主义意识形态与价值观，维护社会稳定的积极作用。但随着社会的开放进步，国家的长治久安，高等教育的迅猛发展，很多高校还没有及时转变理念，依旧抱着"教育就是主谈学生的思想引导，管理就是侧重约束、控制学生的行为，服务就是全权解决学生的吃住学习问题"的陈旧观念。意识决定理念，理念指导实践。学校的惯有思维是：学校就是管理者和教育者，学生则是受管理和受教育者。然而，学生有自己的思想见解，新时代的学生有了更独立自主的意识，加之学生阵容庞大，学生工作变得千头万绪，全校凡涉及学生的各个部门工作最后的落脚点都要在学生工作上。学校人员众多，思想多元，学生工作内容庞杂，既要保质保量完成上级学工部门下达的工作任务，还要配合相关职能部门做好学生工作，同时还要处理日常学生管理事务及突发事件，导致学工人员无法避免地每日陷入事务堆，疲于应付。学生教育管理工作处于"缺漏补漏""缺样补样"的状况，未能摆脱"消防"式的工作局面，很难有精力研究学生工作规律、学生工作经验教训、当代大学生的特点、思想动态等问题，从而使管理表面化，对大学生行为疏忽缺乏高效益规范的管理，影响了学生综合素质的提高。

（二）学生工作管理缺乏人性化

学生工作管理者的一个主要目标就是把学生彻底管住，管学生的吃、住、学。当然，这种管理方式存在其优势，它能强化学生的有序管理，保证正常的关系，学生面对多条款的管理制度，束缚太多，很容易产生置之不理或在行为上、心理上的抵触情绪，使得高校与学生之间的关系比较紧张。学生的主体地位没有充分体现出来，束缚了主体作用的发挥，忽略了学生个体的发展，对学生的评价多用传统标准，忽略了学生的内在需求，学生只是被动地接受教育管理，往往被动适应与服从。并且学生管理缺乏人性化的手段与方法。

（三）学生教育管理理念不能适应新形势的需要

随着高等教育的不断改革与快速发展，高校的教育管理理念已经由管住学生转向怎样更好地服务学生。从当前的学生管理工作来看，学生工作者的管理者、

教育者色彩浓厚，导致良师益友的师生关系很难全面建立。一些学生工作者难以站在学生的立场上去想问题，考虑其感受，他们常常把学生中存在的各种性质不同的复杂问题都归因为思想问题，容易针对单个问题而面向所有的学生进行训导，此种教育方式往往是学生所反感的、厌烦的、不愿接受的。长此以往，学生与学生工作者就可能形成矛盾和对立，即使学生工作者倾其全力也难以使大学生们满意、服从。

（四）高校学生管理法治化制度

不健全大学生作为高等教育的消费者，既享有作为公民应享有的一般的法定权利，又享有作为受教育者应享有的特殊的法定权利，他们的合法权益受法律保护。

《中华人民共和国教育法》和《中华人民共和国高等教育法》是各个学校制定学生管理规定的主要法律依据，比较详细地规定了学生的权利种类，但是，一些高等学校现行的学生管理规定中，存在着没有严格根据现行法律的精神制定学生管理制度的现象，保障学生具体权利的法律缺位。目前高校的管理制度至少存在两个方面的问题：一是内容不符合相关法律的规定，比如有些高校的图书馆抓住偷书学生后，便依据该馆的规章制度，对学生进行罚款并张榜公布的处理，这样的规章制度显然违背了《中华人民共和国行政处罚法》执法主体的规定；二是对学生权利的规定重视不够，不少高校的学生管理制度，设定学生义务和责任的内容多，关于学生权利的规定较少。近年来不断出现的学生因其权利受到影响和限制而将学校上诉至法院的现象，从侧面反映出高校管理制度法治化程度不高。同时，学生权利救济缺乏有效的法治化途径。高校学生管理过程中，学生权利受到侵害时，可能的救济途径一般是申诉、行政复议和行政诉讼，但实际上，由于制度设计和贯彻问题，申诉和行政复议很难发挥应有的作用，在当前高校管理实践中尤其是高校与学生之间的管理法律关系中，有关对学生进行权利救济的规则较少且模糊不清。因此，多数救济只能向法院提起行政诉讼。由于在受案范围上存在争，大量案件并不能得到司法救济。

（五）学生工作队伍建设面临的挑战

我国实行教育体制改革以来，高校学生工作队伍建设按照"革命化、年轻化、知识化、专业化"即"四化"要求进行了调整和充实，并取得了很大成绩。

不仅素质有了较大的提高，而且在年龄、学历结构上也有较大的改善。但也不可否认，由于各个高校情况各异，重视程度和建设力度不够，这支队伍还存在不少问题。尤其是在新的时期，面对新形势和新情况，高校学生工作队伍无论从数量上，还是质量上，都远远满足不了高等教育事业发展的需要。其中，最为突出并带有普遍性的问题表现在以下几方面：

1. 队伍不稳定

由于学生工作队伍的工作特点和许多具体问题如职称、工资、学历等未能得到有效解决，多半忙于烦琐事务，缺乏成就感，这就使得他们中不少人不安心本职工作，特别是一些能力强、思想活的学生工作者，由于种种原因离开这项工作，大大影响了这支队伍的质量。

2. 综合素质不过硬

学生教育工作是塑造人的灵魂的工作，不能出"次品""废品"。因此，学生工作要求整个工作队伍必须具有良好的政治思想素质、较高的知识技能素质多样化的能力素质、健康的身心素质以及开拓创新意识和对教育事业无私奉献的精神。实际上，一些学生工作者不具备这些素质。这恰恰不适应新形势下对学生管理工作队伍的素质要求，也使得他们在工作中难以取得理想的育人效果。

3. 知识面不够宽

随着信息时代的到来，知识更新的速度越来越快。高校学生工作队伍由于长期忙于事务性工作，没有时间给自己"充电"和添加"营养"，这就使得他们的知识较陈旧、知识面狭窄，对新知识利用少，重经验轻创新。如此一支不适应社会发展需要，缺乏相应知识的队伍根本无法承担新世纪的学生工作，而且学生在某些方面形成了明显地超越学生工作者的优势。在这种情况下，师生之间可供交流的语言可能会变得越来越少，同时文化价值观方面的冲突还可能引起二者的角色变化，学生工作者在一定范围内可能会成为文化反哺、知识反哺对象。为此，学生工作者应放下高高在上的架子，紧跟时代步伐虚心学习，努力扩大知识面。

4. 人员结构不合理

高校学生工作队伍普遍存在年龄、学历、职称不合理的问题。有些高校的学生工作队伍年龄老化，"青黄不接"，后继乏人；有些高校的学生工作队伍青年人太多，缺乏有经验的中年骨干；有些高校的学生工作队伍性别结构也不尽合理，女性大大多于男性，有的院系则全部由"娘子军"组成；有些高校的学生工作队伍学历层次偏低，管理水平不高，未形成合理的人力资源配置结构，这也大大影响了学生工作的效果。

第六章 高校学生管理制度及管理体制

俗话说"无规矩不成方圆"。同样，高校学生工作专职老师在开展思想政治教育和管理工作时，必须建立一套系统而完整的制度。制度是要求人们共同遵守的办事规程。制度的建立，必须遵循一定的原则，不可随意而定。制度制定后，要有人来执行，就需要有良好的体制来保证。

第一节 高校学生管理制度

在我国古代，制度是法令、礼俗的总称。现在，制度通常是指关于整个社会组织或某一事项的整套的行动准则。

管理这种职能活动，是伴随着人类社会有组织活动的出现而产生的。凡有人群活动的地方，为了有序而又有效地组织生产、学习、工作和生活，必须制定出能够调整人们相互关系的行为规范或行动的准则，这既是管理的需要，又是管理职能的具体体现。高校学生思想政治教育和管理制度，是高校学生的行为规范，因此，建立一套系统而完整的高校学生思想政治教育和管理制度是十分必要的。

一、建立高校学生教育和管理制度的意义

我国高校的规章制度，是党的优良传统和社会主义道德观念、行为观念、行为规范（即国家法规）、是非标准等在高校学生日常工作、学习和生活等方面的具体体现。它是全体学生必须遵守的行为准则；是培养自觉的纪律性，培养共产主义道德品质和形成良好校风的重要手段；是实行科学管理，办好社会主义大学的重要保证。所以建立高校学生思想政治教育和管理制度，对办好社会主义大学具有特别重要的意义。

（一）有助于充分发挥学生的积极性

社会主义大学，肩负着培养社会主义事业的建设者和接班人的历史重任。为了完成这一光荣使命，就必须建立起符合大学教育工作客观规律、符合现代管理

原理、充分体现党的优良传统和社会主义道德观念和行为规范的系统的高校学生思想政治教育和管理制度，使每个大学生都懂得应当做什么，不应当做什么，应该怎样做，不应该怎样做。这样，就能把全校学生的积极性发挥出来，形成一种远比个人力量总和大得多的集体力量，办好社会主义大学。

（二）有助于建立正常的学习、工作和生活秩序

现在的大学，少则上千人，多则上万人，而且是一个多层次、多科学、多系统、多结构的复杂的综合体。高校学生工作专职人员要把每个成员的智慧和力量最优化地组合起来，就必须在加强政治思想工作的基础上，建立起一整套的规章制度，使学生有规可循，有矩可蹈，做到学习、工作和生活井然有序。国家教育主管部门对高校学生管理非常重视，在1983年颁布的《普通全日制高等学校学生学籍管理办法》的基础上进一步修订，于1990年又重新颁布了《普通高等学校学生管理规定》，内容更加广泛，要求更加严格，为各高校制订实施细则提供了明确的指导。

（三）有助于培养学生高尚的道德品质，形成良好的学风

党中央曾多次郑重指出："我们在建设高度的物质文明的同时，一定要努力建设高度的精神文明。社会主义的精神文明，是社会主义的重要特征，是社会主义制度优越性的重要表现。"思想建设决定着精神文明的性质，因此，培养学生具有马克思主义的世界观，共产主义的理想、信念和道德，有为人民服务的献身精神和共产主义劳动态度等等，也就是在建设社会主义精神文明。高校学生的管理制度对培养学生高尚的道德品质和良好的学习、工作及生活习惯，无疑是意义重大的。高校学生思想政治教育和管理制度一经制定，就要求每个学生严格执行，反复践行，日积月累，相沿成习，这样才能培养同学们高尚的道德品质，帮助他们形成优良的学风。我国有许多重点大学，都以校风好而闻名，这是与有一套符合教育规律的切实可行的规章制度紧密联系在一起的。

二、建立高校学生教育和管理制度的基本要求

建立高校学生思想政治教育和管理制度必须符合以下要求：

（一）政策性

政策性是指高校学生思想政治教育和管理制度必须同党的路线、方

针、政策和体现党的路线、方针、政策的国家的法律、法令、条例、决议、指示、规章、规程，尤其是党和国家的教育方针保持高度一致，而不能有丝毫背离。

党的路线、方针、政策和国家的法律、法令、条例、决议、指示、规章、规程等，是一个国家总的行为规范，是指导全局的，是制定高校学生思想政治教育和管理制度的依据，高校学生思想政治教育和管理制度则是党的路线、方针、政策和国家法律在高校学生日常学习、工作和生活诸方面的具体化。局部必须服从全局，否则，就会迷失方向。

（二）整体性

按照现代管理学观点，国家是一个系统，教育是属于国家的子系统，学校是隶属于教育的子系统，学校各部门是隶属于学校的子系统。系统是有组织、有层次的，各组成部分都是为了一个共同目标而形成的有机整体。高校学生工作专职人员必须树立全局观点，正确处理局部与全局的关系，正确处理学生的学习和课外活动的关系，以及团组织与学生会工作之间的关系等。在处理各种关系时，必须使整个系统处于协调状态，才能发挥整体的最佳功能，达到教育管理的最佳效果。

（三）民主性

民主性，是指高校学生思想政治教育和管理制度必须符合广大同学的根本利益，并获得广大同学的积极拥护和支持。我国是社会主义国家，人民是国家和社会的主人，党和国家的一切政策、法令都是以是否符合广大人民群众的根本利益，是否获得广大人民群众的积极拥护和支持为最高标准的。一切损害人民群众根本利益的政策、法令或行为，必将遭到人民群众的坚决抵制和反对，失去立足点。学生是管理的对象，又是管理的主体，在制定规章制度时，必须从群众中来，到群众中去，广泛听取意见，做到集思广益，紧紧依靠广大同学把教育和管理工作做好。

（四）科学性

科学性，是指高校学生思想政治教育和管理制度必须符合高等教育的客观规律。任何领域都有其自身的规律，高校学生思想政治教育和管理也不例外，诸如教育和管理必须与学生的年龄相适应的规律，思想政治教育中知、情、意、行活动过程的规律等等。一定要认识和严格遵守这些客观规律，才能实行科学管理，充分调动各方面的积极性。同时，还要善于借鉴现代科学管理理论，不断总结高校思想政治教育和管理经验，把行之有效的传统管理经验与现代管理理论有机地结合起来，才能不断提高科学管理水平。

（五）教育性

教育性，是指高校学生思想政治教育和管理制度必须对学生起到教育作用，即能培养学生社会主义道德观念、行为规范、思想品质和严谨、务实、开拓、进取的工作作风。这样，同学们既有章可循，又有进取的目标，充分发挥了规章制度本身的教育和激励作用。但是，必须指出，在规章制度制定和实施过程中，必须坚持政治思想工作领先的原则，把启迪、疏导作为一条主线贯穿规章制度执行的全过程中，这样，规章制度的教育性才能充分显示出来。如果忽视启迪、疏导等思想政治工作，规章制度就会流于形式，或成为束缚学生手脚的框框。

（六）严肃性

严肃性，是指高校学生思想政治教育和管理制度必须做到令行禁止，奖罚分明，对任何人也不例外，使同学的行为得到规范。在建立高校学生思想政治教育和管理制度时，凡应规范的都要规范。凡规范的了的，各级学生组织和个人必须严格执行，不能朝令夕改，随心所欲。在执行过程中，严格按制度办，不能时宽时严，时紧时松，坚决维护其严肃性。此外，要注意凡属将来才能规范的或者要创造条件才能规范的，就一定要留待将来或条件具备了的时候再规范。只有这样，才能使制度有相对的持续性。

（七）可操作性

可操作性，是指高校学生思想政治教育和管理制度尽可能做到量化，制定出符合教育、管理实际的科学指标，并用分值表现出来。这样，不仅能使全体同学在实施的过程中做到心中有数，自觉约束自己，在检查处理时也能避免主观随意性。如1990年国家教委颁布的《普通高等学校学生管理规定》第二十九条第一款规定，学生"一学期或连同各学期考试成绩有3门主要课程或4门以上（含4门）课程不及格者，应给予退学"。像这样的规定，明确具体，在作处理时，既容易掌握标准，又不易出现差错。

上述基本要求，既有各自的独立性，又相互紧密地联系在一起。只有严格遵照这些基本要求而制定的规章制度，才是经得起实践检验而又有强大约束力和教育意义的法规。

第二节　大学生行政管理体制

建立一套完整的大学生行政管理工作体制是做好大学生管理工作的重要保证。高校的整个行政管理体制是一个大的系统工程，而学生行政管理体制，只是整个系统工程中的一部分，或称为一个子系统。它的历史和现状、机构设置和权限划分、今后的发展趋势等等，过去研究甚少。今天，为了使整个学生行政管理工作能跟上形势的发展，适应实际工作的需要，我们有必要对学生行政管理工作体制作一初步的分析，以加强体制的建设，逐步提高学生行政管理工作的水平。

一、高校学生行政管理工作体制的历史与现状

（一）高校学生行政管理工作的内涵

为了正确认识学生行政管理工作体制的历史与现状，首先有必要正确地了解学生行政管理工作体制的内涵是什么。简单地说，体制包含机构设置与权限划分两方面的内容。学生行政管理体制，主要体现在学生行政管理工作的机构设置与权限划分两个方面。

在高校，学生行政管理工作是学生工作的一个重要部分，而学生行政管理工作又可分为：学生的教学管理、学籍管理、生活后勤管理、治安管理、课外生活和校园秩序管理等。因此，我们所讲的体制，不仅体现这些工作职能的权限划分，还应考虑为完成这些职能而建立的机构。所以围绕着对学生从入学到毕业的在校阶段的管理，围绕着对大学生学习、生活、行为规范而设置的机构与职能权限的科学划分，就是学生行政管理工作体制内涵的反映。

（二）学生行政管理工作体制的历史回顾

在1965年以前，高校基本上实行"一长制"，即高校的管理制度，包括学生行政管理制度，原则上与当时企业的"三级一长"管理制度雷同，学校是由校级、系级、年级（班级）三级组成，"一长"由校长、系主任、年级主任（班主任）在各级发挥管理职能。后虽几经反复，但在组织机构的设置上，基本上无重大变化。组织机构的基本形式是采取"直线职能参谋组织形式"。

当时，校级行政管理机构中，无独立的学生行政管理部门，每个行政处均兼有管理教职工和学生的行政职能。如：学生的教学管理，由教务处负责；学生的生活管理，由后勤系统的总务处负责；负责学校招生、毕业生分配的，各校又不尽相同，有的学校招生由招生办公室负责，有的由教务处承担；学生毕业分配，

有的学校由教务处负责，有的学校由人事处承担；其他的学籍管理内容，包括奖励与处分，由教务处的学生科负责。系级的学生行政管理机构，主要由系办公室负责履行行政管理职能。年级（班级）无专门行政管理机构，主要由政治辅导员充当学校中最基层的行政管理机构的代表。他们融党政于一体，集教育、管理于一身，构成了学校最基层的学生行政管理机构。当然也有的学校在班级里配备了教务员，负责学生中的教学行政管理工作。当时高校虽无专门独立的学生行政管理体制，但已具有的各级机构兼管学生行政管理工作，承担各种职能权限，形成了适合当时需要的学生行政管理体制。

（三）现行学生行政管理工作体制的几种模式

随着教育事业的发展，学生行政管理工作的体制不断完善。"文革"结束后，高考招生制度的恢复、高等教育事业的不断发展使高校的规模得到了扩大，高校的领导体制，包括学生行政管理工作体制也发生了变化。从高校学生行政管理体制的变化看，可归纳为四种模式：

1. 学生行政管理工作机构呈散在模式

学生行政管理工作，由学校各部、处及有关机构各司其职，行使行政管理的职能。这一模式，在校级、系级、年级（班级）三级组织机构设置方面，沿袭历史上的"直线职能参课组织形式"，一般来说，未增设新的行政管理机构。但在职能和权限划分方面，分权化的组织管理制度强化，促使整个行政管理工作能有规律、有节奏地顺利运转。

2. 学生行政管理工作呈专兼模式

学校建立了学生处，成为学生行政管理工作的主体处之一，而其他各有关部处，兼任有关学生行政管理职能，整个学生行政管理工作呈现专兼结合、齐抓共管的局面。

这一模式，在校级建立了专门的、独立的学生行政管理机构——学生处。系级学生行政机构设置，各校情况不一，有的学校在系部设立了学生办公室，专门负责学生行政管理工作，有的学校系部行政机构设置维持原状。在年级（班级）基层组织一级仍由辅导员（或班主任）负责管理，少数学校在年级设立了学生办公室。

目前，全国有许多高校采用这一模式，在校级设立了学生处。但在学生处的职能和权限划分方面却不尽相同，大体上有三种情况：

第一种情况：学生处不仅负责学籍管理的全部行政工作，还作为职能部门负责奖励与处分，配合有关部门负责课外活动、校园秩序的行政管理，并承担每年招生工作与毕业生分配工作。

第二种情况：学生处负责学籍管理中的大部分内容，还负责每年的毕业生分配工作，而招生工作则由招生办公室承担。有关学生的教学管理，如成绩考核与记载工作、升级与留降级工作等由教务处负责。其他的权限划分同第一种。

第三种情况：学生处除负责与第二种情况相似的职能外，还负责学生部分的生活后勤工作，如宿舍管理等。

3. 学生行政管理工作机构呈复合模式

学校在校级建立了学生部和学生处，部、处合一，实行"一套班子、两种性质"的工作模式，成为学生行政管理和思想政治教育的主体。

这一模式，有的大学在系部设立了学生办公室，主管学生行政管理工作和思想政治教育工作，有的大学视情况设立了学生年级办公室，负责本年级学生行政管理和思想政治教育工作。

4. 学生行政管理机构呈超部、处模式

学校建立了学生工作指导委员会或学生工作领导小组，委员会下设实体性的机构——学生工作办公室，办公室兼有协调、指挥各部处执行学生行政管理的职能和思想教育的职能。而各部、处在学生工作办公室的指导下，照常履行原来承担有关行政管理工作的职能与权限。系与年级组织机构无重大变化。

上述各种模式，有两个共同的特点：一是管理机构的组织形式均采取"直线职能参谋组织形式"，二是分权管理形式增强。

二、目前高校学生行政管理体制几种模式的特点

目前高校学生行政管理体制，虽然各种模式机构设置不尽一致权限划分各有差异，但每种模式各有特点。

（一）学生行政管理的散在模式

这一类型的高校，多数是在校学生数不太多，校领导有较多精力关心学生工作，各级学生行政管理机构干部配备较强，所以，它沿袭历史上我国高校学生行政管理工作体制，有如下特点：

1. 采取"直线职能参谋组织形式"

这一模式中，校长是唯一的行政负责人，有全面的领导和指挥权，对一切工作都负有全面的责任。各职能部门按照校长的要求，在业务上负有指导下属部门的权力和责任。各级组织在行政上相对独立，可充分发挥主动性。这样既保持了统一领导，避免了多头指挥，又充分发挥了各职能部门的积极性和主动性。

2. 分权管理制度加强

在新形势下，为了适应改革开放的要求，学校将有关行政管理权限下放，如学生行政处分权，记过以下的处分由系部执行；如学生的奖学金额，部分的单项活动或班、系活动奖励及补助系部有权决定，这有利于调动各级组织的积极性，促进行政管理工作的运转。

3. 兼容一体，易于协调

这一模式无新机构设立，许多相关的相互交叉、相互渗透的工作，依然处于一个处室，如学生生活管理处于总务处，学生学籍管理的许多工作处于教务处，便于配合，易于协调。

（二）学生行政管理机构的专兼模式

这是从散在模式发展而来的，因此，它们之间特别在权限划分上有许多相似之处。由于在校级建立了学生处，在较大的系级建立了学生办公室，所以学校中出现了学生行政管理体系，同时，也明显地反映出以下特点：

1. 学生工作统筹安排，全面协调能力增强

专管学生工作的主干处——学生处对学生行政管理工作及有关学生工作情况负有全面关心、通盘考虑、及时汇总、向上报告及建议的责任，并能在校长领导下，对各行政部门工作出现矛盾、问题时及时参与协调。

2. 有利于队伍素质提高，稳定性增强

由于专管学生行政管理工作体系出现，使学生行政管理工作机构、人员稳定性增强，方针、政策、规定的连续性加强，使工作方法的创新、理论研究的开展、工作经验的积累、管理人员的业务素质趋于上升势态。

3. 学生行政管理工作的应变能力增强

在新的形势下，学生行政管理工作不仅要有正确性、规范性，还应讲究时效性。建立了专管学生行政管理的工作的体系，就能有一批长期专门从事学生管理的工作人员，能较正确地掌握党的方针政策，全面了解学生情况，遇事能及时向领导提供各种情况和选择方案，以利领导准确决断。

（三）学生行政管理工作机构的复合模式

它由专兼模式进一步发展而来。由于学生处和党委学生工作部实现了两块牌子一套班子，因而它有一个明显的特点，即在组织机构上实现了学生思想政治教育和学生行政管理的结合，改变了长期以来行政管理和思想教育相分离的"两张皮"状况，使对学生的言和行、想与做的教育统一在一个部门，使学生的学籍管

理、课外活动、校园秩序、奖励和处分等学生管理主要内容的执行，基本上是由学生处与学生工作部作为一个职能部门来承担。

（四）学生行政管理工作机构的超部、处模式

它既同散在模式相似，又同复合模式相近，它唯一的特点是兼指挥和执行于一身。由于它有居于部、处之上的职能部门——学生办公室，所以既可以指挥行政部、处，又能协调各种关系与矛盾；既能够抓行政管理工作，又能抓思想教育工作。

三、学生行政管理体制发展趋势的展望

学生行政管理工作的成效，取决于两点，一是领导和干部队伍，二是管理体制。当前我们有一批较长时间从事学生工作的同志，他们有能力、有水平、有积极性与创造性，虽然管理体制不够完善，但凭借这批骨干的创造性和努力，高校的学生管理工作是有很大成绩的。随着社会的发展和新形势下对高校学生管理工作的要求，还需要改进工作、完善政策、健全体制。

建立一个学生管理工作的体制，究竟应选择哪种具体模式才是最佳选择？我们以为它应是由这个学校的历史与现状、领导与干部队伍的素质和结构、教师与职工的思想水平与觉悟、学校的任务和条件等形成的综合因素决定的。只有当一个具体模式适合这个学校的情况，并能创造出最优成绩时，才是最佳的选择。

从学校学生管理体制发展的趋势来分析，选择具体模式应考虑两个问题。一是是否需要建立专门的学生行政管理体制，二是理体制。对这两个原则问题的回答是肯定的，这也是今后加强学生行政管理体制的两个原则问题。因为，第一，人的思想和行动是不能割裂的，人的行动受思想的支配，而思想又需要实践的检验。

要规范人的言行，首先要抓思想教育，要了解一个人的思想，必须先了解他的行动。所以，对学生的思想和实际，言论和行动的教育、管理，只有真正地从组织上、思想上结合起来开展工作，才能改变"两张皮"的现象，才能取得工作的最佳效果。第二，学生行政管理工作，是培养学生成为德、智、体全面发展的社会主义建设者和接班人的一项重要工作。它对在校学生的学习、生活、行为起着正确的规范作用。它不仅需要一支具有一定理论水平和一定实践经验的稳定的干部队伍，还必须逐步建立一套专门的行政管理体制。

否则难以适应当前形势下学生管理工作的要求。第三，在当前国际国内政治形势下，高校对于青年学生不仅负有培养的任务，而且还面临着争夺接班人的斗

争。所以，只有加强学生行政管理工作和学生思想政治工作的结合，只有建立一支专门的学生管理工作队伍和建立一套专门的学生行政管理工作的体制，才能培养出共产主义信念坚定、坚持社会主义方向的合格人才。

第三节　大学生思想品德教育管理体制

由于各高校具体情况、人员素质、传统风格、办学特点不相同，解放以来经历过一些变化，但总的来说，我国高校学生思想品德教育实行的是综合管理体制，这种体制主要由以下几种制度构成：

一、专职干部责任制

高校专职党团干部是党的教育方针与政策在各单位的综合贯彻执行者，是对学生进行各种思想品德教育管理的设计者，是发动全体教师教书育人的组织者。因此，专职干部在学生思想品德教育管理中发挥着不可取代的作用。

学生专职干部主要指担任党团职务，专门从事学生教育管理的干部，包括学生工作部（处）或宣传部、校团委的干部，各系主管学生工作的党总支（分党委）副书记、团总支（分团委）干部等。专职干部一般按学生人数的1∶150配备，不足150名学生的单位可根据实际工作情况考虑。专职干部在学校党委的领导下，具体由学校主管部门和各系党总支共同管理。他们除根据实际表现和工作需要晋升职务外，同时，作为学生思想品德课教师在晋升专业职务方面享受与其他业务教师同等待遇。

专职干部的职责是：

开展学生思想和学生工作的调查研究，根据全局形势，结合学校的实际，进行正确决策，统一制订本系统学生思想政治教育、管理工作计划，保证学生思想品德教育管理工作的整体性与系统性。

负责安排、协调、组织开展党团教育、政治学习和日常思想品德教育管理各项活动。

按照教育部的要求，专职干部要讲授或辅导思想品德课，并负责组织形势教育、大学生思想修养、人生观教育、法制教育、职业道德教育、毕业教育与就业教育等思想品德课程的教学工作。

负责指导年级主任、兼职辅导员（或班主任）、研究生政治导师的工作，包括制定工作计划，提供有关信息和教育材料，检查总结工作以及负责评比优秀教育工作者等工作。

负责指导学生干部的工作，关心学生干部的培养教育，具体指导团组织、学生会开展各项教育管理活动。

依靠年级主任、辅导员（或班主任）、研究生政治导师和学生干部，正确执行有关学生的各项政策，指导并做好学生的思想品德考核，毕业鉴定与考核，评定三好学生、奖学金、优秀学生干部、优秀团员、先进班集体以及评定助学金等工作，负责做好学生的分配及派遣工作。

专职干部主要从毕业生或青年教师中挑选。从事学生教育管理的干部必须具备以下条件：

1.坚持四项基本原则，积极拥护、努力贯彻党的路线、方针、政策，在政治上同党中央保持一致，一般要求是中共党员。

2.热心思想工作，热爱、理解、熟悉青年学生，联系群众，作风正派，坚持原则，办事公正，严于律己，为人师表。

3.具有一定的社会工作经历和组织管理能力、表达能力和调查研究能力，能独立开展工作。

4.具有大学本科以上文化水平，业务成绩优良。

二、教师指导学生责任制

教师在教育学生的过程起着主导作用。调动教师教书育人的积极性是抓好学生教育管理工作的关键。除了要求所有教师在教学过程中为人师表、严格要求、注重学生思想品德教育之外，这里说的教师指导学生制，是要求一部分教师在完成自己教学、科研工作的同时，兼做一个年级或一个班的学生教育管理工作。指导教师包括年级主任、辅导员或班主任、研究生政治导师（以下统称指导教师）。

指导教师中的兼职辅导员或班主任可以采用分段制（即一二年级为一段，三四年级为一段），也可以实行四年一贯制。人数在120人或120人以上的年级应配备年级主任，负责组织、协调本年级的工作，不满120人的年级可根据情况按专业或系配备年级主任，年级主任在任职期间以学生教育管理工作为主，也可适当担任少量的教学、科研工作。研究生政治导师按研究生人数1∶40配备，其待遇与业务导师相同。

指导教师由学校人事处、宣传部、教师工作部门、学生工作部门和所在院系党总支组成领导小组共同管理。人事处负责把指导教师的工作表现与教师出国、进修、晋升专业职务等政策挂钩；宣传部负责指导教师的自身提高、评比先进、总结交流工作经验等工作；教师工作部门负责把指导教师的工作表现与教师教学工作量、课时酬金的发放挂钩；学生工作部门与系党总支负责对指导教师的工作指导与考核。

指导教师由教研室负责考察挑选，由系党总支、行政审核，报学校批准并颁发聘书。聘期一般为二年一期，可以连聘连任，无特殊情况未经批准不得随意更换，以保证工作的连续性。

指导教师的职责是：

1.努力贯彻党的教育方针，对加强学生思想品德教育管理的目的、意义认识正确，严于律己，言传身教，引导学生德、智、体全面发展。

2.负责指导学生团支部、班委会开展各项有益的活动，负责组织本年级（或班）的政治学习、组织生活、班务会议，做好日常的思想教育管理工作，保证学校各项教育管理计划、措施、制度在基层的贯彻落实。

3.负责执行本年级（或班）学生的思想品德考核，评比三好学生、奖学金、优秀学生干部，推荐免试研究生以及毕业生分配等有关政策，对发展学生党员提出建议和意见。

4.指导学生开展有关业务学习、课外科研、学术交流等活动。担任指导教师应具备下列条件：

（1）坚持四项基本原则，忠诚党的教育事业，品德高尚，作风正派，能做好学生表率。

（2）有一定的社会工作能力和从事思想教育管理工作的经验，工作责任心强。

（3）有一定的学术水平，教学效果好，在担任指导教师期间，担任本年级（或班）一门业务课的教学工作。

建立指导教师责任制是发动教师做学生思想教育管理工作的重要措施。由于大多数教师都有自己的教学科研任务，并且面临业务水平的提高与专业职务的晋升，加上学生工作投入大，收效慢，工作难度大，耗费时间多，使得大学里许多教师不愿意担任指导教师的工作。造成这种状况的原因是多方面的，首先应端正办学方向，提高全体教师对加强德育教育的认识，同时，要制定具体的措施，在政策上解除教师的后顾之忧。只有把教师的积极性充分发挥出来，把培养学生良好的思想品德当作全体教师自觉的行动，高校学生工作才能创造新的局面。

三、学生自我教育与管理制

学生自我教育与管理制就是在学校党委的领导下，充分考虑到大学生的特点和未来社会对人才的要求，在学校专职干部、教师的指导下，通过学生干部，在学生中建立各项教育管理活动的制度。

学生自我教育与管理制包括学生党团组织制度，学生会组织管理制度，学生社团及刊物管理制度，学生勤工俭学、社会实践管理制度，学生业余文化、体育活动管理制度，学生寝室管理制度等。学生自我教育与管理制度由学生团组织、学生会在专职干部的指导下制定，按照团组织、学生会的系统下达执行，并负责检查、总结、修改、完善。各系团总支（或分团委）、学生会在执行制度过程中根据本单位的实际，在不违背学校团组织、学生会制度原则的情况下，可以进行适当的调整，作为学校制度的完善与补充。

学生干部的职责是：

1.学生干部所担任的各项社会工作，既是服务工作，也是学校不可缺少的教育管理工作，他们都应在自己分工的工作中认真贯彻党的路线、方针、政策。

2.学生干部在自己所管辖的范围内，应大胆行使职权，弘扬正气，打击歪风，批评不良行为。

3.对学生思想品德考核、鉴定、评比三好、评奖学金、入党、入团、毕业分配等，向专职干部、指导教师提出建议和意见（专职干部、指导教师及学校有关部门应尊重学生干部的意见，在加强指导的同时，放手大胆地使用学生干部，充分发挥学生干部在教育管理中的主人翁作用）。

为了让更多的学生做社会工作，发挥大家的积极性，学生干部一般不兼职，有条件的班级、系可实行干部轮换制，以便使更多的学生得到锻炼。学生干部的条件是：

1.拥护党的路线、方针、政策，积极要求进步，坚持德、智、体全面发展。

2.热心为同学服务，工作认真负责，积极肯干，作风正派，在同学中有较高威信。

3.学习勤奋刻苦，学习态度端正，学习成绩优良。

4.校、系的主要学生干部，必须是所在班的优秀学生。

5.负责的某一方面工作尽量考虑到学生自身的爱好与特长。凡是受到学校通报批评以上处分的学生，凡是学习成绩较差或有不及格功课的学生不宜担任学生干部。

学生干部的产生与调整：

凡团支部、班委会以上的学生干部，都必须经过全体会议或代表会议民主选举产生。新生进校第一学期，成立临时团支部和班委会。考虑到新生之间相互不熟悉，学生干部由专职干部根据招生或档案的记载与指导教师商量指定，第一学期结束时，再进行民主选举。以后根据情况每学年改选一次，学生干部可以连选连任。参加学校、系有关单位和部门工作的各类学生工作人员（如校刊、广播台、学生会各部工作人员）可采取选聘的办法挑选，经学生所在系的专职干部和指导教师同意后即可担任一定的社会工作。学生社团组织和社会实践、勤工俭学活动的负责人，由学生民主选举，分别报学校或系团组织批准，特殊情况也可由校、系团组织、学生会指定。

学生干部的选举、增补、免职、调整必须经过同级党组织同意，并按管理范围向上级对口组织报告，按照正常的民主程序进行，不得擅自改选或任免干部。学生干部的培养与教育：

学校有关部门、校团委应利用业余时间有计划地对学生干部进行培训。培训包括理论学习、工作指导、经验交流、形势分析等。有目的地提高学生干部的思想觉悟与工作水平，增强他们自我教育与管理能力。

在寒暑假期间，学校应组织学生干部到边远地区、工厂、农村进行考察参观，了解社会实际，增强社会责任感和社会阅历。

专职干部与指导教师在工作中要对学生干部严格要求，认真培养，既精心指导，又大胆放手，克服一切由学生干部自己去工作和包办代替两种倾向，使学生干部在实践中不断成熟、进步。

学生干部的考核与奖惩：

学生担任的社会工作，应在学生考核、鉴定中予以记载，对于工作中的成绩与实际水平也应如实反映，以便毕业分配时用人单位考察。凡是学生选举出的干部，都应在评三好学生、奖学金等政策中进行恰当的肯定，在学生入党、入团、毕业分配时应作为全面衡量学生的依据之一。

学校评比三好学生以外，每年应评选一次优秀学生干部，优秀学生干部可以同时评为三好学生，以鼓励学生干部的积极性。

对学生干部工作的考核主要由上级学生组织、学生专职干部和指导教师共同考察与评定。

对有错误或因工作不负责造成损失的学生干部，按学校有关规定，不宜继续担任社会工作的，应按程序予以免职或除名。

第七章　高校学生管理中存在的法律问题及原因反思

第一节　高校学生管理中存在的法律问题

近年来，随着我国教育法制建设的逐步完善，高校学生管理的法制化建设取得了一些成就和较好的经验，但是当前法制化建设的状况不容乐观，面临的问题是复杂的和多方面的。我们主要从四个层面分析高校学生管理法律保障问题：第一，高校学生管理法律保障的外部条件，包括教育法律法规、学校规章制度、法律环境（群体的法律意识形态与法律规范、法律制度、法律组织机构、法律设施之间的互构，不是单方面地加强或调整）；第二，高校学生管理法律保障的内部要求，主要包括高校领导、高校学生管理者、学生三个主体；第三，高校学生管理法律保障的文化建设；第四，高校学生管理法律保障的适切性，主要包括法律保障体系与现行状况的矛盾和冲突，法律法规与高校学生管理法律执行过程的一致性，相关利益主体之间的协调性。

一、外部条件方面的问题

任何改革或一项事务的推进，都需要有较好的、较成熟的外部条件作为保障。某一事物发展的实质是其所在的整个系统的发展，任何单一性质的发展都可能导致毁灭。例如，植物的生长需要土壤和自然的雨水，而不是人为地添加激素，这种单一方面的强化会导致植物本身的性质发生改变，从而也丧失了植物本身的自然生长状态和功能。在高校学生管理法律保障建设的过程中也是如此，要兼顾高校学生管理法律保障系统的各个方面，从系统的自然生长状态的视角出发，审视当前高校学生管理法律保障当中出现的问题。就像植物的种子需要有肥沃的土壤和相适应的气候才能生根发芽一样，高校学生管理法律保障也需要相应的外部条件才能得到良好的发展。当前，高校学生管理法律保障在外部条件方面存在的问题主要有三个方面：法律法规不够完善、学校规章制度不够健全、高校学生管理法制环境的复杂化和多元化导致新的问题出现。

（一）高等教育法律法规不够完善

主要表现为相关法律法规的实用性缺失，可操作性不强。

我国高等教育立法起步较晚，在改革开放之后，发展速度明显加快，已经初步形成了高等教育法律制度体系，但是仍然存在规范性和完善性的问题。从立法史上看，我国大学法制结构从"层级分离"逐步走向"形式一体"，先有《学位条例》，后有《教师法》，再有《教育法》《高等教育法》，在局部立法先行的情况下，出现了法律规范在立法层级和位阶上的切割状。《高等教育法》作为高校学生管理法治建设的核心，已经不能满足和适应我国高等教育事业变革发展带来的诸多新的变化与问题。从一定程度上来讲，《高等教育法》是一部"宣传性"的立法，它的条文抽象性较高、概括性较高、法律责任缺位、可操作性较弱、上位法不足，导致高校自主权过大、法律监督的作用有限和不健全，严重影响该法的实用性，给诉讼救济带来了较大困难。

第一，法律条文的抽象性较高，指向性不明确。如该法在第六章第五十三条对高校学生合法权益的规定："高等学校学生的合法权益，受法律保护。"其没有明确指出高校学生的合法权益有哪些，应受到哪些法律保护。

第二，法律条文概括性较高，具体的法律责任和权利不清。如该法在第四章中对高校办学自主权所作的七条规定，为高校的改革和发展提供了较大的法律空间。但是具体到招生自主权、文凭发放权、财务自主权、国际学术交流权，又缺乏相应的法律规定，导致上述权利不能得到满足。

第三，法律责任缺位，相关群体的法律责任不清。如该法在第五章对高等学校教师和其他教育工作者做出的第四十八条规定："高等学校实行教师聘任制。教师经评定具备任职条件的，由高等学校按照教师职务的职责、条件和任期聘任。"第五十一条："高等学校应当为教师参加培训、开展科学研究和进行学术交流提供便利条件。"第五十二条："高等学校的教师、管理人员和教学辅助人员及其他专业技术人员，应当以教学和培养人才为中心做好本职工作。"其更多体现的是高校与教师之间的法律关系、管理关系、工作关系，而没有从教师的个体出发，指出其应当享受何种权益，承担何种责任。

第四，可操作性较弱，高校在执行某项程序的时候有主体不明确，处理过程不清晰。管理部门不确定等问题。第二十九条第二款："高等学校和其他高等教育机构分立、合并终止，变更名称、类别和其他重要事项，由本条第一款规定的审批机关审批"。该条文没有指出高等教育机构分立、合并、终止，要遵守怎么样的一个程序，由谁来处理分立、合并、终止的相关事宜，有哪些管理部门受理此类问题。第三十二条规定："高等学校根据社会需要、办学条件和国家核定的办学规模，制定招生方案，自主调节系科招生比例。"对于高校招生自主权的规定缺乏具体的解释。

第五，上位法不足，高校自主权过大。例如，《高等学校学生管理规定》赋予高校在纪律处分方面几乎拥有绝对的权力，高校学生是否为主体资格的权力差不多完全掌握在高校手中。

第六，法律监督的作用有限和不够健全，导致监督机制发挥的作用有限，公众参与性较差。从《高等教育法》法律监督效果来看，仍然存在下列问题。一方面是《高等教育法》的司法监督作用有限。高等教育司法监督能够维护当事人的合法权益，但是《高等教育法》立法由于没有明确的行政诉讼的救济程序设计，致使学生或教师在纠纷解决机制中参与不足，经常出现维权艰难，难以发挥司法监督应有的作用。另一方面是行政监督没有发挥应有的作用。行政监督应该侧重于对教育行政系统具体教育行政行为实施监督，但是由于教育行政部门的内部层级监督功能和法律救济功能立法定位不明确，导致教育行政部门不能有效地行使行政复议职权，使学生与校方的纠纷难以得到处理。另外，由于公众参与机制尚不健全，社会监督难以真正落到实处。

（二）高校的规章制度不够健全

近年来，高校学生管理工作当中出现了许多法律问题和纠纷，引发了一些诉讼司法的事件。由此可以看出，高校相关的群体的法律意识和通过法律手段保护自己的正当权益的认知在不断提高，而更多的高校管理者和相关行政单位越来越重视高校学生管理的法治建设。从高校学生管理工作出现的诸多问题来看，高校管理尚不健全，法制化程度较低，主要体现在高校的规章制度不健全，包括以下几个方面：第一，高校管理理念落后，经验式的管理占有较大比重；第二，管理存在审查和控制不严的现象，管理不到位，执行力差；第三，无法可依和有法不依两种情况仍然存在；第四，人力资源管理的结构松散，高校管理者的再教育和积极性有待加强；第五，规章制度不合理，造成资源的浪费。总体来看，我国高校规章制度建设层次相差较大，距离依法治校的标准尚远。首先，某方面规章制度的缺位导致缺乏管理必要的某些规章制度，这样就导致在学生管理的过程中存在空白和漏洞。其次，高校的规章制度未对某些权利做出限定和约束，如高校的处分权。处分权是高校学生管理工作中的一个重要权能，《高等教育法》第四十一条规定:"高等学校的校长全面负责本学校的教学、科学研究和其他行政管理工作,行使下列职权:聘任与解聘教师以及内部其他工作人员,对学生进行学籍管理并实施奖励或者处分"。而《普通高等学校学生管理规定》第五十四条列举了学校可以给予开除学籍处分的七种情况,其中"性质恶劣""情节严重""造成严重后果"等情况,多数高校的规章制度并未给出认定的标准,具有很大的主观决断空间。

最后,高校的规章制度缺少必要的正当程序的规定。在行政法领域中,正当程序原则是指:"行政主体在做出影响相对人权益的行政行为时的步骤、方式、顺序和时限构成必须遵循正当法律程序,包括事先告知相对人、向相对人说明行为的根据和理由,听取相对人的陈述、申辩,事后为相对人提供相应的救济途径,以保证所做出的行为公开、公正、公平。"而高校的规章制度涉及高校权力的部分忽视了学生群体被告知权、申辩权等权利行使的问题。

(三)高校学生管理法治环境的复杂化和多元化

随着社会各个群体对高校学生管理认识的深入,高校不再是孤立于社会之上的空中楼阁而是融入社会网络当中,接受来自不同群体的监督,并具有服务社会和传承文化的职能。参与高校管理工作的主体是多元的,主要包括代表国家行使教育行政权力的行政机构、具有行政性质和事业单位性质的高校、高校教师和其他教育者、高校学生和其他学习者、社会关注教育事业的群体、企业和个人,各个主体的利益诉求也不尽相同,导致高校学生管理法治环境呈现出复杂化和多元化的特征。

更多的主体参与到高校办学的过程中来,是高等教育发展的必然趋势,同时也产生了不少新的问题。特别是关于学校和学生关系中,就有"特别权利关系理论""民事法律关系"进行了论述,同时也表现出高校学生管理的复杂性。

另外,高校学生管理相关利益群体的法律意识和观念不断提升,对高校学生管理法治建设提出了更实际的要求。相关群体的法律意识和观念塑造了一种人文环境,这种环境作为一个外部的推手,直接推动了高校学生管理法治建设的进程。

这些原因导致了高校学生管理法制环境的复杂化和多元化,同样也给高校学生管理工作带来新的问题,主要体现在以下几个方面:第一,高校对学生的法律素质培养教育的压力加大。随着高校的扩招,学生数量的增多,高校在学生法律素质培养教育方面投入的人力和财力加大。第二,高校学生发生心理问题的概率增大。当下,学生的学习压力和社会生活的压力不断加大,影响学生心理成长的因素体现出多样性的发展趋势，一旦高校不能及时有效地处理学生的心理问题，学生的行为和发展就是不可预测的。第三，高校学生管理队伍数量少、法律素质不高。某些高校注重扩充教师队伍，忽视学生管理队伍建设，从现实的情况来看，高校很难同时兼顾教师和管理者队伍的建设。部分高校的学生管理者属于无编制的人员，是临时聘用的身份，因而工作的积极性不高，学习依法治校的动力不足。第四，信息技术化的发展要求高校学生管理工作与时俱进，信息化使当代大学生的生活、学习、思想观念发生着广泛而深刻的改变。信息化对于高校学生管理来说是一把双刃剑。一方面，高校学生会淹没在网络的信息当中；另一方面，高校管理者可以利用网络的快捷性、开放性等特征，对学生进行法制管理和法律教育。

二、内部主体结构方面的问题

人作为高校内部机构的基本构成元素，因为共同的属性而被划分为不同的类群，类群之间的互斥性和排他性也就决定了类群的不同功能和特征，处于一个系统之内的类群之间的关系紧密而复杂。人是社会关系的总和，而人与人之间的关系性质和关系组合，是由一个民族或者地区的本土文化所决定的。高校学生管理法律保障系统的建设不仅要考虑外部条件是否成熟、更要注重高校内部结构的发展和要求。高校领导、高校学生管理者、学生三个类群构成了高校学生管理的主体结构。三个类群是一个具有层次关联的关系系统，就是这样的内部结构成为推动高校学生管理法治保障建设的核心内驱力。

高校领导、学生管理者、学生分属于不同的类群，在高校学生管理法律保障系统当中的功能和特征也不尽相同。高校领导的角色很关键，是链接国家法治建设战略和学校法治建设的纽带，起到一个"承上启下"的作用；学生管理者是和学生群体接触最多、距离最近的人，最了解学生的整体情况，是决定高校领导和学生之间联系程度的类群；学生是高校法律保障系统建设的重要主体和对象，其表现出来的整体特征和需求是高校学生管理法律保障系统建设的重要依据。

（一）高校领导的主要问题

高校领导的角色非常重要，决定着高校学生管理工作将会朝着什么方向进行，重点是什么，现阶段的任务和未来发展趋向是什么。高校领导对法治建设的认识、法制理念的理解、高校学生管理工作采用的风格和方法，直接影响高校学生管理法律保障建设的进程。高校领导的角色直接影响高校学生管理者的工作方式方法、工作进程，所以做好高校领导的角色至关重要。

某些高校领导认为，法治建设是上级分派的任务，没有认识到法治建设的实质功用。从国家发展战略的角度上来讲，高校法治建设是社会主义法治建设的重要子系统，这是由高校人才培养的职能所决定的，高校的法制建设程度决定了高校培养出来的人才具有何种程度的法律素养。从高校自身的发展来讲，法治建设是高校追求自由、民主、和谐、秩序、公平的前提和目标，是高校发展的必然趋势；从培养合格公民的角度上来讲，法律素养是中国合格公民的必要素质之一，高校是培养公民的重要场域，加快高校学生管理法律保障有着重要意义。高校领导应当从更高的层次，更宏观、系统的视角出发，对高校学生管理法律保障建设有一个全面的、更符合国家发展规划的认识。

高校领导对高校学生管理法律保障建设认识不到位有偏差，主要体现在管理重于教育，认为高校学生管理法治建设是单纯地加强和深化法治化管理，这是对法治建设的价值取向和本质功能的严重误解。高校学生的管理应当以育人为本，充分体现"以人为本"的理念。但是在现实的高校学生管理过程中，管理和育人相分离的现象比比皆是，甚至将高校与学生的关系定义为管理者和被管理者的关系。出现这种情况，主要是因为高校领导对法律保障建设认识不到位，导致高校学生管理者的认识和工作产生偏差，因此高校领导应当加强对高校学生管理法律保障建设的学习和认识。

高校领导在做高校学生管理工作时，与学生接触较少，对学生的情况不够了解，不能够根据学生的实际情况制定工作的方法。如某些高校在制定高校学生管理规章制度的时候采用一刀切的方法将大一至大三的学生统一安排到新校区，大四的学生搬迁至老校区（一般在市区有利于找工作）。由于新校区的建设不够完善，理科生所需要的实验设备均在老校区，这样就使理科生的正常教学受到严重的影响。这是高校领导没有经过真正的实地调研得出的结果，这样的管理办法，不单单不利于学生的教育和发展，甚至阻碍了学生的正常学习。

而当学生对此提出意见的时候，高校采取的办法是让辅导员对学生做思想工作，理解学校当下所处的困境，希望学生能够克服困难。这是导致法治建设与现实情况缺乏适切性的主要原因，高校领导应当时刻关注学生的思想动态和需求，从法律保障的理念出发制定高校学生管理工作的规章制度、工作方式方法、工作原则、发展规划等。

（二）高校管理者的主要问题

高校管理者在高校学生管理法治建设工作中的法治意识淡薄。一方面体现为思想观念不能与法治化进程同步，人治的思想仍然较为严重，不能够做到依法管理。人治的缺陷有以下几点：第一，公民的人身和财产不能够得到合理的保障；第二，人本身的可变性很强，这也就决定了人治具有高度的不稳定性，导致社会资源的不合理使用和浪费；第三，人治受到个体的主观判断和情感倾向影响较为严重，导致某些决策带有较重的个人权威。相对于人治的缺陷而言，法治在公民的人身和财产保障、社会的稳定性、限制"权力老虎"、塑造公民意识形态、构建公正和谐社会等方面的作用是显而易见的，这也是国家推行"依法治国"的一个重要原因。

另一方面体现为行政化的倾向严重，服务的意识不强，自我的身份权威严重，认为学生和管理者之间因为身份的差别应当享有不同的待遇，对待学生的管理工作不是以人文关怀和服务学生为中心，而是以管理者自我为中心。

应付式工作模式主要体现为高校学生管理者工作积极性不高、重视程度不够，实质上是形式主义的表现。高校学生管理者在思想上不够重视，积极性不高，学生管理工作只是为了应付上级分配的任务。

还有一些高校学生管理者满口的空话和套话，既没有联系工作的实际，也没有真正地将理论学习的心得运用在工作的实践当中。

有部分学生管理者认为，高校学生管理的法律保障作用和意义不大，这是对高校学生管理法律保障建设的内涵和意义认识不清的结果，他们在思想上无法适应国家整体发展的需要和社会意识结构的变化。

（三）高校学生的主要问题

高校学生的维权意识是社会意识在学生群体中的一种表现形式，是学生对客观法律现象在感受和判断之后的一种主观反应。学生的维权意识和法律素养有所提升，但是从总体上来看，高校学生的维权意识和法律素养仍较差。

高校学生的维权意识和法律素养与高校的管理法律保障建设和人才培养模式有着密切的关系。"以人为本"的理念引入高校后得到了普遍性的认同，但是其在实践中的运用效果并不理想。在现实中，从高校和学生关系来看，学生是弱势群体，无法选择自己喜欢学习的课程和进入社会必修的知识。

高校学生维权意识较差集中体现在以下几个方面：第一，是否维权与纠纷的事件和案件的利益关系大小有关，利益大则维权，利益小则不了了之；第二，学生的社会经验少，维权集中于事后维权，而在纠纷事件发生之前的防范意识差，防范能力弱；第三，当遇到法律纠纷的时候，不能够采取正当有效的维权方式方法；第四，学生的时间和精力大部分用于专业知识的学习，忙于应付各种考试和考证，不注重基本的法律常识和法律知识的学习；第五，学生的权利意识薄弱，维权意识不积极，多数高校学生不知道自己有哪些权利，合理运用自己的权利更无从谈起。

高校学生的法律素养较差集中体现在：学生的义务意识和责任意识淡薄、人文关怀缺失，某些学生要求学校撤销某些合理的规定，甚至提起诉讼，对高校学生管理活动造成了严重的影响。

人文关怀的缺乏是高校学生存在的普遍性问题，其作为非认知因素对学生的成长和发展有极为重要的影响。教育法律法规和高校学生管理规章制度是"刚性"，是外部的约束和规则，管束人们的行为；而人文关怀是"柔性"的，从人的内部心智状态和人与人之间的关怀和情感出发影响人的思想和行为。在高校学生管理法律保障体系建设中既不能忽视"刚性"的管束功能，也不能忽视"柔性"的内发功能，而是要"刚柔并济"。

三、文化建设方面的问题

文化具有流动的性质，书本中躺着的文字不是文化，因为人没有意识到它。意识到某种知识并以某种方式与外界进行交换流动，文化才得以存在。所以文化的载体是交换通道，其性质是流动的，它发端于个体的认识和意志，在一定的场域中形成个性的或者共性的倾向。

文化建设的本质是塑造一个场域的网络，将其内部的个体囊括其中，并对其产生影响或制约。文化所寄托的场域，是构建于人的基本活动之上的，如人的衣、食、住、行、育等活动。从文化建设的本质上来看，文化建设的作用是对场域中的个体产生一个多维度、多层次的影响。这种影响是由个体的内部心智状态向外部的表现形式转化，进一步从外部的表现形式内化到个体的内部心智状态，并通过这样的方式在场域当中形成一种复杂交错流动的网络。由此可见，文化建设对人的影响是多层面的，同时从个体的、外部的表现形式和内部心智状态施加双重效果的影响。

高校学生管理法律保障的文化建设是"依法治校"的重要组成部分，是培养高校学生法律素养的重要渠道和手段，与高校学生管理法律保障的外部条件和内部要求相互补充、相互作用。所谓法治文化，是指一个国家或民族对于法律生活所持有的以价值观为核心的思维方式和行为方式。法治文化最早在西方产生，探讨法治文化首先要研究西方法律文化。西方法律文化具有法律主治性与范式性，其法律主治性在西方表现的法律文化就是法治文化。"法治"是西方法的传统精神，"正义"是西方法律文化的价值取向。正是在"正义"价值目标的引导下，西方社会主体才形成了普遍的自由、平等、公平、民主和权力至上的观念，养成了信仰法、崇尚法和尊重权利的法治精神和良法主治的文化，这和社会主义法律文化的价值取向基本相同。

我国传统的文化受到"德治"和"礼治"的影响，法治文化在中国的传承上是有缺失的，而法治文化是从西方制度文明那里学习借鉴而来的，这就需要针对中国本土文化的特征建构出一个与我国发展相适应的法律保障文化体系。当前，高校学生管理法律保障的文化建设出现的核心问题主要有：高校法治文化氛围不浓、法治信念文化缺位、制度文化不健全、国家公民文化欠缺。

（一）高校法治文化氛围不浓

在我国两千多年的封建社会当中，儒家思想作为统治者的工具对民众的意识形态和文化实行控制。从历史发展的角度上来看，儒家思想在一定程度上对社会的稳定起到积极作用，其缺点是人治的思想和阶层意识较重。而当下，我国明确提出"依法治国"的方略，这从根本上确定了我国在制度和文化上的发展趋向。

法治文化的建设是"依法治国"的重要内容，而高校是培养法治公民的重要场域，使学生掌握法律基础知识并在实践中运用，逐渐形成法律意识，成为一个具备法律素养的合格公民。在高校的这个场域当中，法治文化的氛围对学生的影响是直接和实效的，目前我国高校法治文化氛围不浓主要体现在以下几个方面：

第一，法治文化和育人功能相剥离。高校在建设法治文化的时候，往往是在走廊、楼梯、餐厅等地方张贴宣传性的标语，标语的可读性差，致使法治文化的建设流于表面。有关法治文化的活动举办得很少，无法从真正意义上让文化起到育人的作用，只有让法治文化在人与人之间"流动"起来，才能实现法治文化的育人功能。

第二，学生参与法治文化建设程度较低。学生参与法治文化建设的机会几乎没有，高校的法治文化建设基本上遵从的模式是高校学生管理者张贴宣传标语和组织法律咨询，法律咨询几乎无人问津。这样的法治文化建设模式难以调动学生参与的积极性，学生是法治文化建设的主体，而这个主体往往是被忽视的。

第三，法治文化的价值引导功能体现不足。知识的学习不等于学生明白如何正确运用知识，对知识的运用途径是由学生的价值取向所决定的。如果单一地教授知识而不关注学生价值体系的教育，将会造成学生在社会中的迷失甚至是犯罪。高级知识分子掌握着高深的科学知识，如果其不能够将知识运用在合理积极的渠道，对社会造成的危害远远高于非高级知识分子。特别是对手中掌握着资源和权力的群体来说，即使具有较高的法律素养，但是若缺乏积极的价值观，对社会的危害将是无法估量的。所以，高校充分发挥法治文化的价值观引导功能，是十分必要的。

（二）高校法治信念文化缺位

著名思想家卢梭曾经说过："一切法律中最重要的法律，既不是刻在大理石上，也不是刻在铜表上，而是铭刻在公民的内心里。"法律不是死板的条文，也不是在墙壁上的宣传语，而是要内化于公民的知识系统和价值系统之中，是公民在信奉的并在实践中践行的信念。

罗杰斯注重信念对高校学生的主体性和潜能的激发作用，这是影响学习的内因方面。在意义学习的四个要素中，"全身心投入""自我发起"都与信念密切相关。他认为，学生是一个有目的、能够选择和塑造自己行为并从中得到满足的人，强调"以学生为中心"，最终达到"自我实现"的目的。学习不是向学习者简单地传授相关知识或经验，必须由他们自己积极主动地建构。人的学习活动受到情感、认识、意志、价值观等的启动和持续，人的主动性和能动性正是通过这样的信念才得以实现。情境学习理论认为，学习者带着丰富的先前知识、技能、概念、信仰和习惯进入正规教育，而这些已有知识极大地影响着他们对环境内容、环境组织和解释方式的理解。情境学习理论认同信念对人的影响，但是他们更加关注知识与情境的关系、个体与共同体的关系，对于人的心智状态的关注较少。

而法治信念文化从本质属性上来讲是个体与情境在法治的场域内互构的过程，人在法治信念文化的情境中受到熏陶，同时个体的思想和行为也影响着法治信念文化的建构。当前，高校学生管理法律保障的法治信念文化是缺位的，主要体现在忽视信念对高校学生的主观能动性的激发和法治情境建设的不完善，以及信念和情境在文化层面上缺乏互构等方面。

在法治信念文化的建设方面，除了学生个体信念和情境塑造的缺失问题，还有诚信文化的缺失问题。诚信不仅仅是道德的问题，更是法律责任。西方国家将诚信纳入法律体系两千多年，我国的法律体系正在进一步完善，诚信已经逐步成为法律责任。但长期以来，人们仅把诚信看作道德问题，而不是法律问题，缺乏对大学生的法律诚信教育，使大学生在观念上不把诚信以法律责任来对待

（三）制度文化不健全

高校的制度文化是高校学生管理法律保障文化建设的保障，能够促进高校法治文化的良性发展，这是由制度文化的约束性、人文性、价值性、规范性、历史

传承性等特征决定的。高校校园制度文化层次介于精神文化和制度文化之间,既有柔性的也有刚性的。柔性的包括学校长期形成的道德规范、师生之间互尊互爱的礼仪习惯;刚性的包括成文或约定俗成的规章制度。前者是高校从产生到发展过程中长期的积累和沉淀而成的;后者是学校为适应教学管理由专门部门经过一定的特定程序制定的。而高校法治制度文化,是从"依法治校"的角度出发建设高校的制度文化,遵从国家颁布的相关法律法规,并结合高校的规章制度产生的,是需要高校所有成员共同捍卫和遵守的公约。

制度文化作为高校学生管理法律保障的文化建设中的子系统,是相对薄弱的环节,主要体现在以下几个方面:

第一,制度文化当中法治的内涵和精神体现不足,特别是在法律至上的原则、权力制约的原则、公平正义的价值追求、人权保障的基本理念、社会和谐的理念等方面的缺憾尤为显著,同时在实践中没有严格执行法律至上的原则。

第二,制度文化中的民主性得不到足够重视,在制度制定的过程中、制度的内容上、制度的实施过程中,各个主体的共同参与性不高。

第三,制度文化的自然生长性较差,高校的制度文化是长期积累的过程,但是也很可能随着领导的更换而改变,这严重影响了制度文化的自然生长性的发展。制度文化的自生长性是指在法治环境当中的群体已经形成的某些积极良好的氛围,而这些氛围是制度文化自生长的"养料"。

第四,制度文化的认同度不高,缺乏师生基础。高校法治制度文化是多层次的,包括正式的和非正式的、学校的、院系的、各个职能部门的,这样容易形成多头管理的局面,缺乏系统性;同时,在制度制定和实施的过程中忽视了师生作为法治制度文化建设的重要主体。

(四)国家公民文化欠缺

公民文化即是民主文化,是与民主制度相耦合的公民的政治态度、情感、信仰和价值取向,属于民主制度的隐结构。从文化的发展历程来看,现代的公民传统文化吸收了传统文化的精髓,并与现代社会的特征相结合;从政治参与的角度上来讲,公民文化促进了政治平衡;从公民参与意识和参与质量上来讲,公民参与意识和质量越高,对国家和民族的认同度越高,其公民文化的凝聚力越强而当代国家公民文化与法律保障的关系表现得更为紧密,这与经济全球化、民主多元化、信息现代化、环境和发展危机等特征日益突出有着直接的关系。当代的公民文化不仅仅是一种文化存在,同时也是一种政治存在和法律存在。原则和规范只是秩序的条件和根据,而不是秩序本身。只有当伦理规范和法律制度的内在精神得以有效内化，与社会成员的价值取向相耦合，才能使之由原则和规范走向理性自觉、普遍有效的现实秩序，精神文明和法治文明才能最终实现。在高校学生管理法律保障建设的过程中，国家公民文化缺乏集中表现在：第一，高校各群体的主体意识差。公民的主体意识是人对自我的主体地位、主体能力和责任、主体价值的自我意识觉醒。高校各群体对自我的主体地位认识不清，极少有人将自我的主体地位和法治建设联系起来。由于各群体对自我身份认同的偏差，无论主体的能力和价值取向如何，都无法和高校法律保障建设发生关系。第二，公民的政治参与意识淡薄。极少有人能够从国家发展的视角提出合理性的见解和建议。

四、适切性方面的问题

高校学生管理具有很强的地域性和本土人文特征，对于管理和法律保障理论、经验的引入要结合区域的发展状况和本土的人文特征，而不是一味地照搬理论或者成功经验，这涉及高校学生管理法律保障的适切性问题。更准确地来说，适切性不是一个目的而是一个过程，是事物为了在环境中得到良好的发展而做出相应的变化。在这个变化的过程中，避免不了的是矛盾和冲突，正因为矛盾和冲突的存在我们才能够清晰定位需要进一步优化适切性的方面。从目前高校学生管理法律保障建设的状况来看，其适切性较差主要体现在以下几个方面：法律保障体系与现行状况的矛盾和冲突、法律法规与高校学生管理执法过程的矛盾和冲突、高校管理权与学生权利的矛盾和冲突。

（一）法律保障体系与现行状况的矛盾和冲突

法律保障体系主要是指我国现行的法律法规、高校学生管理规章制度、学生管理形成的一个互相影响和关联的系统。现行状况包括教育行政部门、高校管理者和被管理者的法律保障的现状。高校学生管理者制定的规章制度与现行的法律法规之间的矛盾是比较突出的。近几年的一些典型案例也证明了问题的严重性，如某高校校规规定对参与打架斗殴者一律予以处分，这显然剥夺了《刑法》确认的公民的正当防卫权；再如某些高校"学生不许经商"的规定，妨碍了学生创业的正常发展，也与国家鼓励学生创业的政策相性。此类情况在高校学生管理工作中时有发生。

法律保障体系的建设对高校学生管理的意义重大，但是任何事物都存在一定的限度，而这种限度存在于事物本身的属性，属性既是推动事物存在和发展的必要条件，同时也是限度的制约要素。然而，人作为法律保障体系的创造者和执行者，应当从发展和生长的角度出发，发现矛盾和问题，不断拓展法律保障体系建设的意义和作用。

从问题的本质上来讲，法律保障体系的内部矛盾不是高校学生管理法律保障适切性的核心问题，其核心问题是法律保障体系与现行状况的矛盾和冲突。现行状况包括高校管理者和被管理者的法律保障的现状。在以上的案例当中我们可以看出，高校领导不愿意学生因为从事商业活动而荒废学业，所以制定了"学生不许经商"的规定，却又违反了国家鼓励学生创业的政策。这是典型的法律保障体系与现行状况矛盾的案例。一方面，表现为高校管理者制定的规章制度与国家现行的法律法规之间的矛盾；另一方面，表现为国家现行的法律法规与相关群体的现状沟通不畅、冲突频频。

从系统论的角度出发，法律保障体系与现行状况的矛盾和冲突主要表现为：教育法律法规制定者、高校学生管理者、学生群体之间的沟通渠道是堵塞的，国家教育法律法规和高校学生管理规章制度的统一性和一致性较差，学生对国家教育法律法规的认同度较低。这让我们明白，高校学生管理法律保障体系的建设不是单一层次或者某个主体因素做出努力就可以的，而是要整个保障系统同时发力才能良好发展。

（二）法律法规与高校学生管理执法过程的矛盾和冲突

高校学生管理的执法过程主要包括依法管理、执法必严、违法必究三个方面。这是高校学生管理走向法制化的必经路径，遵照国家教育法律法规制定高校学生管理的规章制度，严格执行教育法律法规和规章制度，并形成一个可监测的违法必究反馈系统。在此过程当中的主要矛盾和冲突在于法律法规与高校学生管理执法过程之间的不协调，具体表现为高校学生管理无法可依、执法程序不合法、监督和反馈机制缺乏、违法难究。

法律法规与高校学生管理执法过程的矛盾和冲突，首先表现为高校学生管理无法可依。

它是指在高校学生管理工作中，某些学生管理方面缺乏相关的教育法律法规的条文，或者是虽然有明确的法律条文，其内容具体地指向不清。由于上位法的缺位，高校学生管理的执法过程出现了不同程度的混乱，加剧了高校学生管理工作和教育法律法规之间的矛盾。

我国高校学生管理行为的规范，分成宪法、国家法律法规和校规校纪三个层次。宪法和国家法律法规提供最基本的权利与义务性规定，给高校学生管理活动提供宏观性指导原则；

校规校纪直接规范高校学生管理行为，是各个高校依据《普通高校学生管理规定》而授权制定的。

当宪法和国家教育法律法规对学生管理的某个方面规定缺位或不清晰的时候，高校在制定规章制度和管理学生的过程中就容易出现认识偏差和管理混乱的情况。例如，某高校在学生管理规定当中提及"申请推荐保送研究生必须是学生干部"，这就与《中华人民共和国教育法》第三十七条规定"受教育者在入学、升学、就业等方面依法享有平等权利"相违背，同样造成了一种"无法可依"的现象其次表现为执法程序不合法。某些高校在处理学生管理事务的过程中没有严格按照国家教育法律法规所规定的程序进行，而这种现象在高校学生管理法治化过程中是普遍存在的。例如，高校在制定管理规章制度的时候，学生作为重要的相关主体，应当参与到整个制定过程中并发挥积极作用，但是学生群体在这个过程中往往是被忽视的。此类的执法程序与《中华人民共和国立法法》第五条的规定"立法应当体现人民的意志，发扬社会主义民主，坚持立法公开保障人民通过多种途径参与立法活动"是相违背的。当前，高校的某些管理规章制度都是由管理者制定的，学生的参与权没有体现出来。可见，其规章制度的制定程序是不合法的，很难考虑到学生的需求，也无法保障执法程序的合法性最后表现为监督和反馈机制缺乏，违法难究。高校在学生管理法律保障建设过程中还未形成科学规范的监督和反馈机制，面对高校与学生之间、学生与学生之间的法律纠纷问题，无法依据相关的法律程序或者管理规章制度向相关的责任人追究责任。一方面表现为我国高校学生管理法律保障的监督立法不完善，对高校学生管理仅能提供一种宏观层面的指导，很难从实质上提供帮助；另一方面表现为高校学生管理法律保障系统忽视学生的权利，学生作为重要的利益相关者很难参与到监督和反馈机制当中。此外，还表现为高校对学生的法律素质培养不够重视，学生权利受到侵犯的时候很少有学生通过法律救济渠道维护自身的合法权益，同时高校对于学生管理过程中违法操作的行为采取回避的态度。

（三）高校管理权与学生权利的矛盾和冲突

高校学生管理者和学生是高校学生管理法律保障建设的两种核心主体，随着我国依法治国和依法治校进程的不断推进，这两个核心主体之间的矛盾和冲突也越来越凸显，集中体现在高校管理权和学生权利之间。高校学生管理者和学生群体的法律关系中，学生作为其核心的主体处于弱势群体的地位。我国教育立法中并未明确规定高校的管理权及性质，这在权力行使程序、适用法律以及相应的法律规制中造成了极大的模糊性。高校管理权和学生权利的矛盾和冲突主要表现在以下两个方面：学业管理与学生的受教育权、专业选择权、学位获得权的冲突；

生活管理与学生的财产权、人身权、名誉权冲突。

1.学业管理与学生的受教育权、专业选择权、学位获得权的冲突

学业管理即高等学校学籍管理，是指"高等学校根据国家对高等学校学生德、智、体全面发展的要求，制定规章、制度；并按一定的程序和方法，对取得入学资格的学生从入学注册，成绩考核与记载，升、留、降级、转系转专业与转学、停学、复学、退学、奖励与处分，毕业与毕业资格审查等方面进行的管理"。受教育权是公民依法享有的平等、公平的教育条件和机会的权利，是公民的基本权利之一。《中华人民共和国宪法》第四十六规定："中华人民共和国公民有受教育的权利和义务。"《中华人民共和国教育法》第九条规定："公民不分民族、种族、性别、职业、财产状况、宗教信仰等，依法享有平等的受教育机会。"

目前，有的高校在行使自主管理权时，对于如开除学籍、退学以及拒绝颁发学位证学历证等使受教育者丧失受教育权利及有关学生重大切身利益事项的处理中，不受任法律法规约束。在中国传统的高等教育当中，学生的受教育权被严重忽视，而随着我国依法治校力度的不断加强，已经有了很大的改善专业选择权是高校学生根据自身的条件和情况，向学校提出申请选择更为合适的专业的权利。高校学生因为个人兴趣、未来规划、自身的条件等，需要选择更适合自己的专业，而高校学籍管理规定，对于条件符合有特殊情况的学生，准许提出转专业的申请。但是高校教学管理部门担心学生转专业的人数过多，影响专业的结构性和稳定性。

学位获得权是高校学生完成国家人才培养目标，达到高校学位授予的条件和水平，获得相应的学位证的权利。《中华人民共和国学位条例》规定高等学校本科毕业生，成绩优良，达到下述学术水平者，授予学士学位：较好地掌握本门学科的基础理论、专门知识和基本技能；具有从事科学研究工作或担负专门技术工作的初步能力。学位获得权的问题主要体现在两个方面：一是学位授予的条件，二是学位授予程序。许多高校为了保障学生的培养质量，将学位的授予与国家英语四级考试、计算机考试等挂钩，没有满足这些条件的一律不予颁发学位证。此类高校制定的学位管理规定，损害了学生的学位获得权，对学生将来的就业和生活的影响是巨大的。

在学位授予程序方面，高校具有相当大的自主权，其学位授予程序是否公正、合法，符合国家人才培养的目标和政策有待商榷。如北京大学博士生刘某的博士论文在报请学位评定委员会审查的过程中，因为审查结果的赞成票没有过半，学校决定只授予刘某博士结业证书，不授予其博士学位。随后，刘某向北京市海淀区人民法院提起诉讼，将自己的母校推上了被告席。

2.生活管理权与学生的财产权、生命健康权、名誉权冲突

生活管理权是高校依法对学生作为有完全行为能力的公民进行日常生活秩序方面的管理权，其中涉及财产权、人身权、名誉权、婚姻权和选举权等权利，本研究针对其中问题较为突出的财产权、人身权、名誉权的冲突进行论述。学生依法享有独立的财产权，有私有财产受到保护和不受侵害的权利。财产权的侵害主要表现为三种情况：第一，奖学金评审和助学贷款程序不合理，操作程序不当；第二，学生公寓财产丢失、被盗等情况，保护措施不到位、处理程序不合理；第三，学校不正当没收或者扣押学生的财物。

其中较为典型的是四川省高校购书贪腐案，其涉及13所高校36名人员，13名县处级干部贪污受贿达100万以上，其涉案总额高达1200万元。这是典型的、影响范围大、涉案金额高的严重侵犯学生财产权的案例。高校有责任和义务保障学生的私有财产不受侵害，但是由于利益驱动和高校法律保障建设不完善，导致高校生活管理权和学生财产权之间的冲突时有发生。

《民法通则》第九十八条规定："公民享有生命健康权。"生命健康包括肉体组织、生理和心理三个方面，无论对于哪个方面造成伤害都是一种侵害。生命健康权是一个自然人最基本的权利，是公民最高的人格利益。生活管理权和生命健康权冲突主要的表现形式为：高校管理者和学生之间的侮辱和人身伤害、学校的教学和生活设施给学生造成的人身伤害事故、在校因食物中毒引发的人身伤害事故、学生之间打斗引发的事故、学生因心理问题自杀或造成他人受伤害的事故、校外人员进入校内造成的伤害事故。诸如此类的情况引发的法律纠纷、高校生活管理权和学生生命健康权的冲突屡见不鲜。集体食物中毒和高校学生自杀、学生杀害教师的案件的性质是不同的，集体食物中毒的更多因素是高校学生管理工作中生活管理出现了严重的漏洞，而高校学生自杀、学生杀害教师的案件涉及高校学生管理法律保障、学生心理教育、师生关系处理等多层次、多维度的问题。

名誉权是学生依法享有的名誉不受侵害的权利，学生的名誉权关系到学生在校的人际关系状况、人格尊严等，是公民重要的基本权利之一。高校学生生活管理权和学生名誉权的冲突主要表现为对处理结果的争议。

第二节　高校学生管理法律问题产生的原因

进入21世纪以来，我国的法制建设逐步形成体系，教育法律体系也逐步完善，但这并不意味着教育法律秩序已完善。近年来，高校学生管理不断出现问题，产生这些问题的原因是学校行使自主管理权和学生依法享有的权利

相冲突。然而大部分人认为，这些问题产生的原因是某些学校或某些管理部门管理不到位。但是原因不仅仅这么简单，产生这些问题真正的原因在于，法制社会下学生日益增长的维权意识和学校陈旧的管理体制、老旧的程序之间的冲突。

一、高校学生管理缺少外部保障条件的原因

（一）高等教育法律法规不够完善的原因

首先，国家法律体系不够完善。随着法制建设的不断完善，我国法律体系已经初步形成，但由于"急攻心切"致使一部分法律条文的抽象性较高，产生了指向性不明确、法律条文概括性较高、具体的法律责任和权利不清、法律责任缺失等问题，从而使这些法律法规制定后难适用，难遵守。产生这些问题的主要原因有：第一，注重立法的数量轻视质量、重立法的效率轻立法的实效性。全国人大法工委公布法律的数量：现行全国人大及其常委会制定的法律总共有235件，国务院制定的行政法规699件，地方性法规总共有7000多件，除此之外还有民族自治区制定的规范性文件、自治条例、单行条例等。现在，我国法律法规在量方面的建设已经发生了翻天覆地的变化，但是法律法规数量的多少并不能衡量一个国家法律体系是否完善合理，也并不是说某个部门中法律条文数量越多，这个部门法律体系就更完善。例如，按照数量来进行划分的话，行政法79件，经济法55件，宪法及其相关法39件，民商法33件，社会法16件，程序法9件，刑法1件，其中行政法占了1/3还要多，刑法却只有一件。第二，国家立法过程中民众参与立法的程度不够，而民众的广泛参与是立法有效性的重要体现。最近几年，国家开始重视民众参与立法并提供一些机会。除此之外，立法成本太高、缺乏科学完善的立法监督制度也是立法层面的问题。

其次，国家对高等教育法律法规建设不够重视。我国高等教育法规建设，是中国特色社会主义法制体系的重要组成部分，是我国高等教育稳步快速发展的重要基石。但是纵观现行的高等教育的法律法规，其建设还处在起步阶段，虽然制定了一些法律条文和规定，但远远滞后于高等教育的发展。我国颁布的《中华人民共和国教育法》是国家基本法之一，但是这部法律无论从立法要求还是从实际的法律条文来看，都没有对高等教育法律问题进行专门性的规范。《中华人民共和国高等教育法》是我国第一部关于高等教育的基本法律文件，是我国高等教育的母法，为我国高等教育的发展提供了法律保障，其重要性不言而喻。但这部母法仍存在一些问题，主要表现在：①法律条文概括性高，其中关于法律的责任和

权力问题模糊不清。如该法在具体到招生的权力、财务的权力、开除学籍的权力等方面规定不明确，容易使高校管理者产生歧义。②操作性较弱，执行程序的主体不明确。如第二十二条规定："高等学校根据社会需要、办学条件和国家核定的办学规模，制定招生方案，自主调节系科招生比例。"上面这个规定对高校如何根据社会需要招生，怎么制定招生方案，自主调节系科招生的比例是否合适这些问题都一概而过，缺乏实际的操作性过于宽泛。

（二）高校的规章制度不健全的原因

高校的规章制度制定程序存在问题。一般说来，一项具体的规章从制定到出台至少需要经历以下步骤：草拟、审定、签发、修改和废止。许多学校制定规定制度几乎不涉及规章制度的修改和废止，缺少学生和教师的参与，不具备民主性、公开性和广泛性。除此之外，学校各部门的规章制度不够明确具体，责任主体不明确，缺少有效的监督机制。

高校学生学习发展变化极具复杂性。进入21世纪后，进入高校的学生无论是学习环境、学习方法、接触的人群，还是价值观和评价方式都发生了翻天覆地的变化。除此之外，随着科技、媒体的迅速发展，学生在网络上接触各种各样的信息，网络上的信息与社会联系较为紧密，因此，学生的学习和发展不是一成不变的，而是极其复杂的。高校的规章制度并不是为管理设立的，是为了学生更健康地学习发展而设立的，所以高校的规章制度应该跟学生、社会的发展保持一致。举个例子，互联网时代兴起以后，网上学习变成一种不可或缺、非常重要的学习方式，但网络上有许多负面的因素，会影响学生的学习和发展，这时候学校应该设立与此相关的规章制度，以保障学生健康地学习发展。

学校制定的规章制度缺少国家法律依据和保障。目前，我国关于高等教育的法律较少，与高等教育有关的国家法律法规主要有《中华人民共和国教育法》《中华人民共和国高等教育法》，但这两部法律关于高校如何制定规章制度并未做出明确的规定。在"无章可循的情况下，各个高校为了使自己的管理"师出有名"，根据本学校的需要纷纷出台"土政策"。但是由于每个学校管理者对法律法规的理解不尽相同，经常会出现制定的规章制度不健全的情况，甚至可能与国家的法律法规相冲突。

综上所述，高校的规章制度制定程序不科学、学生的学习和发展极具复杂性、学校制定的规章制度缺少国家法律的依据和保障，这三个方面的原因造成了高校所制定的规章制度不健全。

二、内部主体结构方面问题产生的原因

高校内部主体结构的协调性和互构性决定了高校学生管理法律保障系统建设能否实现内涵式质量发展的目标,而高校内部主体结构之间的矛盾性是历史存在的合理体现,也是推动高校学生法律保障系统发展的动力。高校学生管理法律保障体系的内涵式发展,要求高校从内部主体结构优化的角度着力,以不断提高质量为目标,以人才培养为主线,为发展和创新保驾护航。

高校学生管理的内部主体结构主要包括:高校领导、高校学生管理者、学生。其中,高校领导方面的问题主要是对高校法治工作的了解不充分;高校学生管理者方面的问题主要是法治意识淡薄;学生方面的主要问题是维权意识和法律素养较差。无论从哪个主体着手探究,都应当与其他两个主体关联起来,孤立或者片面地研究某个主体的问题都是不尊重实际的表现。

(一)高校领导方面问题产生的原因

在我国高校管理体制当中,高校领导的角色对高校的发展方向和质量起着决定性的作用。目前,高校领导作为高校内部结构中的关键角色,其主要问题产生的根本原因有以下几个方面:高校领导的法治思维不足、依法治校的能力需要提高、高校领导"独大"。

第一,高校领导的法治思维不足。目前,高校领导或多或少地用人治的视角去审视法治的现象和问题,特别是在法治建设和人的利益、意志相冲突的时候尤为明显。此外,某些高校领导认为,只要有完善的法律法规和学生管理规章制度就可以了,忽视了法治建设是一个艰难而又漫长的治理过程,绝不仅仅是制定法律条文和规章制度那么简单。

第二,高校领导依法治校的能力需要提高。某些高校领导由于对法治的认识和高校历史原因,其依法治校的能力并不强。一方面,对高校学生管理法律保障建设的认识不够深入;另一方面,高校领导的事务繁忙,对高校学生管理法律保障建设显得有心无力。

第三,高校领导"独大"。高校领导的权力过大,导致高校学生管理法律保障建设与高校领导的能力关系很大,其依法治校的能力强则法律保障建设进程较快较好,其依法治校能力差则法律保障建设停滞不前甚至倒退。而当前高校的制度还未形成有效监督和制约的机制,特别是在科学合理的执法程序方面。

（二）高校学生管理者方面问题产生的原因

高校学生管理者与学生接触得最多，是最了解学生状况的群体，同时也是最容易和学生发生纠纷的群体。高校学生管理者的法治观念和法律素养对学生的影响是不容忽视的，这是由学生管理者和学生之间的直接关系决定的。如若高校学生管理者不能将高校学生管理法律保障建设的工作和学生的实际情况结合起来，那么就会导致学生管理的纠纷事件频频发生。目前，高校学生管理者方面出现的主要问题是法治意识淡薄。导致问题出现的主要原因是高校学生管理者理念落后、对管理者和学生之间的关系认识不清、高校管理制度缺乏激励机制导致管理者的能动性较差。

第一，高校学生管理者理念落后。目前，我国一些高校还未能从民主法治、学生实际情况、服务学生的层面出发，构建服务指导性管理模式。当前高校面临高等教育体制的转变，必须要有新的学生管理理念与模式来保证其顺利实施。但是，与之相适应的机制和办法尚未完全形成。高校管理工作者的工作方式和理念因为受惯性影响，还保持着原有的管理观念。理念和思想的落后导致高校学生管理者在工作上不会采用先进的管理方式方法。

第二，对管理者和学生之间的关系认识不清。由于受到特别权利关系和特殊行政管理关系的影响，一些高校学生管理者对其与学生之间的关系的认识，仍然停留在管理和被管理的关系上，某些高校学生管理者的身份意识很强，认为自己的身份要比学生的身份高，所以学生只能服从。高校作为教育事业单位，对学生不仅仅只有管理权力和责任，还具有服务学生的职能，因此高校学生管理者与学生之间的关系，应当是一个平等对话、服务协同的平权关系。

第三，高校管理制度缺乏激励机制导致管理者的能动性较差。高校管理制度针对学生管理者缺乏相应的激励机制，在某个或者几个学生管理者出现问题的时候，才会采取激励措施，随意性很强，没有形成科学合理的规范。另外对学生管理者的考核指标，没有将高校学生管理法律保障的内容纳入其中。这就导致学生管理者在工作中，工作的效率和质量较低。

（三）高校学生维权意识和法律素养较差的原因

高校学生维权意识和法律素养差的问题其实是由学校、社会、家庭、学生自身四个方面的综合因素造成的，是由内因和外因相互交错而成的。

1.高校学生所处的社会环境极其复杂

进入21世纪后，我国经济社会快速发展，可谓是日新月异，难免会对高校学生造成影响。现今，社会生活多样化、学生的生活环境多变、价值观多元化，社会环境极其复杂，社会环境正无时无刻不对高校学生的价值观、人生观产生影响。

2.高校对法制教育不够重视

学校法制教育是培养学生树立社会主义法律的意识，增强法制观念的重要途径。学校的法制教育对培养学生懂法、守法、用法，维护自己的权益方面，起到了重要的作用，但是在实践落实中却差强人意。全国高校普遍都开设了法律基础课，法律基础成为高校学生学习法律知识的重要途径，但是高校法律知识的教育也仅仅局限于这门课程，非法律专业的学生除此之外没有其他途径学习法律知识。另外，大多高校开设的法律基础这门课都是在学生刚入学的前两个学期开设的，而后面的两三年，学生就再也没有系统地学习法律知识。因此，高校的法制教育途径单一、不系统，不能满足学生对法律知识的需求，也就不能引起学生的高度重视。

由于学校课程和实践的限制，学校层面法律知识的讲授只能停留在知识的讲授层面，不能满足学生对法律知识的渴求。另外，学校没有制定系统、长期的法制教育的规划，学校的管理者只是将其作为一门课程应付政府的要求，而没有将法制教育作为生涯规划的一部分。高校在对法律基础课程进行测试考核时，仅仅停留在法律法规条文和法律基础知识的背诵上。我们不难发现，由于学校管理层对法制教育不够重视、教育途径单一等造成学生的法律意识薄弱，因此我国大学生的法制教育还处于普法阶段，这就很难达到培养学生法律意识的要求。

3.高校学生处在特殊的阶段

高校学生年龄段在18—24岁，这个年龄段的青少年无论是在生理还是在心理方面都还没有发育成熟。从性格来看，此阶段的学生争强好胜、敏感冲动；从心理方面来看，这个阶段的一些大学生求知欲强、喜欢与人交往、自我意识增强；从家庭环境来看，现在的高校学生基本都是独生子女，容易养成他们以自我为中心、不考虑别人感受的个性；从抗压能力来看，现在的大学生基本没有经历大风大浪，他们遇到挫折、困难时，就不知道如何去解决。

4.家庭教育是最薄弱的环节

大学生的法律素养和维权意识并不是在短时间就能形成的、它和人大学前所接受的法制教育有密切的联系，所以，家庭教育对学生法制素养的培养起着关键的作用。然而调查发现，家庭中的法制教育又恰恰是最为薄弱的环节，主要表现在两个方面：第一，家庭教育观念不科学，中国有句古话"望子成龙，望女成凤"，父母都非常重视孩子文化课知识的学习，为了孩子"美好的未来"，父母给孩子报作业补习班、暑假补习班、数学补习班、钢琴学习班等，考试分数和多才多艺成为家长衡量孩子成才的唯一标准，法制素养的培养被放在了次要的地位。第二，良好的家庭教育为一个人顺利进入社会奠定好的基础，而不良的家庭教育极易对学生的素质产生影响。家庭的教育方式对孩子的一生产生影响，如果孩子不能够从父母那里得到应有的温暖和保护，会对他的成长产生不良影响。

三、法治文化建设方面问题产生的原因

高校的法治文化建设是国家法治文化的组成部分，高校法治文化是在高校领域里与高校法治相关的，体现着高校法治的精神和理念、原则和制度、运作实践和行为模式，与高校人治文化相对立的一种进步的文化形态。它涵盖法治物质载体、法治规范制度、法治精神意识和法治行为方式几方面的内容，其核心是现代社会中高校人的法治文化共识、价值取向和行为方式，主要包括高校人对现行高校法律规范体系及其运作实践所持有的思想、观念、意识、态度、感情、期望和信仰等内容，概括起来主要有三个层次：法律心理层次法律意识层次、法律思想层次法治文化建设方面问题产生的原因主要是：法治文化的功能没有发挥其应有的作用，所以首先要厘清法治文化建设具有哪些功能。法治文化建设的功能主要有：第一，协调和整合的功能。它使高校法治建设各方面主体的价值取向更趋向于"合"的状态，这种一致性的基础能够在一定程度上解决高校学生管理的法律纠纷和矛盾。第二，内化的功能。法治文化作为一种思想观念、意识形态，对各方面主体有一种潜移默化的熏陶作用，这是推动高校学生管理法律保障体系建设的内在动力和源泉。第三，延伸和辐射功能。高校的基本职能是育人，高校培养出具有法律素质和法治文化修养的学生，当这些学生进入社会后就会不同程度地对其周围的环境产生影响，法治文化就延伸到了其他的场域中并可以发挥积极的作用。另外，高校作为社会网络当中的一个重要的枢纽节点，高校法治文化的建设对区域法治文化的影响是深远和广泛的。

法治文化建设出现的核心问题主要有：高校法治文化氛围不浓、法治信念文化缺位、制度文化不健全、国家公民文化欠缺。法治文化的功能在不同层面上体现出来的状态是不同的，其问题产生的原因也是有侧重和特征的。

（一）高校法治文化氛围不浓的原因

我国高校法文化氛围不浓主要体现在法治文化和育人功能相剥离、学生参与法治文化建设程度较低、法治文化的价值引导功能体现不足，无法使法治文化

建设的内化功能发挥作用。其中，法治文化和育人功能相剥离的原因主要是高校内部的管理和教学的失范，管理和教学是高校运行的两个核心事务，两者并不是分离的而是融为一体的。在现实的情况当中，两者往往融合得不够好，特别是在高校法治建设的过程中。一方面，高校学生管理者不注重和教师沟通并联合开展法治教育，没有共同了解相关的法律法规和高校的规章制度，因此学生也无法对法律法规和规章制度产生认同。另一方面，高校学生管理者在制定高校管理规章制度的时候，没有遵循民主化、合法化、科学化、程序化、规范化的制定标准和原则，其制定的规章制度是经不起实践的。此外，高校学生管理者的行为失范也是重要的原因之一，其缺乏为学生服务的意识，而是认为自己的身份要比学生的身份享有更多的特权。身份的差别观念导致高校学生管理者不尊重学生的主体地位，忽视学生需求，甚至侵犯学生的法律权利。

学生参与法治文化建设程度较低的主要原因是：传统等级思想仍然存在、权力大于法治。首先，传统等级思想在高校仍然存在。在封建社会，国家为了更好地控制和稳定秩序，实行了十分森严的等级制度，形成了层层相扣的金字塔式的架构，并且这套等级制度与礼治、三纲伦理的思想融合，对民众的思想意识进行控制。礼治是用以维护宗法等级制度的核心思想，把人分为贵贱、尊卑、长幼等，并制定了严格的等级制度；三纲伦理通过"君为臣纲，父为子纲、夫为妻纲"的思想将人与人之间的关系明确划分为控制和服从。在我国，高校的管理体制当中这种等级思想仍然存在，明显的隶属关系是存在的。其次，权力大于法治的现象在高校当中还存在，学校的发展和运作不是依靠法治，而是靠着领导的主观判断和观点。

法治文化的价值引导功能体现不足的主要原因是，价值观的变化和价值观的冲突。当前我国正处于社会转型时期，社会网络的内部结构也随之发生变化，这就意味着人们的生产生活方式、价值观、心理结构同样发生着变化。这就对高校发挥法治文化的内化功能提出了挑战，增加了高校法治文化熏陶和教育的难度。价值观的冲突主要体现在两个方面一方面是中国传统的价值观和现代的价值观之间的冲突。在学生管理法律保障体系当中主要是法治和人治的冲突，法治通过规则去维护社会秩序和国家稳定，其核心是公平、民主。另一方面是中国本土的价值观和西方价值观之间的冲突。

（二）高校法治信念文化缺位的原因

法治信念是人们信奉的法治理念和手段并在实践中运用，对其价值和功能深信不疑的一种意志。高校法治信念文化建设的问题主要有：忽视信念对高校学生的主观能动性的激发和法治情境建设的不完善，缺乏信念和情境在文化层面上的互构，诚信文化缺失。造成信念文化建设在这些方面出现问题的原因有很多，起决定性作用的原因是：法治信念的土壤缺失，特权导致法治信念的公平理念无法体现，认识的偏差导致法治信念的基础丧失。高校的法治信念文化之所以缺乏应有的土壤和我国传统的农业经济有很大关系，长期以来的计划经济和自给自足的自然经济模式导致法治缺乏内在的机制。

特权导致法治信念的公平理念无法体现，我国长期受到封建专制制度的影响，重要的特征就是统治阶级享有特权，而这种特权的思想对整个社会意识和心理结构的渗透是极为深远的。高校中特权的思想与法治文化是背道而驰的，高校的法治是要将权力关进制度和法律的"笼子"里。

高校学生管理法律保障体系当中的各主体对法治的认识有所偏差，在我国依法治校的进程当中，尽管极力宣传和提倡自由和民主的思想和理念，但是其并未真正深入人心。这与中国传统的认识和思维有很大的关系，封建社会当中历代的统治者将"法"和"刑"作为巩固和稳定社会的工具和手段，人们对法的认识是建立在畏惧和禁制之上的。以至于现代的高校人对法治的理解是管制和震慑，而法律所具有的人性关怀、民主、自由的性质没有体现出来，协调和整合的功能被人的偏见所遮蔽。

（三）高校法治制度文化不健全的原因

制度文化是人类为了更好地生存和发展，维持社会的良好秩序，建立的有组织的规范体制。它既有制度的规范功能，也有文化的内化功能。高校法治制度文化不健全的问题主要体现在四个方面：制度文化当中法治的内涵和精神体现不足、制度文化中民主性得不到足够重视、制度文化的自然生长性较差、制度文化的认同度不高。目前，我国法治制度文化建设还处于一个较低的程度，出现这些问题的主要原因是：制度本身不完善，制度文化有缺憾；制度文化系统性较差；高校领导的观念、价值取向、能力决定制度文化建设的进度和深度；制度文化的仿制导致高校办学特色缺失。

第一，法治制度本身不完善，制度文化有缺憾，导致其内涵和精神体现不足。高校作为具有一定程度的独立自主性的教育事业单位，在制度文化建设当中应当凸显出其文化育人的功能。而高校在制定高校管理规章制度和建设制度文化的进程当中，法治的价值观念思想精神、态度要求等精神层次的内涵体现不足，公平、自由的理念体现得也很有限，方式也只是简单地停留在纸面上。第二，法治制度文化系统性较差，导致其自生长性较差。高校的制度文化是依托于整个国家的制度文化背景之下的，虽然我们一直在讲高校的独立和自主，但是其依然无法离开整个网络系统的制约。我国法治制度文化和高校法治制度的系统性差的主要原因是：上层建筑和底层架构断裂。民众的法治素养、道德水平、知识水平普遍不高，特别是当代的大学生普遍"活得不深刻"，这就导致高校法治制度文化没有实行的基础。上层建筑和底层架构在系统性上产生断裂，但是这种断裂也是我国转型时期的必经之路。第三，高校领导的观念、价值取向、能力决定制度文化建设的进度和深度，导致其民主性和认同程度较低。由于高校领导任职有周期性，致使部分高校领导追求短期即有成效的文化建设项目，而高校领导的观念决定制度文化建设方向，其重视程度决定高校法治制度文化建设的进度，其能力决定高校法治制度文化的深度。这都是由高校领导主观决定的，而不是由客观的高校实际和制度所决定的。一旦高校领导频繁交替，高校法治制度文化建设的连续性与继承性会受到严重损害。这不仅浪费了很多高校的资源，同时严重阻碍了高校法治文化建设的进程，导致高校法治制度文化的进度很缓慢，深度一直得不到提升。

（四）高校公民文化缺失的原因

高校公民文化的建设是高校学生管理法律保障体系建设的前提和基础，只有更多的公民素质得到较高的提升，高校的法治建设才能从个体的自觉、自醒的层面发力，推动法治建设的内涵式发展。高校学生管理法律保障体系建设的公民文化缺失的问题主要表现在高校各群体的主体意识差、公民的政治参与意识淡薄、人情关系阻碍公民文化的发展。究其根本原因主要包括以下几个方面：民主法制不完善、政治参与的机制不健全、校园的公民文化氛围较差。

第一，民主法制不完善导致公民文化丧失其基础。目前，我国高校民主法制的建设还处于萌芽的时期，其发展状况不容乐观。某些高校领导干部的法律素质和民主法制意识差，民主法制还只是口号，没有成为管理层的执行理念和行为方式，这就导致公民文化的建设失去了保障，外部条件极为不成熟。

第二，政治参与的机制不健全导致公民文化丧失其生存条件。在高校的学生管理工作中，学生作为一个重要的主体，极少有机会能参与到学校管理规章制度制定和管理事务当中。其根本原因是，高校没有建立政治参与的机制，学生没有机会参与到学校的管理和政治活动当中，更不可能表达自己的意愿和需求，也就更无从谈起学生的公民文化熏陶。没有政治参与机制的基础，高校公民文化的建设只能被架空，因为支持其生长和发展的实体支撑不存在。

第三，高校的公民素质教育较差导致公民文化丧失其生存环境。转型时期是高校培养合格公民的关键阶段，高校是培养大学生的公民素质所必备的政治认知、政治情感、政治参与意识的重要场域，然而这些必备的素质在高校的课堂和教学计划当中很少体现出来，大多是对专业课和思想政治的学习，而对大学生的公民素质教育始终没有提到高校教育的日程上来。这一方面是因为公民素质教育在短期内看不到成效；另一方面是公民素质教育没有真正纳入教育体系当中。

四、适切性方面的问题产生的原因

高校学生管理法律保障的适切性是国家法律法规、学校管理规章制度、学生管理三个方面是否能够协调合力发挥作用的必要保障，同时也是平衡教育行政部门、学校、学生等之间的权利和利益关系的重要手段。适切性是国家"依法治校"方略在不同区域、不同层次、不同办学特色的高校当中扎根发生出来的，它的种子是国家"依法治校"的法律法规，而生长出来的枝丫是高校根据本校的特征制定出与高校实际状况相适应的管理规章制度和管理体制。

高校学生管理法律保障在适切性方面的问题主要有三个：法律保障体系与现行状况的矛盾和冲突，法律法规与高校学生管理执法过程的矛盾和冲突，高校管理权与学生权利的矛盾和冲突。其产生的根本原因是，法律保障的层级关联系统出现了层级之间的断裂，各个相关主体之间的权利和利益关系不均衡。这些成因具体到上述三个不同问题的上面，又体现出了不同的特征。

（一）法律保障体系与现行状况的矛盾和冲突的原因

首先，法律保障体系主要是指我国现行的法律法规、高校学生管理规章制度、学生管理形成了一个互相影响和关联的系统。现行状况包括教育行政部门、高校管理者和被管理者的法律保障的现状。法律保障体系与现行状况的矛盾和冲突的首要原因是法律保障体系的建设与实际状况相脱节。这主要表现在三个方面：第一，法律保障体系建设与社会实际脱节，缺乏具体的指导意义和实践的可操作性。第二，法律保障体系、高校学生管理制度和工作实际情况之间的关联处于断裂的状态。一方面是在高校学生管理工作当中不按照国家法律法规和高校管理规章制度去执行。另一方面是国家法律法规和高校管理规章制度对学生管理工作的保障、指导、规范、评价等功能不完善。第三，法律保障体系忽视高校学生管理者和学生的主体地位，特别是学生群体在这个法律保障体系当中仍然处于弱势地位导致高校学生管理者和学生的真实情况无法凸显。

其次，造成法律保障体系与现行状况的矛盾和冲突的原因是"以人为本"的理念形式化严重，仍然停留在口号和文本上。我国高等教育对学生的管理和教育完全是"家长式"的管理，学生在校的学习和生活大部分是由学校决定的，学生的自主权和选择权很少能够体现，学校和学生之间的关系是管理和被管理的纵向隶属关系。同时，高校学生管理者和上一级的教育行政管理部门的关系，也存在同样的纵向隶属关系，这就导致学生的主体地位被高校管理者忽视，高校管理者的主体地位被教育行政部门忽视，所以"以人为本"不仅仅是校园内部主体之间的关系，而且是法律保障体系所包含的主体之间的关系。

最后，造成法律保障体系与现行状况的矛盾和冲突的原因是法律保障体系的修正和更新滞后于现行的状况和发展态势。随着社会的发展和变革不断加快，新的事物和问题不断产生，导致法律法规滞后。当代大学生正处于社会转型的过渡时期，学生价值观的多元化主体意识和权利意识进一步增强；高校学生管理也出现了复杂化和多主体参与等特征；区域经济发展和省情特征差异明显，如果在建设高校法律保障体系的过程中，不能考查学生高校、社会的发展状况，则会出现修正和更新不适时的问题。然而我们必须认识到，法律法规制定的滞后性是客观存在的，也是很难消除的，这不单单是社会发展速度加快的原因也有人的前瞻性和问题意识的原因，在多数情况之下是社会和高校的发展出现问题之后，才通过立法程序制定法律法规

（二）法律法规与高校学生管理执法过程的矛盾和冲突的原因

高校学生管理的执法过程主要包括依法管理、执法必严、违法必究三个方面，这是高校学生管理法律保障体系的循环链条，从高校管理者依据国家的法律法规对学生进行管理，到执法程序的规范和合法，最后到对法律问题纠纷的监督和纠正。这个链条当中的每一个环节无不是依据法律法规进行实践的，但是在现实的情况当中，法律法规与高校学生管理执法过程的矛盾和冲突在此三个环节都存在不同程度的问题。其根本原因如下：

第一，法律法规不完善和下位法违反上位法是导致依法管理环节出现矛盾和冲突的主要原因。法律法规不完善，一方面是国家的法律法规缺少高校如何制定规章制度的相关内容；另一方面是法律法规对高校学生管理事务的规定还存在盲区，在管理的过程中得不到相应的法律条文的支持。学校制定的下位法违反或否定国家制定的上位法，法律保障系统的内部结构存在不一致、不统一甚至是冲突的问题，其根本原因是高校在制定规章制度的时候没有严格依据国家制定的法律法规来执行。

第二，高校随意简化执法程序是导致执法必严环节出现问题的主要原因。高校作为具有一定的行政管理职能的教育单位，可以行使行政处罚权。某些高校在

执法的过程中，擅自取消了申诉或者复议等必要的执法环节，没有严格遵照《行政处罚法》《行政复议法》《行政诉讼法》对执法程序的规定。某些高校的管理者认为，简化执法程序是为了提高执法效能，方便基层管理者管理学生事务，及时高效地处理高校管理学生的法律问题，但是其没有认识到简化执法程序的前提是尊重各主体的法律权利，更重要的是在高校学生管理的执法过程当中应当遵循简化操作原则而不是简化程序，随意简化程序会忽略和侵犯主体的法律权利。

第三，监督立法不完善、处分决定过重或者过轻缺乏追究、学生维权意识差是造成违法必究环节出现问题的主要原因。当前，我国教育监督法律法规对高校学生管理事务只能提供宏观性的指导作用，其操作性很差；同时，高校对于监督立法和监督机制的建设不重视也是监督执法不完善的重要原因。高校对学生的处分决定过重或者过轻来取回避的态度，大多数情况不了了之，缺乏对于处分决定合法性和合理性的追究。需要注意的是，不单单是处分决定过重需要追究，处分决定过轻也需要追究其合法性和合理性。学生的维权意识差，大学生对待高校的不合理和不合法的处分决定，常常采取自认倒霉或者默默接受的态度，很少通过申诉或者提出行政复议来维护自身的合法权益，导致法律追究的功能很难发挥作用，相关的教育行政单位和司法机关也无法依职权立案审查。

（三）高校管理权与学生权利的矛盾和冲突的原因

高校管理权主要涉及对学生的学业管理和生活管理，其和学生权利引发的矛盾和冲突也主要集中在这两个方面：学业管理与学生的受教育权、专业选择权、学位获得权的冲突生活管理与学生的财产权、人身权、名誉权的冲突。从整体的状况来看，高校管理权和学生权利出现矛盾和冲突的原因是高校和学生之间的法律关系不清、权利和义务不均衡。

目前伴随着我国高校规模的迅速扩大，质量的迅速提高和我国教育体制的变化，加之国家提出"依法治校"和"依法执教"的理念，高校和学生的关系发生了重大的变化。关于高校和学生之间的法律关系的观点有很多，如特别权利关系、行政法律关系、民事法律关系、双重法律关系。从当前的现实状况来看，我国高校和学生在法律意义上主要包含两重关系：其一，是一种特殊的行政关系，高校根据教育法的授权或行政机关的委托而行使国家的行政管理权。当它行使这种权利的时候，它与学生的关系是一种特殊的行政关系，双方的主体地位是不平等的。其二，还形成了一种平等主体间的民事法律关系。缺少权利和义务不均衡是推进高校学生管理法治建设规范化的重要障碍。在我国，国家教育法律法规和高校规章制度多为对义务的规范而缺少对权利的规范，片面强调高校的权利和学生的义务，忽视学生的权利，以"从严管、德育管"代替法治管理。另外，高校中学生法律救援途径不畅，告知、通知、送达、申辩、听证等执法程序被简化甚至没有，导致学生的权利在法律程序和制度上得不到保障，此类情况在高校学生管理工作中普遍存在。此外，立法机构、高校规章制度制定者、高校学生管理者、学生群体对权利和义务的均衡的认识都不太高，在思想上没有形成对权利和义务之间平衡关系的意识，在行为上更不会有所体现。

高校管理权与学生权利的矛盾和冲突的成因体现在学业管理和生活管理两个方面，同时体现出不同的特征。具体如下：

1. 保障学生培养质量和降低管理成本

学业管理权与学生权利冲突主要体现在学生的受教育权、专业选择权、学位获得权三个方面。高校在对学生进行处分和学位获得评价的时候是十分谨慎的。高校为了保障学生培养质量，加大处分的力度和提高学位获得的评价标准，因此产生了学业管理权和学生受教育权、学位获得权的纠纷。从高校的角度来看，当学生出现考试舞弊、严重的道德品行败坏等行为时，高校加大处罚力度可以严肃校规校纪，同时能够警示和教育其他同学；为了激励学生更好地学习和发展、提高学生的培养质量，提高学生获得学位的标准对高校的发展是有利的，但是刚性的管理还要配合柔性管理才能起到真正的"教养"作用。从学生的角度来看，学生对自己的责任意识不是很强，更多的是看到自己的权利，而不能够理性地从自身积极发展的角度出发去判断事件的价值取向。

高校降低管理成本是导致学业管理权和专业选择权冲突的主要原因，高校限制学生转专业的原因是多方面的。一方面，转专业的学生数量多会加大管理的成本，增加教学和管理的压力；另一方面，学生在选择专业的时候，具有很多不可控的因素存在，很可能导致学科结构发生变化。从学生的角度来看，专业的选择可能影响其一生，有些学生因为兴趣或者自身条件的原因不适合当前的专业，而高校又没有相关的规章制度可以满足学生选择专业的需求，这就会造成学业管理权和专业选择权之间的冲突。

2. 法治理性缺乏和管理者贪腐

学生管理权和学生权利冲突主要体现在学生的财产权、人身权、名誉权三个方面。由于高校在制定某项规章制度、做出处分决定或者处理法律纠纷的时候，缺乏法治理性的考虑，缺乏人文关怀，导致不注重学生的名誉权，公开学生的某些不良行为，对学生的身心健康造成严重的损害。某些高校做出一些对学生的名誉和心理健康产生消极影响的处分，完全不顾及学生的名誉和心理感受。高校管理者贪腐是高校生活管理权和学生权利冲突的主要原因，某些高校在制定管理规章制度和处理学生生活问题的时候，以看似合理的借口侵占或挪用学生的财产，某些高校为了谋取利益甚至挪用或者延迟发放学生的奖学金、助学金，通过征收一些不合理的费用来获取高额的利益。高校制定的规章制度中涉及侵犯学生财产权的现象也不在少数，问题的根本原因仍然是高校管理者被利益所诱。例如，某些高校在宿舍管理规定当中对学生私自使用违规电器没收并处以10~50元不等的罚款。

这种以罚代管的行为，不但起不到管理教育学生的作用，反而会让学生对高校的规章制度产生怀疑。

第八章　大数据时代的高校学生管理工作

高水平大学是培养高层次人才的主阵地，其培养的目标是具有创新精神和实践能力的高级人才，而科学、规范的学生管理是实现这一目标的重要保证。由于近年来互联网发展极为迅速，并深刻影响了高等教育领域，因此高校学生管理者在开展学生管理工作时必须主动融合互联网思维，以不断提高学生管理工作的效率与质量。

第一节　当代大学生的身份、行为与心理特点

当代大学生既是一个充满朝气和希望的群体，又是一个带有鲜明时代烙印和独特个性的群体。对他们的身份特点、行为特点与心理特点进行分析与把握，是科学开展高校学生事务管理工作的基本出发点。

一、当代大学生的身份特点

当代大学生是青年群体中一个特殊的部分，因而具有普通青年人的共同特性。与此同时，当代大学生又具有作为当代大学生自己所独有的时代特色，是共性与差异性共存的青年一代。具体来看，当代大学生的身份特点主要有以下几个。

（一）独生子女身份

当代大学生大多是独生子女，而独生子女身份对当代大学生的成长与发展也产生了重要的影响。

1.独生子女身份对当代大学生成长与发展的积极影响

伴随着社会财富的不断增加以及国民收入水平的不断提高，家庭的收入以及生活水平等也不断提高。由于独生子女家庭总是自觉或不自觉地给予子女过多的关爱，从而使他们能够断与独享资源，继而在体力和智力方面的发展明显要优于前几代人。

2. 独生子女身份对当代大学生成长与发展的消极影响独生子女身份对当代大学生成长与发展的消极影响，主要表现在以下几个方面。

第一，独生子女身份导致很多当代大学生形成了以自我为中心的性格，对别人的关心与呵护习以为常，不懂得如何去关怀与体谅他人。

第二，独生子女身份导致很多当代大学生缺少兄弟姐妹的陪伴，从而很容易产生孤独与寂寞，形成独占心理和对于他人的冷漠心理；缺乏同龄伙伴的陪伴，交往大多借助网络、手机等现代化工具进行，缺乏与同龄人的亲密接触，沟通交流、协作意识较差。

第三，独生子女身份导致很多当代大学生因处于相对封闭的成长环境而显得不合群，再加上每个人的兴趣爱好不同，众口难调，因而很容易与同学产生矛盾与冲突。

第四，独生子女身份导致很多当代大学生习惯独自占有，与家人的分享能力、合作能力都相对较差，与家长的思想代沟也非常显著，不愿意与家长进行深入的沟通与交流。

第五，独生子女身份导致很多当代大学生从小就成了生活上的"甩手掌柜"，缺乏独立自主的生活能力，而且在经济上难以自立。

第六，独生子女身份导致很多当代大学生由于从小受到了家长超常规的关爱，再加上自身缺乏精神意志与信念的锻炼，因而普遍缺乏坚强的意志和坚韧不拔的毅力。

第七，独生子女身份导致很多当代大学生很容易形成既感性又理性的双面人。当代社会的竞争日趋激烈，因此不少当代大学生都会出现心理失衡的现象：一是有着非常强烈的荣誉感，二是有着特别强烈的虚荣心。可是，独生子女家庭的成长环境又造成了他们在日常生活中既不能任劳任怨，踏实为成功去奋斗，又不能享受通过奋斗得到的成功愉悦；在学习与工作中，既渴望成功，又很害怕失败；既渴望得到别人的认同与表扬，又不能接受外来的批评与指责。如此一来，当代大学生很容易成为既感性又理性的双面人。

（二）教育消费者角色

当代大学生的教育消费者角色指的是当代大学生要像消费者一样将教育服务或者其他教育产品当作商品来购买，因而需要享受消费者的相关权利。也就是说，大学生作为消费者需要享有受到国家法律保护的消费者权益，并以此为依据实施该权利以谋求正当的消费利益。大学生的消费权利是由安全权、知情权、选择权、申诉权、求偿权、受尊重权、监督权、收益权构成的一个复合型的权利。

在现实生活中，确实有越来越多的大学生认为大学既然收费，就等于向学校购买了教育服务，理应享有消费者的各项权利。从这个角度而言，大学生对自己教育消费者角色的认知包含着最朴素的消费思想。同时，这也表明当代大学生具有了越来越强的权利意识。在他们看来，大学作为教育机构实际上就是一个人才加工站，加工的过程就是教育机构提供各种教育服务以及学生享受教育服务的过程。在此期间，双方的权利义务关系明确对等。学生的义务就是缴费和接受教育，而学校的义务则是提供各种符合教育特点的教育服务，包括教师讲课、学校资源以及信息系统地提供等各种服务。

不过，大学生并非是"纯粹的消费者"，因而也不能过于简单地以买卖关系去认识和看待当今的高等教育这种"消费"。高等教育改革的今天，大学生承受的学费负担肯定加重了，但学费的提高乃至自费，不能说大学生就是高等教育直接而纯粹的消费者。原教育部副部长张保庆曾经说过，我国的高等教育收费改革是必需的，但是高等教育的发展不能以收费为基础，而且收费只是对政府投入教育的财政资金不足部分的补充。因此，即便一些地方高校的收费偏高，但相对于大学生自己所缴纳的费用而言，国家、社会对大学的投入远远高于学生的花费。因此，虽然越来越多的大学生把自己当作教育消费的消费者，但从实质上来说其并不是纯粹的消费者。这就决定了高校在为学生提供教育服务时，绝不可能把学生当作普通消费者，像对待上帝那样提供服务，而是要把他们当作社会合格人才来培养。只有这样，大学才是真正的大学，而不是"退一赔一"的消费场所，不是满足受教育者所有"消费要求"的"消费天堂"；只有这样，大学生才能更珍惜来之不易的学习机会和家庭的高等教育支出，认真学习，真正成为有益于社会的合格人才。

（三）个性鲜明

当代大学生与"80后"大学生、"90后"大学生相比，大多数有着更为独立的个性和活泼开朗的性格。当代大学生从小生活条件比较优越，他们的成长之路伴随着各种新鲜事物，但是他们个性比较独立，个性化较强，应对新生活的适应能力较强。此外，与以往大学生羞涩、内向、胆怯相比，当代大学生更加活泼、开朗、大胆，善于发现问题，并且敢于向书本、教师等权威提出质疑，思维奔放不易受束缚，在生活中能够坚持自己的见解，并且乐于同老师和其他同学分享。

（四）自我意识强烈

当代大学生多是有较强自我意识的人，这主要是通过以下两个方面表现出来的。

第一，当代大学生从其所处的年龄阶段来说，正值青年时期，思维的批判性和创造性都显著增强，学会了用自己的观点、用批判性的态度对周围的人以及所发生的事情进行审视与分析。也就是说，当代大学生不再是人云亦云，而是注重个人见解的表达。第二，当代大学生绝大多数都是独生子女，从小到大都是家庭的核心，所有的家庭成员都围绕着他们转，从而习惯了一切以自我为中心。他们眼中只有"自我"，经常把自我价值的实现和自我利益的满足作为一切行动的出发点和归宿点。这就导致当代大学生在日常生活以及人际交往中带有明显的个人主义色彩，很少甚至不会考虑团队合作以及公共利益等。

（五）多才多艺

在当代大学生的成长过程中，随着素质教育的倡导以及多元化培养机制的尝试，家长越来越重视对孩子进行全方位的培养。于是，当代大学生可以说自小就接受了各种才能和才艺的培养与熏陶，因而从小就多才多艺，至少有一技之长。不过，这也从侧面反映出一个事实，那就是在日趋激烈的社会竞争中，评判学生优劣的标准不再是过去单一的学习成绩，决定胜负的砝码有时是靠才艺的多寡。这一方面使当代大学生从小就具有多方面的才艺，另外一方面使当代大学生面临更加激烈的竞争，承受着以往大学生不曾承受的竞争压力。

（六）互联网的忠实追随者

在当代大学生的成长与发展过程中，互联网的影响是不容忽视的。他们从小就接触互联网，很多知识的获取是通过互联网，平时学习生活中遇到问题也喜欢借助于互联网来解决。此外，他们在与他人进行交流时，也主要是借助于互联网。因此可以说，互联网已经成为当代大学生生活中不可或缺的一部分。

二、当代大学生的行为特点

大学生行为指的是"大学生在大学生活时期，为了满足自身的发展需要而呈现的一系列具体而有一定目标指向的心理和行为特征，是大学生的社会生活方式"。对于当代大学生来说，其行为呈现出以下几个鲜明的特点。

（一）目的性

当代大学生的主要行为都是围绕着实现"成才"这一根本目的而进行的，即"成才"作为当代大学生的需求指向和动机归结，引导和规定了他们的行为方向。因此，目的性是当代大学生一个重要的行为特点。

（二）随意性

虽然说当代大学生的行为主要是围绕着其目的展开的，但在其明确的目的性行动中还伴随着许多随意性行为，包括漫无目的的盲动、摇摆不定的变动和一反常态地逆动，如退到、网恋、酒等。这些随意性行为是与大学生目的性行为相对立的，是一种不正常、不负责任的低层次行为目的。

（三）多变性

当代大学生是一个具有求变意识，并勇于探索、勇于创新的群体，因而他们的行为是多变、易变的。但是，这种多变性也常常把他们的行为引向反面，既可表现为对集体生活中固定的规律、条例和约束的厌恶、抵制和违抗，也可表现为自己行为中的随意起伏。

当代大学生行为的多变性特点，也表明当代大学生的心理是不够成熟的，思想也不够稳定。

（四）自主性

当代大学生相比同时代的其他青年来说，知识水平、文化修养和思想觉悟都要高一些。他们大多能确立一个正确的价值观念，而其行为由于受到价值观的主导，也会表现出较强的自主性特点。也就是说，当代大学生的行为具有鲜明的自主性特点。

当代大学生行为的自主性特点即使他们在事业上的追求中具有更大的主动性和积极性，也导致他们往往显得有些自以为是，不愿意听从别人的劝告。因此，当代大学生行为的自主性是有一定的消极盲目倾向的。

（五）有序性

当代大学生的生活形式是较为稳定的，且有一定的生活节律，这就使其行为表现出明显的有序性特点。具体来看，当代大学生行为的有序性特点主要表现在以下两个方面。

第一，当代大学生的行为常常按照固定化模式出现和延续，显得单一、简捷。有的大学生把这种生活戏称为"教室—食堂—宿舍"三点一线的生活轨道，学期初松散、期中充实、期末细紧的生活节律。

第二，当代大学生的行为必须服从社会制度、遵守法规校纪，这对于大学生集体生活的协调具有重要的作用。

（六）沉稳性

沉稳性也是当代大学生行为的一个重要特点，其主要表现在以下两个方面。

第一，当代大学生通常对自己的行为具有较强的责任意识，能够较为慎重地决定自己的行为方向和行为方式，并能够在一定程度上预见自己的行为可能产生的效果。

第二，当代大学生的行为中，其主体行为始终是学习行为。这也是当代大学生行为的沉稳性特点的一个重要表现。

（七）他律性

当代大学生行为的他律性特点，指的是当代大学生会因自制性差、自律性低而对社会化集体生活中的行为规范不适应、违背甚至是破坏。具有这一行为特点的大学生，通常其自主意识的发展不够健全，自控力比较差。

三、当代大学生的心理特点

当代大学生大都有着旺盛的精力和强烈的好奇心，但他们也缺少磨难、处事幼稚、精神较为乏。因此，极有必要关注大学生的心理特点，积极引导他们形成健康的心理。具体来说，大学生主要有以下几个鲜明的心理特点。

（一）过渡性

过渡性是当代大学生心理的一个显著特点，其主要是通过以下几个方面表现出来的。

第一，从大学生的心理发展水平看，多数大学生的心理正处于迅速走向成熟但却未达到完全成熟的时期。

第二，从大学生的心理过程看，多数大学生的认知迅速发展，达到相对成熟。其中，认知的核心要素思维已由经验型向理论型转化，并稳步地发展；情感从激情体验、易感状态逐步升华，过渡到富于热情，社会道德感和责任感增强；在意志行动上则从容易冲动发展到具有一定的自控力，形成了相对稳定的行为习惯。

第三，从大学生的个性心理发展看，多数大学生的性格、能力等个性心理特征都达到相对稳定和成熟的水平；理想、信念、自我意识等个性意识倾向性已接近成人的水平。以能力中的智能来说，多数大学生的智能发育已近成熟，正处于智力发育的顶峰。其知识储备日益丰富，经验的积累日益增多，理论思考能力和独立思考能力有了突飞猛进的发展，抽象逻辑思维高度发展，辩证思维日益提高，发散性思维有了新发展，加上想象丰富，所以善于独立思考、思想活跃，求知欲强而且喜欢思辨，迫切希望能有新的发明创造与成就，对家庭、社会做出贡献。

第四，从大学生的心理内容来看，多数大学生心理的核心方面发育尚不成熟，社会适应能力、思想价值取向等方面还未达到成人水平。加之，当代大学生的社会实践积累不够，生活经验乏，在举止行为间还带有明显的稚嫩性和盲从性。

（二）差异性

当代大学生心理特点的差异性主要是通过两个方面表现出来的，具体如下。

第一，当代大学生在心理发展方面存在一定的差异，既有速度快慢的差异，又有发展水平高低的差异，还有发展数量多少的差异、发展质量优劣的差异。

第二，当代大学生所处的年级不同，其心理发展特点也会有一定的差异。比如，大学新生面临的突出心理矛盾是自豪感与自卑感的矛盾、轻松感与紧张感的矛盾、新鲜感与恋旧感的矛盾等。中年级大学生突出的心理特点是成才道路的选择与理想的树立，逐步形成了人生观：学习目的的实现与学习态度、学习方法的掌握，逐步形成了学习心理结构；思维活跃、参与社会生活程度与实际能力的提高，逐步形成了独立自主能力；广泛交际，选择朋友，群体归属感增强。高年级大学生由于即将走向社会，处于实现人生抱负的起始阶段，心理上难免陷入了"临战前夕"的紧张状态，可能在思想上发生较大波动。

（三）可塑性

当代大学生正处于青年期，而这一时期是人生各种心理活动异常活跃、急剧变化的时期，存在着不稳定性，但也意味着有很大的可塑性。具体来看，大学生在大学阶段时，心理发展状态尚未完全成熟，心理状态普遍存在着不稳定的特点，具有很强的可塑性。随着生活空间的扩大、生活经验积累的增多，大学生的独立意识、自主意识与成人意识不断增强，他们开始重新审视评估自己，更加关注他人对自己的评价与态度，并逐步构建起每一个人特有的价值观念体系与评判是非曲直的标准。随之，大学生们特色各异的认知风格、情绪特征和相对统一的人格系统也会逐渐形成。

（四）脆弱性

当代大学生几乎都是集老人的溺爱和父母的宠爱于一身，成长道路十分顺利，鲜有遇到障碍。这就导致不少当代大学生的心理素质较弱，抗挫折能力不足，在面对困难和挫折时往往手足无措，甚至会因此一蹶不振、误入歧途。这就表明，当代大学生的心理是极为脆弱的，急需对大学生的心理调适能力和抗挫折能力进行提高。

（五）矛盾性

从中学进入大学，意味着独立生活的开始，但中学时代形成的心理结构已远远不能适应新的学习生活的要求，而新的更高层次的心理结构又尚未完全形成和稳定，这势必导致大学生内心世界的深刻变化，产生一系列的心理矛盾。具体来看，当代大学生面临的心理矛盾主要有以下几个。

1. 理想性与现实性的矛盾

对于自己的未来，大学生通常会进行一定的设想。但是，由于受传统教育观念的影响，很多大学生的理想定位比较高，否则就会认为自己没有志向。这就导致许多当代大学生的理想往往带上几分空想的色彩，与生活有明显的脱离倾向。眼高手低，不喜欢"从我做起，从小事做起，从现在做起"，只想做大事，一鸣惊人。本来大学生志存高远是一件好事，然而理想与志向的实现要以现实条件为前提，因此脱离实际的理想往往是难以实现的。如此一来，大学生便会遭遇理想性与现实性的矛盾。

2. 独立性与依赖性的矛盾

大学生相比中学生来说，生理逐渐成熟，心理则呈现出鲜明的独立倾向。他们强烈渴望摆脱父母和教师的束缚，常常以逆反心理来对抗外来干涉与指导，要求自己决定自己的事务。这表明，大学生的独立意识大大增强。但是，大学生独立意识的增强并不意味着他们已经完全独立。事实上，他们依然有着很强的依赖心理。具体来看，他们为了完成学业，在经济上必须依赖家庭的供给和国家的资助；他们从小受家长的过度呵护，在一定程度上丧失了独立生存能力，根本不可能摆脱对家人的依赖；他们不知打发自由支配的时间、空间，不能恰当处理社会交往中的各种关系，不能自如地解决生活中遇到的一些问题，尤其在就业等人生重大决策上更离不开学校、教师和家长的指导。如此一来，当代大学生便不可避免地会面临独立性与依赖性的矛盾。

3. 好奇性与盲目性的矛盾

当代大学生的个性由于受到经济自由发展年代的深刻影响，自信张扬、乐观进取。他们在现实生活中更加渴望实现自我价值，自主独立意识凸显，其人生态度总体上是积极的、健康的、向上的。他们的求知欲极强，对自然环境领域和社会生活领域中的一切都觉得好奇，都想要一探究竟。但是，他们缺乏实践经验与相应的理论知识修为，识别能力比较低下，因而在信息交流中很容易受到不良理论观点、不正确的价值观的影响，造成信仰的迷失与道德的沦丧。这就表明，当代大学生还面临着好奇性与盲目性的矛盾。

4.闭锁性与开放性的矛盾

大学生的身心发展还未完全成熟，但其又自尊心极强，因而不愿轻易与他人交流，也很少会向别人吐露自己的思想与情感。这表明，他们的心理具有闭锁性特点。但是，当代大学生由于从小生长环境的原因，往往自认为"我是太阳"，一切都围着我转。再加上由于时代的发展变化，家庭教育变得相对的民主自由，当代大学生在思想上存在强烈的独立意识。他们从小提出的意见和要求由于家长的宽容和溺爱都会被无条件地采纳，很少会遭到否决，以至于让他们养成不轻易趋同，以自我为中心的性格。可是，他们又渴望被他人接纳、认可，这就使他们产生了闭锁性与开放性的矛盾。

第二节　网络文化及其对大学生的影响

在科学技术迅猛发展的今天，网络以其独特的方式影响着社会各个领域，网络文化也成为人类文化中一个重要的组成部分，并凭借自身的独特魅力对整个人类社会产生着深刻的影响。高校大学生群体作为乐于并善于接受新生事物的人群，他们在网络文化的影响中首当其冲。

一、网络文化的内涵

（一）网络文化的概念

网络文化是在互联网发展的推动下而发展起来的一种文化，也是一种只在互联网上流通，而较少为非网民所知的独有文化。互联网文化从概念上来说，有广义与狭义之分。其中，广义的网络文化指的是网络时代的人类文化，它是人类传统文化、传统道德的延伸和多样化的展现，是遍布全球的借助计算机网络为媒介的，并以计算机技术、通信技术和信息管理技术等现代技术为融合手段，从事政治、经济、军事等活动在内的各种社会文化现象；狭义的网络文化指的是以计算机、互联网作为重要媒体所进行的教育宣传、信息交流等诸多现代层面的文化活动，主要以文字、声音、图像、视频等形态表现出来的精神文化成果，包括生活、思维、行为方式以及价值观等。

（二）网络文化的经典

网络文化的特点，具体来说有以下几个：

1.虚拟性

网络文化的虚拟性特点指的是人们在网络中所面对的世界是一个由无数符号组成的虚拟空间，在这种空间中人们所拥有的资源以及可以选择的思想和行为是现实社会中难以实现的，相反许多在现实社会中难以实现的梦想、行为可以在网络中得实现。同时，构建于现实世界中的已经相对成熟的准则体系和生存习惯也被打破。面对网络世界和现实世界，人们的角色可以进行自由的转换，在这一过程中，内心世界倾泻的无限性与现实世界表现的有限性所产生的冲突都会在网络行为中体现出来，真实与虚幻的界限在网络世界中容易变得模糊不清。

2.交互性

网络文化的交互性特点，主要是通过以下几个方面表现出来的。

第一，网络文化是虚拟文化与现实文化相互融合的产物。在当前，网络文化正以前所未有的速度在传播，并迅速融入人们的学习、生活之中，从而形成了独特的网络文化现象。

第二，在网络活动中，信息的发送、传播和接收都表现为具有互动性的操作方式，即网络中信息的传播模式不再是单向的，而是双向的、多向的。

第三，人们在网络中，既可以是信息资源的消费者，也可以是信息资源的生产者和传播者。

3.共享性

网络文化的共享性特点指的是网络文化中的信息资源具有高度共享性，允许在同一时间内对同一信息源进行同主题的多用户访问，基本实现了资源需求与供给的一致性原则，避免产生信息资源浪费的问题，同时也减少了重复建库的经费和时间浪费等问题。

网络文化的共享性特点也使得网络文化在存在表现形式和特点上都具有极大的趋同性，这大大促进了不同文化之间的融合、渗透、交流，有助于促进各文化间的互动影响。

4.匿名性

网络文化的匿名性特点指的是在网络中，交往的双方可以隐藏自己在物理空间里所不能隐藏的东西，从而在进行网络交流时不会产生过大的压力，可以按照自己想要的方式表现自我，尤其是表现一些无法在现实世界里表达地隐藏在内心深处的思想观念、道德情操、人生观、价值观甚至行为活动。

5.跨时空性

网络文化的跨时空性特点，主要是通过以下两个方面表现出来的。

第一，网络信息的传播不受时空的限制。

第二，在有网络的前提下，人们能随时随地地浏览、下载各种信息。

6.时效性

网络文化的时效性特点，主要是通过以下两个方面表现出来的。

第一，互联网使得信息的传输速度明显加快，人们可以随时了解世界各地正在发生的事情。

第二，人们在借助于互联网收集、查找资料时，能够更为快捷和有效。

7.补偿性

互联网作为一个虚拟空间，对人们有着极大的吸引力。在互联网中，人们可以大胆地发表自己的看法，自由地与他人交流自己的思想与观点，并获得尊重、友情和自我价值的实现。但在现实生活中，很多人是无法获得这样的机会的。也就是说，网络为社会各阶层的利益诉求和情绪宣泄提供了一个很好的渠道，补偿了人们在现实社会中难以实现的愿望，促使人们获得心理上的平衡和满足感。从这一角度来说，网络文化具有补偿性特点。

二、网络文化对大学生的影响

网络文化作为一把"双刃剑"，对大学生的影响既有积极的一面，也有消极的一面。

（一）网络文化对大学生的积极影响

网络文化对大学生的积极影响，具体来说有以下几个。

1.网络文化有助于培养大学生的创新意识和创新能力

网络文化对大学生创新意识和创新能力的培养具有积极的作用，这主要是通过以下几个方面表现出来的。

第一，在传统的教育方式中，大学生获取信息的方式比较单一，基本上是你讲我听、你说我服，其对新鲜事物的接受是在被动的情况下进行的。很明显，这样的方式很难教育出具有创新意识、创新精神和创新能力的学生。而网络是交互的，信息资源共享、方式互惠互利，大学生在网络上进行自我管理和自我约束，在平等的环境中相互学习、相互探讨，发现问题、解决问题，积极大胆地发表自己的观点。这种交互式的信息交换和学习过程，有利于大学生积极探索、大胆尝试、不断开拓、不断创新。

第二，网络文化是社会发展以及信息技术发展的必然产物，其本身所具有的高科技特点能够使大学生对知识的价值以及科技的作用产生认识，了解到创造性劳动以及脑力劳动对于社会发展与进步的重要意义。当越来越多的大学生将IT行业的精英当作自己的偶像，那么这些偶像的行为以及成就就会成为激励大学生学习和创新的重要动力。在这些榜样所发挥的模范作用下，网络文化在强化着大学生对自身创新意识、创新精神以及创新能力进行培养的自主性与自觉性。

第三，网络文化的交互性与开放性能够让接触网络文化的大学生通过网络的利用来实现信息的交换、情感的交流，并在互相学习与启发中对某些事物产生新的认识，从而使自身的创造性思维得到培养。同时，网络文化的多姿多彩为大学生的成长提供了丰富多元的信息和知识，能够有效地激发和调动大学生的好奇心与求知欲，从而推动大学生积极主动地开展学习活动与思考活动。而庞大的网络容量更是为大学生提供了丰富的想象和创作空间，为培养大学生的创新、创造能力提供了很好的平台，能够推动大学生将创新意识转化为创新行为甚至创新成果。

第四，网络具有应用价值、经济效益以及创造性的特性，这使许多大学生都愿意参与网络开发设计活动，而这种参与一旦获得成功，便会更大程度地调动大学生的创造性和能动性。

2.网络文化有助于强化大学生的开放意识和开放精神

在互联网时代之前，大学生的成长有着鲜明的地域性特点。生活圈子主要是学校、家庭，人际圈子也只是家人、老师、同学、亲友等熟人。而在互联网时代，大学生可以借助于网络接触到各种各样的信息与人，了解不同国家、不同地域的文化特征、风土人情、生活方式，体会不同的价值追求。这使得大学生能够在一个比以往更加广泛的社会环境中学习和积累社会知识，并体会到文化之间相互包容的价值。如此一来，大学生会日益注重发展和形成自己的开放个性和开放精神。因此说，网络文化能够有效强化大学生的开放意识，提高大学生的开放精神。

3.网络文化有助于缓解大学生的心理压力

当今社会的竞争日趋激烈，大学生面对的竞争压力也越来越大。当大学生在面对竞争所带来的就业难等问题时，不可避免地会产生心理压力。而网络因其隐蔽性、互动性、虚拟性特点，为大学生减轻心理压力提供了一个良好的平台。大学生在网络中可以在不暴露自己身份的前提下向他人倾诉自己的烦恼、释放自己的焦虑和不良情绪。如此一来，大学生的心理压力便能得到一定的缓解，继而促使其心理的健康发展。

4.网络文化有助于大学生个性的发展

大学生随着心理发展的逐渐成熟,无论是在意识方面还是在行为方面都具有了更强的自主性。在开放、平等、共享的网络文化中,大学生可以通过对网络文化信息的自主选择来对自身知识体系进行继续的构建,并对自身活动方式以及交往群体做出自主选择。在这一过程中,大学生的人生观、世界观以及价值观都是自主塑造的,并没有过多受到外部力量的推动。此外,网络文化的发展为大学生提供了更多对自身进行展现的机会,如大学生可以制作属于自己的网站、开通属于自己的微博、上传自己的文字作品等,这对于展现大学生自我也具有重要的意义。由此可见,网络文化是一种可以彰显大学生个性的文化,对于促进大学生个性的发展具有重要的作用。

5.网络文化有助于提高大学生的社会实践能力

大学生虽然大部分时间都是在校园中度过的,但其最终要走向社会。要让大学生成长为符合社会要求、适应社会的社会成员,并使大学生能够肩负起与自身社会角色相对应的责任与义务,就必须重视培养大学生的社会实践能力。而网络文化在大学生社会实践能力的发展中发挥着十分重要的作用,具体表现在以下几个方面。

第一,网络文化的出现让大学生的社会化领域得到了扩展,使得大学生能够在一个可以接触到的更大的社会环境中对社会知识进行探索和获取,对生活技能进行培养,对社会化教育内容进行丰富,这显然能够推动大学生综合素质的提高并为大学生参与社会奠定基础。

第二,大学生借助于网络与其他和自己角色相似的成员开展互动和交流,对自身角色的转变与适应情况进行检验,这能够在很大程度上促进大学生对社会角色把控能力和社会适应能力的提高。

第三,网络中存在很多的实践机会,如在网络中举行的各种比赛等,大学生可以通过网络进行报名并参赛,尤其是在网络竞技游戏比赛中,当代大学生的表现十分活跃;大学生可以在课余时间在网络中做一些兼职工作,这些兼职工作不仅不会影响其学业,而且能够拓展其各方面的能力。这对于大学生将来走向社会、适应社会都有重要的作用。

6.网络文化有助于提高大学生的平等意识

对于大学生而言,网络文化的一个重要价值便是为其提供了一个自由平等的交际环境。在网络环境下的人际交往中,大学生有着共同的身份以及平等的关系,可以同时作为信息的制造者、接受者、传播者和发布者,在平等的交流中也可以平等享受信息共享带来的益处。此外,由于网络没有权威、没有中心,因而在网络文化中等级以及特权是不存在的。作为一个网民，自己所享有的所有权利基于自己具有合法的ID，而不会受到社会地位、性别、种族、家庭背景以及经济实力的影响。这有助于引导大学生走出对权威的盲目服从和崇拜，甚至让大学生具有批判和质疑权威的权利。

总之，网络文化的产生与发展，能够让大学生的平等意识得到强化。

7.网络文化有助于提升大学生的道德素质

大学生与网络文化的接触，不仅对大学生群体的伦理素质提出了更高的要求，同时也为大学生伦理素质的培养提供了新的领域和平台。

网络文化的发展让大学生群体的交际范围、实践范围都得到了拓展，与他人之间产生的利益关系以及道德关系既存在于现实社会中，也存在于网络社会中，这让大学生群体的道德关系可以得到很大程度的扩展，也使得大学生群体对道德的认知相比以往更加进步与丰富，还进一步刺激了大学生道德意识的觉醒。在网络世界中，大学生个体能够更自觉地培育和唤醒自身的道德追求以及与之相适应的道德意识，并让自身的道德觉悟得到启发、道德热情得到激发、道德结构得到拓展，最终促使自身的道德素质得到不断提升。

（二）网络文化对大学生的消极影响

网络文化对大学生的消极影响具体来说有以下几个。

1.网络文化引发了大学生的信任危机

网络文化引发了大学生的信任危机，这是网络文化对大学生造成的一个不利影响，具体表现在以下几个方面。

第一，在网络中，大学生个体可以不服从集体大多数的意见，可以不参加集体活动，也可以随意以文字发泄自己的情绪。这就导致大学生的集体观念淡薄，影响了与老师以及其他同学的和谐关系。

第二，一些大学生由于沉醉于网络世界，会深感真实世界中的自己小无助，在不能有效地实现客观现实与虚拟现实之间的角色转换时，便开始逃避现实社会和真实的人际交往，进而不愿意与人沟通，甚至自我封闭，最终导致人际关系淡漠。

第三，一些大学生抱着游戏的、不负责任的心态参与网上交往，既导致了网络上的信任危机，也导致网络交往难以持久。

2.网络文化引发了大学生过度沉迷网络

网络文化能够为大学生提供丰富的信息资源以及开展人际交流的平台，但是对于一些自制力相对薄弱的大学生而言，则可能让他们沉迷于网络难以自拔，并对学习以及正常的生活产生负面影响。大学生之所以容易沉迷网络，原因主要有以下几个。

第一，大学生在进入大学以前，所接受的教育主要是以应试为目的的，而在进入大学后，学习环境变得宽松，自主选择权也增多。但是，这时的部分大学生自身的求知方式并没有做出调整，厌学态度也客观存在，而虚拟的、丰富的、新鲜的网络世界充满新奇与冒险，很容易诱惑大学生深陷其中不可自拔。

第二，大学生是一个有着旺盛的精力、较强的好奇心、活跃的思维、较强的独立意识等的群体，这使得他们希望对社会进行了解，并渴望爱情、友情、成功以及被尊重，而网络文化能够使大学生的这些需求得到一定程度的满足。于是，一些没有及时树立新的人生目标和价值追求、自制能力差的大学生，在面对新奇且充满诱惑的网络世界时就很容易被其吸引，最终上网成瘾。

第三，高校的周边通常会密布着大大小小的网吧，由于缺乏严格监管机制，使得部分非法经营的黑网吧依旧存在。这些网吧以营利为目的，充分迎合上网者的需求，在时间和内容上不加限制，以各种形式吸引大学生前去，如上网积分制度以及包宿制度也吸引着很多大学生选择通宵上网。这就使得自制力较弱的大学生很容易沉迷于网络。

大学生如果过度沉迷于网络，不仅会影响自己的身体发育，而且会对自己的人格成长、人际交往以及心理健康等都造成不利的影响。因此，大学生必须要提高自己的自控力，适时适度地上网。

3. 网络文化引发了大学生的理想信念迷失

在当前，互联网已经成为各种社会思潮的集散地，成为意识形态较量的一个重要战场。我国社会目前正经历着错综复杂的转型期，社会价值观念更趋于多元化，社会意识形态呈现出多重并存的局面。大学生正处于价值观、人生观、世界观形成的重要时期，也是人生成长的一个批判、叛逆期。他们由于身心发展还未成熟，自控力和自制力还很弱，对网络世界呈现的纷繁复杂的意识领域信息充满了好奇心和求知欲，从而成为各种社会思潮入侵的主要对象。在此影响下，大学生很容易产生政治观念模糊、理想信念迷失，从而形成一些不正确的思想、做出一些不正确的行为，如过于重视个人索取和个人利益，不在乎奉献社会和集体利益；过于重视享乐主义，而放弃了努力奋斗、艰苦创业等美德。因此，很有必要对网络文化进行净化，以引导大学生形成正确的理想信念。

4. 网络文化引发了大学生的人格异化

人格指的是构成一个人思想、情感以及行为的统合模式，而网络文化对大学生的人格发展产生了重要影响。在网络文化产生之前，大学生接受教育的过程需要依赖教师和教材，而在网络文化产生后，大学生对教师和教材的依赖性明显下降，对网络文化的依赖性却大大加强。这使得大学生离开了网络就可能不知道如何对所需材料进行搜集、如何与人进行交往，语言以及书写能力也会大大下降；使得大学生不能正确地分清网络中的自我和现实中的自我，继而产生人格缺陷甚至出现人格发展错位的现象。总之，过于依赖网络会导致大学生出现人格异化与心理扭曲。

5. 网络文化引发了大学生的道德价值失范

建立在现实社会基础上的传统道德规范在网络文化新环境中出现了失灵，而网络到目前还没有形成新的道德规范，而且网络环境下的多重价值标准和多元道德观念又对现实的传统道德规范形成了冲击，导致传统道德规范一直起到的支配性作用逐渐弱化，道德评价失去标准和效力。在这种现实之下，大学生出现了道德取向混乱、道德意识淡薄、道德价值失范等现象，严重制约了大学生的全面、健康发展。具体来看，网络环境下大学生的道德价值失范主要表现在以下几个方面：

（1）道德虚无主义盛行

网络所具有的虚拟性、自由性和开放性，使得每个在网络中的人有着非常大的自由空间，这使相当一批大学生产生了误解，认为自己从此就可以随心所欲，自己的网上行为不需要负责任，无所谓道德与不道德。在这种错误观念的影响下，大学生在网络中出现了很多错误的行为，如在网上发布色情信息、非法侵入公共信息网络等。

（2）道德冷漠现象严重

大学生在与人交往时，大多数情况下是依赖于网络，面与面的直接交流很少。这就导致大学生的人际关系变得日渐疏远，对现实社会生活中的他人与社会的幸福漠不关心，更不用谈什么是与非、善与恶。

（3）网络道德失范现象频发

在当前，与互联网相适应的网络道德还处于形成和发展过程中，因此在大学生中出现了很多道德失范现象，如破坏他人网上信息安全、独占信息、侵犯他人的隐私权、转载他人文章来践踏他人利益、煽动网络暴力、进行网络诈骗等。

第三节　互联网时代高校学生管理工作的新机遇和新挑战

高校学生管理工作是高校教育的一个重要组成部分，近年来，互联网的普及与发展为高校学生管理工作提供了很好的发展机遇，但也带来了一些新的问题，对高校学生管理工作形成了极大的挑战。

一、互联网时代高校学生管理工作的新机遇

互联网的普及与发展为高校学生管理工作带来的新机遇，具体来说有以下几个。

（一）能够促进高校学生管理者的整体素质提升

网络时代对高校学生管理者提出了更高的素质要求，既要求他们具有过硬的思想水平和觉悟，又要求他们具备较高的网络管理才能和信息时代思维方式。为此，高校学生管理者必须加强计算机及网络技术的学习，把网上研究与学生工作紧密结合起来，成为学生在信息世界中的指导者和组织者。同时，应该树立一种"教会选择"的观念，调整自己的角色，从"教会顺从"的训导者变成"教会选择"的指导者。

（二）能够使高校学生管理工作更具亲和力和人情味

网络的虚拟性、开放性、平等性和无权威性，使得高校学生管理工作更具亲和力、人情味，能够取得更好的教育效果。这具体表现在以下两个方面。

第一，在网络中，高校学生管理者与学生之间的地位是平等的，高校学生管理者不再是提供"说服"，而是提供影响、选择、引导。

第二，在网络时代，高校学生管理者越来越注重将学生管理工作融入网络的各种形式当中，从而使学生管理工作可以不受时空的限制。这不仅大大提高了高校学生管理工作的效率，而且吸引了高校学生积极参与到学生工作管理之中，继而推动高校学生管理工作不断取得成效。

（三）能够提高高校学生管理工作的针对性

传统的高校学生管理模式中，学生处于一种接受知识的地位，不利于学生思维的发挥，创新精神被排异或限制。而在网络环境下，网络文化的强烈开放性和全球化、数字化、虚拟化等特点，使学生可以自由、平等地体验网络文化带给人们的新境界。在此影响下，学生由传统的被动式接受知识的"灌输"教育转化为主动参与思想交流，赞成什么、反对什么都可以在网上暴露无疑。这使得高校学生管理者能够更迅速、更确切地了解学生的思想情绪，掌握其思想动态和利益要求，从而把握其思想脉搏和心理脉络，并对症下药，做好教育与引导。如此一来，高校学生管理工作的针对性便大大增强，高校学生管理工作的效果也能大大提升。

（四）能够为高校学生管理工作提供新的渠道与手段

在网络环境下，高校学生管理工作获得了新的渠道、多样化的工作手段和灵活的工作方式。在互联网时代之前，高校学生管理工作的渠道、手段和方式是比较单一的。比如，传统的思想教育模式是报告会、演讲、墙报、专刊、社会实践及各种寓教于乐的校园文化活动。而在互联网时代思想政治教育的方式和手段更加多样化，网上讲座、博客、BBS论坛、微博、电子信箱、QQ、微信、红色网站、热线服务等都能够为高校的学生工作注入新的活力，并且受到了大学生的广泛欢迎。

（五）能够最大限度地实现高校思想政治教育工作的社会化

在互联网时代，高校学生思想政治教育工作的社会化能够得到有效实现，这具体表现在以下两个方面。

第一，借助于网络，可以开展丰富生动的形势与政策宣传教育，活跃大学生的课外生活和校园文化活动，弘扬主旋律，扶植正气。

第二，借助于网络，可以使家庭教育、学校教育、社会教育紧密联系、融为一体，从而有效促进大学生思想政治素质的提高。

二、互联网时代高校学生管理工作的新挑战

在开展高校学生管理工作的过程中，互联网着实带来了不可忽视的挑战，这主要表现在以下几个方面。

（一）高校学生管理者的人格魅力面临挑战

一些高校学生管理者在开展工作时，由于对网络的影响预计不足，缺乏与网络相关的思想、知识与技术准备，从而导致学生管理工作无法顺利开展或是取得良好的成效。这样一来，高校学生管理者就有可能缺乏大学生所崇拜的科学文化素质、人格魅力及亲和力。而对高校学生管理者来说，人格魅力和亲和力有时决定了教育的效果。因此，高校学生管理者极有必要丰富自己的网络知识，不断提高自己的网络技能和网络运用能力。

（二）传统的高校学生管理方式受到了挑战

传统的高校学生管理方式，高校学生管理者起主导作用，他们将含有社会要求的、正面的政治观点、思想体系、道德规范的相关信息有目的、有计划地灌输给教育对象，而受教育者在内外各种因素的综合作用下，有选择地接受这些信

息,进而"内化"为自身的个人意识,之后再"外化"为实际行动。在这一过程中,高校学生管理者传递信息的手段主要是以上课宣讲、座谈讨论、个别谈心、开展主题活动等,而以报纸、广播、电视、电影等大众传媒作为辅助工具。

而在网络环境下,单向的高校学生管理方式已经不能对大学生的心理需求进行有效满足。事实上,当代大学生越来越习惯于网络这种双向甚至多向的沟通方式。这就要求高校学生管理者在开展工作时,必须借助于网络,并要采取更为民主、更为自由的方式。只有这样,大学生才能积极参与到高校学生管理之中,从而推动高校学生管理工作取得良好的成效。

（三）网络时代高校学生的新变化使得高校学生管理工作变得更为复杂

在网络时代,高校学生出现了许多新的变化,其中既有好的一面,也有不好的一面。而网络引发得不好的一面,使得高校学生管理工作变得更为复杂。比如,网络这个信息的宝库,同时也是一个信息的"垃圾场"。对于自制力较弱的大学生来说,网络传播的信息"垃圾"会毒害他们的心灵,弱化他们的道德、法律意识,使他们的思想和行为出现偏差。这就对高校学生管理工作提出了更多、更高的要求,使高校学生管理工作变得更为复杂。

第四节　高校学生管理工作理念的创新

创新是一个民族进步的灵魂,也是国家兴旺发达的不竭动力。高等教育承担着实现中华民族伟大复兴和完成社会主义教育事业的历史任务,因而必须要不断进行创新。由于高校学生管理工作的开展情况会对高等教育的效果产生重要的影响,因此在进行高等教育创新时,高校学生管理工作的创新是不容忽视的一个方面。而在进行高校学生管理工作创新时,最为关键的是创新高校学生管理工作的理念。

一、高校学生管理工作理念创新的重要性

进行高校学生管理工作理念的创新有着十分重要的意义,具体表现在以下几个方面。

（一）高校学生管理工作理念的创新是新形势下做好学生管理工作的基础

伴随着改革开放的不断深入以及互联网的普及与发展,大学生在选择和接受各种思想、文化时有了更为广阔的空间。同时,当代社会的新思想不断出

现、文化的内容也不断丰富，这即使当代大学生的思想体系和文化体系不断丰富，也给大学生管理工作带来新的挑战。此外，我国当前的高校学生管理还存在许多不适应之处，突出表现在许多高校学生管理者仍沿袭传统的单一模式和思维习惯，采用原有的以学校和教师为中心、忽视学生主体性的管理模式，从而导致高校学生管理面临不少的新困境。因此，极有必要对高校学生管理工作理念进行创新。

（二）高校学生管理工作理念的创新是新形势下做好学生管理工作的关键所在

时代在变化，各种新理念也层出不穷。由于理念是工作的先导，理念不正确，工作也就缺乏正确的方向，要取得好的成效是几乎不可能的。因此，当代的高校学生管理工作要想取得成效，必须要以社会的发展现状为依据，积极融入产生于当代、适应于当代的学生管理工作理念。

（三）高校学生管理工作理念的创新是新形势下做好学生管理工作的必要前提

当前的高等教育正逐渐由精英教育转变为大众化教育，既要把学生视为接受教育的对象，又要把学生当作管理服务的主体；既要严格管理规范，又要重视教育引导；既不能一味追求意志统一，又要充分保障学生权益；既要强调集体观念和社会需要，又要趋向于人的个体需求与素质发展。因此，当代的高校学生管理首先必须对管理理念进行创新，并把这种理念创新当作高等教育大众化条件下学生管理工作的必要前提。

二、高校学生管理工作理念创新的内容

在当前进行高校学生管理工作理念创新时，需要包括以下几方面的内容。

（一）要坚持以人为本的管理理念

高校学生管理工作的对象是大学生，只有公正、平等地对待每一个大学生，尊重和保护每一个大学生的权利，积极为大学生的发展创造有利的条件，高校学生管理工作才能取得良好的成效。此外，在开展高校学生管理工作时，要想取得良好的成效，必须切实关注学生的需求、学生的属性、学生的心理、学生的情绪、学生的信念、学生的素质、学生的价值等一系列与学生有关的问题。这就决定了不论是开展高校学生管理工作，还是进行高校学生管理工作理念创新，都必

须坚持以人为本的管理理念。

1. 高校学生管理工作中以人为本理念的含义

高校学生管理工作中的以人为本理念，就是"以学生为本"的理念，即在开展高校学生管理工作时，要切实以学生为出发点，充分尊重学生作为人的价值和尊严，以及学生的人格、个性、利益、需要、兴趣、爱好等，尽可能调动学生的积极性、主动性和创造性，强化其在教育过程中的主体作用，最终促使其获得健康、全面发展。

2. 高校学生管理工作中以人为本理念的贯彻

坚持"以人为本"理念既是高校学生管理工作的内在要求，也是高校学生管理工作创新的灵魂和核心。因此，在开展高校学生管理工作时，必须真正贯彻"以人为本"理念。具体来说，可从以下几方面着手来确保"以人为本"理念在高校学生管理工作中得到有效的贯彻。

（1）不断加深对学生的认识

在开展高校学生管理工作时，无论是确定工作计划和工作任务，还是选择工作的内容和工作的形式，都必须以对学生的本质认识为基础。任何一个大学生都有其自身具体、独特、不可替代的需求，而且不同大学生的需求在整个大学生群体中又都不是孤立存在的，它们之间是相互联系和作用的。就高校学生管理而言，学生对自身所处管理环境的感受，对自己在学校中的地位，对学习、恋爱、人际关系、就业等个人发展需要得以满足的程度，都是影响管理效果的重要因素。离开了对这些因素的认识、洞察和把握，高校学生管理就成了无源之水、无本之木。因此，在开展高校学生管理工作时，要不断加深对学生的认识，全面考虑学生的个体情况，重视学生需要在管理中的地位和作用，主动关心和爱护学生，及时为学生提供指导与帮助，以便学生在高校学生管理工作中能够发挥充分的作用。

（2）要充分尊重和信任学生

坚持"以人为本"理念，其核心便是管理者对人的尊重和信任。因此，在高校学生管理工作中贯彻"以人为本"的理念时，要切实尊重和信任学生。具体来说，就是要充分尊重学生的人格、自由、权利，尊重学生的独立性和创造性，要积极地、有意识地鼓励和引导学生自己去摸索，让学生学会学习。由此可以知道，在高校学生管理中尊重和信任学生，并不意味着完全不管学生，而是要以一种更积极认真的态度，把参与管理变为学生自身的一种需求，充分信任学生的自我管理能力、自律能力和相互协调能力，以激发学生学习和生活的热情，在尊重、信任学生的基础上体现严格要求。

（3）要重视培养和激励学生

提高学生的综合素质可以说是开展学生管理工作时最为重要的一项任务，而要提高学生的综合素质，必须充分发挥教育和社会实践的作用。由于通过教育，不断提高学生的思想道德素质、科学文化素质和健康素质是管理工作的主要任务。因此，全面提高学生的素质，对学生不断进行培养和教育就成为高校学生管理活动的一项重要内容。此外，在开展高校学生管理活动的过程中，只有灵活多样地运用各种适当的激励方式来引导学生充分参与到学生管理活动之中，才能促使学生管理工作取得良好的成效。

（4）要积极营造以人为本的校园文化环境

学生的发展及才能的养成，是遗传、教育、环境共同作用的结果。其不仅受他们所处的环境的影响，也在不断地改变环境。因此，在开展高校学生管理工作时，必须积极营造以人为本的校园文化环境。

这里所说的校园文化环境，就是与校园文化的形成与发展密切相关的外部条件，涉及物质环境与精神环境两个方面。其中，物质环境就是校园中以布局成型的姿态出现的物质环境，如建筑物的布局，室外的绿化、美化，室内的整洁、美观、大方等；精神环境主要是学校的传统习俗，校风、学风、人际关系、心理氛围、文化品位及活动构成的气氛等。其中，学风的营造是极为重要的。坚持"以人为本"，就要求高校必须把学风建设作为学生工作的切入点。学生的根本任务是成长和发展，成长和发展的重点是学习，尤其是专业知识的学习。学生工作为学生的成长和发展服务就是要创造良好的学习环境，学风建设是创造这种环境的重要内容，抓学风建设是学生工作体现"以人为本"的切入点和着眼点，以此可以防止把学生工作与教学工作等其他工作相割裂的现象，避免出现"两张皮"的局面，切实有效地服从和服务于学校的中心工作。

（5）要强化对学生的指导和服务

在开展高校学生管理工作时，只有不断强化对学生的指导和服务，才能满足学生多样化的需求。因此，强化对学生的指导和服务也是高校在开展学生管理工作时贯彻"以人为本"理念的一个重要举措。

（6）要积极推进全员育人局面的形成

积极推进全员育人局面的形成，也是高校在开展学生管理工作时有效贯彻"以人为本"理念的一个重要举措，具体涉及以下几方面的内容。

第一，要充分认识到在教学科研并重型大学里学生工作与教学工作、科研工作、后勤工作的关系，学生工作不是一项孤立的工作，而是与三者紧密联系在一起的。教学、科研和后勤工作中都有育人的任务，要继续强调"教书育人、管理育人、服务育人"，调动全校教职员工的育人积极性。

第二，要实行系（部）主任负责制，系（部）主任要对所在系的工作负全面责任，其中很重要的一个方面就是对学生工作负责，既要关心学生工作，更要直接参与学生工作。

第三，高校中专职学生工作的人员必须要在全员育人的环境下做更多更扎实的工作，发挥更大的作用，并且要带动广大学生自我教育、自我管理和自我服务。

第四，要注意在条件成熟时，将学校育人与社会育人、家庭育人更紧密地结合起来，以便形成更为广泛的全员育人局面。

（二）要坚持开放的管理理念

开放的中国需要开放的高等教育，而开放的高校学生管理工作是开放高等教育的一个重要组成部分。因此，在进行高校学生管理工作理念创新时，要注意开放管理理念的融合与运用。

1.高校学生管理工作中贯彻开放管理理念的重要性

在高校学生管理工作中贯彻开放的管理理念有着十分重要的意义，具体表现在以下几个方面。

（1）开放理念是加强和改进高校学生管理工作的本质要求

在高等教育的发展过程中，必须处理好教育的规范性与开放性相结合的问题。教育的规范性是通过制度、传统、习惯、氛围等环节来体现，而教育的开放性则表现为教师与学生、学校与社会、有形教育与无形教育的互动，实现的途径就是以开放的理念推进学生教育管理开放，使高等教育成为终身教育体系的一个重要环节，成为学习型社会建构中的一个重要园地，成为与家庭教育、自我教育、社会教育相贯通的一个重要枢纽，成为学生社会化过程中的一个重要阶段。因此，要想开展好高校学生管理工作，必须要坚持开放理念。

（2）开放理念是加强和改进高校学生管理工作的源动力

在高校学生管理工作中坚持开放的管理理念，可以使高校学生管理工作的视野由窄变宽、动力由小变大、要求由低变高、措施由软变硬、导向由虚变实等。如此一来，高校学生管理工作便能实现"三力"合一，即国家的意志力、学校的执行力、学生的内驱力在具体工作理念层面实现有机统一，使学校的发展目标与国家的战略需求相同步，学校的教育教学要求与学校发展目标相协调，学生的教育管理举措与学校的教育要求相匹配，学生的内在需求与学生教育管理的举措相一致。

（3）开放理念是加强和改进高校学生管理工作的重要保证

在高校学生管理工作中坚持开放的管理理念，可以使高校学生管理者用开放的理念统揽全局，用开放的心态包容多样，用开放的举措推动工作，继而为学生发展创造良好的环境，切实促进高校学生管理工作不断取得成就。

2.高校学生管理工作中贯彻开放管理理念的举措

在高校学生管理工作中，要切实贯彻开放的管理理念，可以采取以下两个有效的举措。

（1）要牢牢把握高校学生管理工作开放的方向性

牢牢把握高校学生管理工作开放的方向性，对于高校学生管理工作中开放管理理念的贯彻有着重要的指导性作用。而要牢牢把握高校学生管理工作开放的方向性，需从以下几方面着手。

第一，在开展高校学生管理工作时，要坚持用习近平新时代中国特色社会主义思想这一马克思主义中国化时代化的最新理论成果武装学生头脑、指导学生实践、推动学生工作，牢牢把握学生教育管理的指导权、主动权、话语权。

第二，在开展高校学生管理工作时，要牢固树立中国特色社会主义的共同理想，引导学生自觉在党的领导下，走中国特色社会主义道路，为建设民主、富强、文明、和谐的社会主义国家而勤奋学习，建功立业。

第三，在开展高校学生管理工作时，要大力弘扬民族精神和时代精神，以促使大学生始终保持昂扬向上的精神状态。

第四，在开展高校学生管理工作时，要积极促进社会主义道德体系在大学生的心中扎根。

（2）要注意增强高校学生管理工作开放的针对性

增强高校学生管理工作开放的针对性指的是在开展高校学生管理工作时，要切实从学生最关心、最直接、最需要、最现实的问题入手，具体内容如下。

第一，要引导学生学会学习，变"学会"为"会学"。更新学习观念，变革学习方式，创新学习手段，提高学习效率。

第二，要引导学生学会自强，变"助我"为"我助"。进一步落实助学贷款，设立助学奖学金，建立与就业相结合的奖学金制度，组织好学生勤工俭学。

第三，要引导学生学会创业，变"就业"为"创业"。把培养学生的创新精神、创业本领、实践能力放在重要位置，改革教学内容和课程体系。完善鼓励和支持高校毕业生创业的制度和措施，提供创业的优惠条件，加强对创业活动的指导和管理。

第四，要引导学生加强心理健康知识普及教育，通过宣传倡导、教育引导、活动推导、家长督导等途径，做好心理健康教育工作。加强危机干预，消除潜在隐患。

（三）要坚持系统化的管理理念

高校学生管理工作涉及的内容、人员等都很多，这就决定了高校学生管理工作是一项系统性的工作。因此，在进行高校学生管理工作理念创新时，必须要重视系统化管理理念的运用。具体来说，高校学生管理工作中要有效贯彻这一管理理念应切实从以下几个方面着手。

第一，高校要切实从整体上构建学生管理的系统模型和综合模块，把学生管理工作作为一个集学习机制、竞争机制、奖惩机制、决策机制、评估机制和反馈机制于一体的动态过程。

第二，高校要引导全校教职员工认识到学生管理工作不仅仅是学生管理者的责任，自己也必须承担起管理学生的责任。也就是说，高校必须始终坚持依靠广大教职工、学生政工干部和全体学生积极参与的全员管理。

第三，高校要注意针对不同年级大学生的不同特点和不同大学生的不同特点，将学生管理工作贯穿于学生成长成才的全过程。

（四）要坚持精细化的管理理念

高校学生管理工作是一项极为繁杂、琐细的工作，因此在进行高校学生管理理工作理念创新时，必须要重视精细化管理理念的运用。这里所说的"精细化管理"，就是必须将管理覆盖到每一个过程，控制到每一个环节，规范到每一个步骤，具体到每一个动作，落实到每一个人员。而高校学生管理工作中要有效贯彻这一管理理念，应切实从以下几个方面着手。

1.科学

科学指的是高校学生管理要善于运用现代管理方法和信息手段，积极探索和掌握学生管理工作的客观规律。

2.规范

规范指的是高校学生管理要严格管理规章和工作程序，坚持制度面前人人平等。

3.明确

明确指的是高校学生管理要落实管理责任，将管理责任具体化、明晰化，确保管理的过程条理清楚、层次清晰。

4.到位

到位指的是在高校学生管理过程中，每一个环节必须考虑到，不忽视微小的管理漏洞。

5.深入

深入指的是要把高校学生管理工作做得具体、做得扎实，追求一种精益求精的境界，使学校的管理水平迈上一个新的台阶。

（五）要坚持自主化的管理理念

在进行高校学生管理工作理念创新时，要注意自主化管理理念的融合与运用。这里所说的自主化管理，就是在开展高校学生管理工作时，高校学生管理者要积极与专业教师相配合，引导学生进行自我教育、自我管理、自我服务和自我发展。具体来说，要切实从以下几方面着手来促进自主化管理理念在高校学生管理工作中的有效运用。

第一，在开展高校学生管理工作时，要切实关注学生的发展积极营造一种宽松和谐的民主气氛，调动学生的主动性、积极性和创造性，培养学生的创新精神和实践能力。

第二，在开展高校学生管理工作时，要充分发挥学生团组织、社团组织和学生党支部的作用，丰富课余生活，拓宽知识面，增长才干，陶冶情操，培养特色鲜明的校园文化精神。

第三，在开展高校学生管理工作时，要充分发挥学生干部和学生党员的先锋模范作用，让他们自觉地加入学生的管理工作中来，成为重大问题的参与者、决策者，在参与管理的实践中尝试管理，学会管理，懂得管理。

第四，在开展高校学生管理工作时，要充分发挥学生的主人翁精神，突出学生的教育主体意识，实现学生干部队伍自我管理制度化。

（六）要坚持教育服务的管理理念

现代教育以促进人的现代化和主体的全面发展为中心，基于此，现代教育倡导"教育是一种服务"的教育管理理念。它强调教育者（教师）以满足受教育者（学生）个性发展，为受教育者创造全面发展和主体生成的情境和条件。由于高校教育是现代教育的一个重要组成部分，因此在开展高校学生管理、创新高校学生管理理念时，必须要注意融入教育服务理念。事实上，在高校学生管理工作中融入教育服务理念有着十分重要的意义，具体表现在以下几个方面。

1.教育服务理念能够为高校学生管理工作提供内部驱动力

在高校学生管理工作中融入教育服务理念，可以促使高校学生管理者树立责任意识、市场意识和竞争意识，促使他们关注社会与受教育者的个人教育服务需求，推动高校自觉自主地进行改革，把握市场动向，完善服务体系，增强效益意识，提高服务质量。来自于管理者自己对这种改革的需求和认同是改革高校学生管理最主要的动力。可以说，没有管理者对这种改革的深刻理解，没有管理者对学生管理的热情参与，没有管理者对学生管理的积极投入，学生管理理念要转变就十分困难。因此，要求高校学生管理者树立教育服务管理理念，一个重要的目的就是希望他们能够从根本上认识到传统管理的问题所在。服务理念首先是将服务对象当成自己一切服务工作的对象和焦点，将学生满意不满意作为衡量管理业绩的重要指标，在客观上就迫使高校学生管理者去反思原来的管理理念并努力去接受新的理念。如此一来，高校学生管理工作便能不断取得良好的成效。

2.教育服务理念能够引导高校学生管理树立更为恰当的目标

在高校学生管理工作中融入教育服务理念，可以促使高校学生管理者切实意识到高等教育服务的生产者是教育工作者，他们通过消耗智力和体力，而生产出适合不同教育对象需求的、具有多方面性能的教育服务，处在生产领域。学生则是高等教育的消费者，处在消费领域。这种理念为高校学生管理实践提出了新的目标，即在高校学生管理中应以学生为本，尽量满足学生（作为消费者）的需要。

3.教育服务理念能够引导高校学生管理中良好师生关系的建立

在高校学生管理工作中融入教育服务理念，可以促使高校学生管理者重新对师生之间的关系进行审视，继而促进平等、和谐的新型师生关系的建立。为此，高校学生管理者必须树立服务理念，切实尊重学生，并从提高服务质量、保证消费者满意的角度出发来考虑一切，促使学生愿意与教师进行交流。

三、高校学生管理工作理念创新的实现途径

就现阶段来说，要切实促进高校学生管理工作理念创新的实现，可借助于以下两个有效的途径。

（一）积极建设一支高素质、高水平的高校学生管理者队伍

高校学生管理理念体现出管理的自主性、民主性、灵活性和发展性等特征，这对高校学生管理者提出了更高的要求。因此，必须重视提高高校学生管理者的素质，积极建设一支高水平的高校学生管理者队伍。此外，努力建立一支高效、精干、稳定、专业的高校学生管理者队伍，既是做好高校学生管理工作的关键，也是实现高校学生管理工作理念创新的根本。具体来说，可从以下两方面着手来进行高素质、高水平的高校学生管理者队伍的建设。

1.从高校方面着手进行建设

进行高素质、高水平的高校学生管理者队伍建设时，从高校方面来说，必须做好以下几方面的工作。

第一，要按照要求认真做好建设规划，做到与师资队伍和其他管理人员队伍的建设统一规划、统一实施。

第二，要明确条件、坚持标准，切实做好人员选配工作。

第三，要周密计划、合理安排，扎实推进人员培训工作。

第四，要提出目标、严格要求，不断增强高校学生管理者的责任感。

第五，领导和有关部门要对高校学生管理者思想上重视、工作上支持、生活上关心、政治上爱护，使高校学生管理者都能够随着形势的发展和工作的进行不断提高素质和水平，以满足事业发展的需要。

2.从高校学生管理者方面着手进行建设

进行高素质、高水平的高校学生管理者队伍建设时，从高校学生管理者方面来说，必须做好以下几方面的工作。

第一，高校学生管理者要不断加强自身修养，明确神圣职责，增强责任观念。

第二，高校学生管理者要具备较高的政治思想素质、合理的知识结构和较强的能力素质，并注意通过不断的学习来完善自己的形象和人格力量。

第三，高校学生管理者要坚持真理、忠于职守、为人师表、以身作则、办事公正、任劳任怨。

第四，高校学生管理者要树立服务意识，努力学习，积极实践，深入思考，大胆创新，不断探索新形势下学生工作的新路子、新方法，不断总结适应新形势、新情况下的学生工作的新经验、新成果。

第五，高校学生管理者要具备牢固的共产主义人生观，以便在教学与教育工作中能始终贯穿对大学生进行以辩证唯物主义和历史唯物主义的立场、观点和方法看待人生的教育。

第六，高校学生管理者要具备积极的创新教育观念，以便通过创新的机制，保证教育内容、教育方法、教育载体、教育渠道上的创新，努力培养出广受社会欢迎的高素质创新人才。

（二）积极创新高校学生管理工作的方法

要切实促进高校学生管理工作理念创新的实现，积极创新高校学生管理工作的方法也是一个十分有效的途径。在这一过程中，可具体从以下几方面着手。

第一，高校学生管理者要善于运用现代管理方法和信息手段，创造适合学生发展规律的、切合学生身心特点的工作方法，使学生工作更富感染力和实效性。

第二，高校学生管理者要经常深入学生的学习和生活之中，重点关注学生中的特殊群体，使学生工作更富有说服力和艺术性。

第三，高校学生管理者要深入挖掘和树立青年学生中的先进典型，树立可亲、可信、可学的道德榜样，使学生工作更富有吸引力和生动。

第四，高校学生管理者要定期进行学生状况的调查分析，为政策制定和方法研究提供可靠依据和参考资料，及时总结新做法，推广新经验，使学生工作更富有影响力和创新性。

第五，高校学生管理者要不断拓宽学生管理工作的研究视野，从而不断开创新形势下学生管理工作的新局面。

第六，高校学生管理者要密切关注国外学生管理的新方法，通过比较研究借鉴其中有益的成分为我所用。

第九章 大数据时代高校管理队伍建设

人类社会从工业社会向信息社会过渡已经成为现代社会发展的普遍规律。在西方发达国家,信息社会已经不再是未来学家的预言、社会学家的抽象思想或者人们的观念,而是实实在在的日益显现的客观现实。在我国信息化与工业化并存,发展才刚刚起步,信息化浪潮已经和正在不断地改变着人们的生活方式。教育信息化是国家信息化战略的主要阵地,高等学校是教育信息化建设的排头兵高校的信息化建设重点逐步向数字化校园发展。

近年来,高等教育工作者围绕高等教育信息化的界定、高等教育改革、创新人才的培养、师生角色的转换、信息化环境下的教学设计、教育评价、教育资源的建设等涉及高等教育信息化的热点课题展开广泛深入的研究。就微观层面,高校管理队伍是高等学校的一支重要队伍,在高等学校的建设与发展中发挥着重要作用。作为教育信息化的重要组成部分的管理信息化,其成效与管理队伍的素质密切相关,管理信息化也给管理队伍的建设带来了变化,然而在这方面的探讨并不多。如今,信息化已经成为各高校教学、科研、管理和服务不可或缺的基础平台。然而,学校信息化建设、发展和管理需要有一支精锐的专业化队伍,建设和管理好这支队伍不仅是学校信息化建设的一项重要内容,而且也是学校信息化可持续发展的关键。如何加强高校信息化专业技术队伍建设和管理是一个新的、重要的课题。

第一节 大数据时代高校管理队伍地位和作用

在高校内部的管理过程中,管理队伍作为学校管理决策的制定者、管理制度的执行者、组织协调者和服务者,是一支非常重要的队伍。学校管理的职能就是通过他们的具体工作来体现的。他们在不同的范围内承担着不同层次的管理职责。根据管理学理论的信息流通学说,管理的过程就是信息流通和信息结构变化的过程。实际,他们是管理信息资源的生产者、处理加工者和传递者。从高校管理得总的系统构成来看,信息化的高校管理系统是对高校内部各类资源进行全面管理的人和信息技术相结合的系统。它本质上是一个管理系统，而不仅仅是一个技术系统。管理者在构成系统的诸要素中处于决定性和支配性地位。因此，管理者是管理信息化的根本。在管理过程中，管理者的信息能力起着至关重要的作用。如果管理者能够有效地运用信息技术，结合管理理念和管理手段进行决策和管理，管理职能就能得以充分发挥。反之，就不可能产生高效的管理。管理信息化使管理业务的分工发生了变化，对管理人员的心理产生影响。

一、信息化思维下高校管理队伍承担着重要职能

高校信息化专业队伍承担着学校信息化规划、设计、建设、应用与推广等技术与服务职能。

（一）信息化的引领者和设计者

在高校信息化管理建设过程中，教学技术与网络中心起到的作用是比较大的，不仅要进行信息化思维下的管理建设规划制定，还要进行后期的任务实施。在高校信息化管理建设规划和实施过程中，还需要网络信息技术以及多媒体专业人员的参与合作。在具体的信息化建设过程中，必须在及时了解信息化发展技术动态的基础上，引进和应用先进的信息化规划设计方法，并将相关方法运用到具体的实施过程中，只有这样才能不断完善学校信息化管理建设方案。在大力开展科学研究和实践工作分析之后，能及时明确信息化管理建设当中的相关问题，并明确问题产生的原因，及时总结和深入分析，促进高校信息化管理建设工作的正常开展。

（二）信息化的支撑者和保障者

教学技术与网络中心具有信息化建设日常运行的保障职能。在学校信息化建设和全面应用过程中，一支责任心强、实践技术过硬的信息化专业技术维护队伍，负责排查校园网络、应用系统、多媒体教学设备、公共微机及校园内各终端出现的故障，确保信息化基础设施的正常运行和系统数据安全。在计算机技术、网络技术、多媒体技术等领域提供专业技术援助和服务，成为教育信息化的支撑者和保障者。

（三）信息化的指导者和管理者

对于高校教学技术与网络中心来说，是存在多种职能的，不仅具备信息化建设智能，还具体培训智能和指导职能，另外还具备管理职能。在具体的信息化管

理建设当中,要想让师生等人员熟练应用信息化工具,必须采取有效的指导和管理措施。对于学校教师来说,要加大信息化教学培训力度,让教师了解和掌握信息化教学技术和工具的应用方法,实现网络信息技术和学科教学的有效结合,最终提升教学效率针对教师培训,帮助和指导教师及时掌握新技术新应用,将信息技术与学科课程有机整合,提高教学质量。针对全员培训来说,要通过培训,增强相关人员的信息安全意识,提高他们的信息素养。教学技术与网络中心是高校的教学辅助部门,不仅要管理计算机机房和多媒体教室,还要保证校园的信息安全,因此对于学校网络技术人员来说,不但要具备专业化技术,还要有一定的管理意识,成为信息化教学管理的引导者。

二、信息化专业队伍建设是高校信息化建设的重要内容

人是信息化建设中最本质、最活跃的因素,信息化的决策要靠人,信息化建设要靠人,信息化的应用要靠人。加强信息化人才的培养和队伍建设,既是高校信息化建设的重要内容,也是高校信息化最终目标得以实现的根本保证。高校信息化专业队伍和高校信息化的发展一样,经历着一个从无到有,从弱到强,逐步发展完善的过程。当前,这支队伍面临着艰巨的任务,也面临着发展中的问题,或待解决。

(一)观念需要更新

在高校中信息化专业队伍往往被忽视,人们在观念上存在误区,认为信息化部门工作从属于服务性的工作,忽视了其具有的科学性和特殊性。在聘岗、培训、培养等方面缺乏激励政策,致使一些年轻人对职业前景迷茫;还有的因岗位任务重,压力大,服务性工作多且经常得不到理解等原因,而产生了职业倦怠感。这些问题的存在,制约了信息化专业技术队伍的稳定和发展。因此,转变观念,加强信息化专业队伍建设,营造有利于他们职业发展的良好环境,使他们提升自我价值感,将自身发展目标与学校战略发展目标相一致,是非常重要和必要的。

(二)机制需要创新

随着高等教育的发展,信息化应用越来越多,一方面广大师生员工对信息化环境的需求和依赖程度越来越大,近乎达到了日常生活中人们对水、电等基本生存条件的需求程度,对信息化技术服务的要求也越来越高,另外,高校普遍存在着多校区办学现状,更加大了信息化建设和管理工作的难度;而另一方面学校教

辅人员编制缩紧，人员管理机制化，难以适应新形势的要求。怎样让大家在信息化的教学、科研、管理环境中，用得好、用得快、用得安全，是摆在我们面前亟待解决的新问题。因此，深化管理机制改革势在必行。

（三）素质需要提升

随着高校信息化建设的不断发展，对信息化专业技术队伍素质提出了更新、更高的标准，不仅需要技术人员不断更新知识内容，改善知识结构，增加知识存量，提高业务素质，还要不断提高职业道德素质，强化服务意识。对他们个人而言，来自工作压力、个人发展动力的学习需求也很强烈。不久前，笔者曾在本单位做过一次相关调查，在19份有效答卷中，对培训需求调查表明分别有58%的人选择每年至少一次、31%的人选择每年至少两次专业培训的需求。因此，在队伍建设中良好的个人素质培养和知识更新显得尤为紧迫和重要。

三、信息化思维下高校管理队伍地位和作用

任何高校从办学到办好学，从小到大，从大到强，最关键的问题是质量。质量是高等教育的生命线。而提高办学质量最关键的是教师，教师队伍建设是关键。教师队伍的整体水平标志着一所大学的办学水平。师资队伍质量的高低，是高校教育教学质量的根本保证，师资队伍建设的好坏，是决定学生培养质量的决定性因素。法国教育家埃米尔·涂尔干说："教育的成功取决于教师，教育的不成功也取决于教师。"

没有教师，不能成为学校；没有高素质的教师队伍，就没有高水平的办学质量。教师承担着全面贯彻党的教育方针的重大职责，肩负着办好人民满意教育的重要使命。因此，一所学校办学水平的高低主要取决于教师水平的高低，一所大学育人的质量如何，在相当程度上取决于教师的质量。高校作为国家培养创新人才的一个主要基地，是否有一支强有力的教师队伍和一批拔尖创新人才、做后盾，将决定能否培养出一批又一批高素质的并且能够将所学知识创造性地运用到经济、社会和各项事业中去的高智能的创新人才。

高校教学管理的核心是教师队伍建设。教师是组织与实施教学内容的主体，教师是教学活动的组织者、实践者，是教学方法的设计者、实施者。一流的教学内容、一流的教学方法、一流的教材、一流的教学管理首先需要有一流的师资队伍。在高校的教学建设中教材、教法、教师"三教"关系处理的核心在于教师。在教学过程中，有效把握和正确处理知识传授与人才培养关系、教材与教学内容的关系、科研与教学的关系等，每一个环节都离不开教师的参与和作用的发挥，

起决定性作用的是教师。

通过建设师资队伍，不仅可以大大提升高校教学质量和管理效率，还能促进高校的后期改革和长久发展。大量实践结果表明，通过建设一支综合素质足够高的教师队伍和管理队伍，可以从根本上提升高校办学水平，大大提升学校教育质量，促进高校人才培养工作的有效落实。

高校管理队伍的地位和作用，是由管理工作在高校中的重要地位和作用决定的。管理是各项事业成败得失的关键。管理出动力、出人才、出效益，这已成为人们的共识。美国当代管理权威杜拉克说："所谓发展中国家，并非是发展落后，而是管理落后"。实践证明，高等院校的师资、生源、经费、设备、技术、校舍、环境等"硬件"建设固然是办好学校的重要因素，但还有一个重要因素，那就是"软件"建设，就是人们科学地组织、管理、运用"硬件"，使其在相互联系中充分发挥相关作用，以保证实现学校整体工作的最佳效益和根本目标。高校管理工作的根本任务是要把自然的人，培养成德才兼备、又红又专的社会主义事业建设者的接班人。高校管理工作在教育人、培养人的过程中，具有特殊的地位和作用。简言之，它是通过对人的管理而达到教育人、培养人的目的。具体说来，高校管理系统是"人—人—人"系统。开头的"人"指的是教育者—教师，末尾的"人"指的是被教育者—学生，中间的"人"指的是从学校领导到一般职员的广大管理工作者，他们处在中间的环节，具有桥梁和纽带的作用。高校管理工作者的最重要的作用，就在于通过科学的、系统的、有效的管理工作，把教育者和被教育者，即教师和学生有机结合起来，充分调动和发挥"教"与"学"两方面的积极性和创造性，最大限度地提高教育质量和办学效益，为造就更多、更好的适应新时代要求的社会主义事业建设者和接班人而做出贡献。此外，高校管理工作本身还具有直接的"育人"功能，管理人员在"育人"方面具有不可替代的重要作用，是"育人"的一个重要方面军。

第二节　大数据时代高校管理队伍现状及存在的问题

在网络信息教学技术不断发展的今天，建设一支高素质的教师队伍已在各高校中引起了足够的重视。相比之下，高校信息化管理队伍建设的重视程度却没有提高到应有的高度。事实上，任何队伍的建设工作都不能也不应该偏废，管理干部队伍建设与教师队伍建设在高校工作中应该是同等重要的，这支队伍质量的好坏、管理水平的高低，对党的教育方针的贯彻和执行、对学校的办学水平、办学效益的提高以及人才培养目标的实现均起着至关重要的作用。

因此，充分发挥高校管理干部队伍整体的决策、计划、组织和控制职能，建设一支精干、高效的管理队伍，是实现高等教育培养具有创新精神和实践能力的高级专门人才，发展科学技术文化事业实现国家科教兴国战略的重要保证。但目前与高校对教师队伍建设的投入和重视性相比较，高校管理队伍建设明显滞后，相关问题也比较多。

一、高校管理队伍专业化程度不高

高校管理队伍专业化是指一批能够掌握高校管理专业知识、具备较高的专业工作能力、相对稳定的职业化管理队伍。这样的一批队伍是实现高校管理专业化的保障，直接影响着高校管理和教学工作的效率和水平；建设具有专业化的高校管理队伍也是高校实现科学管理的要求，有利于提高高校的管理效能，而科学管理能够有效促进管理者的职业生涯拓展的空间，增加管理人员的积极性和创造性。在当前由于对专业化的认识不足，更对高校管理工作和队伍建设的重视性不够，导致目前管理人员在专业化建设方面存在着诸多的问题，主要表现在：缺乏现代的管理观念，管理理念陈旧，缺乏科学的管理知识，习惯凭借个人经验来进行管理工作；管理人员知识结构不合理，学历水平普遍低于教师队伍，降低了管理者的威信力和学校的凝聚力；管理人员专业学术水平低，专业知识不足降低了为教师队伍提供支持的服务水平；管理队伍职业化水平低，管理队伍中大部分都不是专职的，没有受到过系统的管理学或高等教育的训练，不能适应高校科学管理水平。

二、高校管理队伍建设缺乏科学的管理制度和机制

在当前的一些高校管理队伍建设过程中，还有应用传统化观念和方法的现象，学校已经习惯于应用以往的方法加强信息化建设以及信息化管理，且在具体的机构设置以及人员编制问题上，无法及时解决，无法组建出专业素质较高的信息化建设队伍。

首先，目前各高校都已经改革人事制度，实施分岗位设置管理制度挫伤了管理干部的积极性。管理岗位与专业技术岗位相比较，发展的空间狭小，晋升的机会较少，而且由于工资待遇是按照职员职级来确定的，因此管理岗位的待遇要相对低于技术岗位。其次，目前的考核制度很难对干部能力做出全面准确的评价。对干部的考核一般形式比如：民主推荐与测评、个别谈话、请群众评价等方式，在定量与定性方面缺乏科学的指标，导师考核内容模糊笼统，结果大同小异，难以激发干部的责任心。再次，干部流通与竞争选拔的机制不健全。高校内部存在着干部能上不能下，能进不能出的现象，因此干部在高校中处于流动静止状态，

更别论干部轮岗了。而在不同的高校之间，或者高校与党政机关之间的交流也非常有限，不少优秀干部，由于学校对外交流闭塞，而内部消化能力又不足，而不得不在同样的职级上工作多年，挫伤了工作的积极性。另外，高校的用人选人机制还很不健全，还为制定出系统的、切实可行的竞争性选拔干部的具体措施和办法，导致有些优秀人才得不到发展的机会。

三、教学管理信息化建设经费投入不足

对于高校教学管理信息化工作来说，其属于一项较大的工程，在这个工程建设当中，不仅需要加强基础设施建设，还要加强教学信息资源建设。在最初的教学管理信息化建设阶段，需要的资金往往比较大，高校具备一定程度的经费保障。但在我国很多高校当中，都存在办学经费不足的问题，这样就会导致教学管理信息化建设工作无法落实。

四、教学管理内容的信息化含量和程度不高

在教学过程的组织上，多媒体技术特别是网络技术还没有得到广泛的应用。在教学行政管理手段上，网络化、智能化普及面窄，管理效率低下。软件重复开发，数据不能共享，信息资源建设带后，建设上缺乏协调和合作，分散了信息资源建设的人力和物力。教学管理人员信息技术应用能力水平较低，信息管理能力不足，网络技术、智能技术还未能在实际工作中得到普遍的应用。

五、高校管理人员个人综合素质有待提高

首先，高校管理队伍个人素质问题体现在政治素质方面。这是指从事高校管理工作所必备的政治立场、观点和品质。一些管理干部的理论水平不够深厚，学习主动性和自觉性不强，在思想道德与党性觉悟方面也有一些不足。

其次，管理理论和水平专业性缺乏，同时对高校管理规律缺乏认识和研究，学习能力不够，更缺乏创新，不能适应新形势下管理工作的要求。另外管理人员的服务意识薄弱，"官本位"思想和特权意识膨胀，官僚思想浓厚。并且高校人员臃肿，层级节制的官僚机构也对其服务能力造成损害。

六、认识上存在误区

首先，高校突出教学工作，强调教师和学生的主体地位多一些；其次，只要求教学质量和学校下达的各项任务的顺利完成，至于管理人员的素质怎么样，任

务完成的水平高低等重视不够；第三，在管理上只要求按章办事，按传统模式管理得较多，开拓、创新方面不够，对高层次管理人才需求迫切性低等等。

由于存在以上观念或看法，人们往往把高校管理人员当作学校中的附属者，认为是那些教不了书的人才去搞管理，因此，长此以往，会出现不同程度的管理岗位人员年龄老化，学历层次偏低，知识结构不合理，创新意识不强等等，加之长期不为人们所重视，或重视程度不够等问题，鉴于上述种种原因，造成许多高校管理队伍整体素质较差、管理水平较低，管理效率、水平不高等状况。这些症结已日益制约着高校素质教育的实施，严重影响着学校的管理质量和管理水平的提高。

七、中层管理人员处于非职业化管理状态

在高校教学管理当中，中层管理者承担的责任比较大，他们往往是各个部门的领导，肩负的任务是比较多的，特别是教学部门领导，不仅要做到上情下达以及下情上传，还要保证相关工作的有效组织和落，不仅肩负着履行管理职能的任务，也肩负着加强教学科研的任务，中层管理人员必须起到比较好的带头作用，保证高校教学和科研工作及时落实。

学院中层人员往往是业务型的专家，具备比较深的学术造诣。但在具体的学校信息化管理当中，中层管理人员自身的管理知识和方法并未得到应用，只是一味凭感觉管理，摸索管理方法，时间长了之后，会大大降低高校信息化管理水平和质量。

八、重使用，轻培训

从事高校管理工作的人员来自各种不同的岗位，具有不同的专业背景，多数人没有接受过管理学、教育学方面的基本理论的培训，又缺乏必要的继续教育时间与机会。由于从事日常管理，每天忙碌于繁重的事务性工作中，年复一年，他们只是凭着良好的愿望和有限的经验进行管理，甚至采取古老的师傅带徒弟的办法进行"传、帮、带"，缺乏运用现代方法去思考和管理新形势下的高校的能力，其管理水平根本不能适应高校建设发展的要求。

第三节　大数据时代高校管理培养措施和方法

一、认识到高校管理队伍建设的重要性，加强专业化队伍建设

认识到高校管理队伍的重要性是进行管理队伍建设的首要任务，要明白为什

么需要高水平的管理队伍，以及高校究竟需要怎样的管理队伍。"所谓专业是指一群人在从事一种需要专门技术的职业，专业是一种需要特殊智力来培养和完成的职业，其目的在于提供专门性服务。"要改变过去忽视管理队伍建设的错误观念，更加重视高校管理队伍的重要性，并通过切实措施，制定有效规划来实现管理队伍建设的专业化提升。

为了加强管理队伍的专业化建设，提高管理队伍的整体素质，首先，应当实施职业资格证书制度。"职业资格证书制度是国家对各个行业从业人员规定的职业准入制度，它要求管理人员必须具备管理的实践经验，经过严格的职业培训，丰富的专业知识等较高的综合素质能力"。同时，建立高校管理人员职业资格证书定期培训制度，并进行严格考核，不合格者取消其证书，以保证管理者从业能力的不断提高。其次应该构建管理人员培训体系，要有针对性地，根据各个岗位、职位层面的不同来采取不同的培训方式，同时促进管理者将学习的知识合理地运用到高校管理工作中去，以知识来指导实践，促进管理者的知识水平和管理工作水平的提高。

二、保证高校管理科学化

在经历了连续几年的扩招后，高等教育的规模迅速扩大，高等教育已经跨入了大众化阶段；以高教园区建设为特征的高校基本建设取得重大突破，高校的总体办学条件进一步改善；高等教育对外开放进一步扩大，高等教育国际化进程进一步加快；高等教育管理体制改革与高等学校布局结构调整工作基本完成，一批高校通过适当的方式实现了合并重组，使得合并重组后的高校规模扩大，学科更齐全、更综合，发展潜力更大。

但是，高等教育在改革和发展中也存在着许多矛盾和问题，主要包括高等教育与经济社会发展还不够协调，体制改革、机制创新与市场经济发展要求还存在差距；高校办学经费不足，债务沉重，同时经费投入效率不高、资源闲置以及财力、物力的浪费问题又在一定程度上存在；教师队伍总量不足，高层次优秀人才缺乏，同时教师队伍的不稳定问题又越来越困扰学校的领导者。存在这些矛盾和问题的原因是多方面的，但重要的原因之一是一些高校在着力抓扩招、抓建设时在一定程度上忽视甚至轻视学校的管理，突出表现为对学校的改革和发展缺少战略思考和整体规划；学校内部管理制度不健全，无章可循、有章难循，特别是有章不循的现象比较普遍，决策和管理主要凭经验、靠个人意志，主观随意性较强，科学化规范化水平不高；片面强调管理就是"服务"，忽视甚至轻视管理的组织、协调功能。

要想提升高校的办学水平和质量，必须提升高校信息化管理的水平和质量。在高校办学过程中，师资、生源、设备、经费等都是不可缺少的，但要想从根本上提升高校办学水平，必须不断创新和完善信息化科学管理方法，在结合高校客观发展规律的基础上加强高效管理。

现在，我国的高校教育发展正面临着新的转折点。在高校招生不断稳定化和改革化的基础上，高校教学发展的核心必将被移到科学发展和科学管理上来，这样一来，不仅为高校管理水平的提升提供了契机，同时也给高校管理提出了更高的要求。

（一）树立科学的管理理念

管理理念是管理者对管理所持的信念和态度，是对管理的理性认识和理想追求。科学的管理理念是科学治校的先导。高校的管理者应深刻认识和掌握高等教育的发展规律以及管理自身的运行规律，全面分析学校的内部环境和外部环境，对办什么样的学校和怎样管理学校做出理性的全面的思考；应树立"管理是科学、管理出效益、管理是生产力"的理念，自觉运用科学的管理理念指导学校管理工作的实践。

1.树立系统理念

高校既应把自身作为社会大系统的有机组成部分，不断强化社会责任感，积极履行社会职能，为促进经济的持续健康发展、维护社会的协调运行和动态平衡做出应有贡献；又应把自身的管理看作是一个系统工程，自觉运用现代管理科学系统论原理来实现学校管理组织的系统化。应整体规划，统筹兼顾，使系统的内部结构有序、合理，与外部关系协调，通过协调使有限的人力、财力、物力合理、协调的统一使用，以发挥最大的效能；应科学地认识高校管理系统的层次性，自觉地按层次进行管理，使管理的各层级、各机构及其工作人员各就其位、各司其职、各行其权、各尽其责，保证系统高效率的正常运转。

2.树立以人为本的理念

人视为"资源人"，强调以人为本。高校是高层次人才的集聚地和培养地。高校的教育者大多学历层次较高，他们具有较强的社会责任感，更加注重精神上的追求和待遇，更加关注个人的发展机会；高校的受教育者作为培养对象，是正在形成的高层次人才。因此，高校的各项管理工作更应体现以人为本的价值取向，尊重人、依靠人、为了人，凝聚人的力量，提升人的素质，开发人的潜能，促进人的全面发展，以集聚更多的高层次人才，培养更多的全面发展的人才。

3.树立依法办学的理念

在具体的办学过程中，高校相关行为是受法律监督管制的，高校必须主动配合法制部门的管理，还要把法治精神带到院校管理当中，通过完善和严格执行校内规章制度，可以从根本上维护好校内规章制度的权威性，实现校内管理和运行的规范化。

（二）构建科学的管理组织

所谓组织，就是具有一定的共同目标和一定的活动规范的社会群体。高校作为实施高等教育的社会组织，其组织结构较复杂，内部分工在很大程度上与学科有关，组织成员的智能水平较高。因此，构建科学的管理组织对提高高校组织系统运行的有序性、提高工作效率更具有现实意义。

1.创新组织结构，完善权责体系

坚持和完善党委领导下的校长负责制，科学、合理地配置校党委、校长、学术委员会、教职工代表大会的权力，使其既相互配合，又相互制约，以保证学校组织系统运行的规范、有序、健康、高效。应正确处理党政关系，校党委着重抓重大问题的决策、抓制度建设、抓保障监督，支持校长独立负责地行使职权，同时强化对学校行政工作的监督，保证其依法办学、按章办事，防止滥用职权和行政不作为，以改善和加强党委对学校工作的领导；应正确处理校长负责和民主管理的关系，适当扩大院（系）职权，强化院（系）职能，尊重和支持教职工代表大会和学术委员会依法履行职能，充分发挥他们在学校民主管理、学术管理中的作用，以实现学校管理的民主化和科学化；正确处理学术自由和行政调控的关系，在学术事务的管理中应尊重学术权力，不应脱离学术权力的支配而行使行政权力，更不能以行政权力代替学术权力，以保证学术管理的科学化和权威化，同时坚持正确的政策导向，正确运用行政权力和政策"杠杆"，强化行政调控，以提高行政效率。

2.完善组织管理制度，用制度约束干部的行为，规范权力的运行

既应对学校组织结构中各权力主体的职权划分等做出制度安排，又应对组织结构中各组成部分内部的机构设置、职权划分、人员编制以及各级各类人员的岗位工作规范等问题做出具体的规定：既应根据党的方针政策和国家的法律法规，结合学校的实际，制定贯彻落实党和国家有关规定的更具针对性、操作性的具体规定，又应在不违背党的方针政策和国家法律法规精神的前提下，遵循高校的办学规律，总结高校改革发展的经验教训，研究制定指导和规范各项管理工作的规章制度，以及应对学校改革发展中遇到的新情况、新问题，创新生成新的规章制

度：既应进一步完善实体性规章制度，又应重视程序性规章制度建设，更应重视保障性规章制度建设，用制度保障对违规行为的处理和纠正。

3.探求科学的管理方法

要想促进信息化管理建设工作的快速落实，高校必须在结合内部管理情况的基础上，不断创新和完善信息化管理方法，要通过管理创新，改变以往落后的办学状态，还要在结合社会发展需求和市场发展需求的基础上，适当调整和增设新专业，及时修改和完善人才培养方案，还要通过加强科研课题立项等，强化市场意识，挖掘信息化管理资源的潜力，最终提升办学水平和办学效益。另外在具体的信息化管理过程中，不能一味依靠个人经验进行管理，要应用科学合理的管理方法，还要严格遵循相关制度和标准加强管理。

三、转变观念，切实提高对管理干部队伍建设的重要性和紧迫性的认识

我国高等教育正阔步迈入一个新的发展时期，因此，建设高素质的高校管理干部队伍已成为当务之急。它要求教育工作者转变观念，走出管理认识的误区，走出对高校管理干部队伍认识的误区，理解并强化科学管理，认识到提高管理水平对学校乃至中国高等教育的紧迫性和重要性；积极行动起来，制订适合本校实际情况的管理干部队伍建设规划，积极稳妥地推进管理干部队伍建设。

四、树立全面的信息化教学管理观

（一）推进教学管理信息化必须确立以现代教育理论为指导的教学管理创新理念

推进教学管理信息化还必须进一步解放思想，以现代教育理论为指导，以变革传统的教育思想为先导和动力，实现管理创新。信息化的教学管理创新，要求教学管理主体对传统的教学管理理念、教学管理模式、教学管理方法和手段进行客观分析和取舍，根据知识经济时代对人才培养的要求，充分吸收借鉴校内外教学管理改革和实践的有益经验，探索与知识经济时代教育改革发展相适应的教学管理新路子。

（二）推进教学管理信息化必须强化五方面的教学管理观

第一，在人才培养模式上需要强化的观念是：培养厚基础、宽口径、复合型、能创新的高素质人才：把素质教育、创新教育贯穿于人才培养的全过程，坚

持通识教育与专业教育并重，学问修养与人格修养并重，知识、能力与素质并重；针对不同教育对象因材施教，实现人才培养模式多样化，而人才培养模式改革必须落实到课程体系、教学方式和管理方法等方面；第二，在学科专业建设上需要强化的观念是：学科建设是高校建设中一项综合性、战略性的建设工作，是高校建设的龙头，是高起点的科学研究和高质量的人才培养的基础；当代科学技术迅猛发展，使各类学科既高度分化，又高度综合，学科之间交叉、融合是信息技术发展的必然结果。

（三）在教学过程组织与管理上需要强化的观念

制订教学大纲和教学内容要努力体现以信息资源为基础的改革思想；课堂教学要积极引进现代教育技术，要实现网络进课堂，扩大课堂教学信息量，提高学习的效率；在实践性教学环节上，要积极创建实践基地，实现实践基地网络化。

（四）管理注重效率

在高校信息化教学管理过程中，要想真正管理出效益，就必须进行科学合理的教学行政管理，通过加强教学行政管理，可以从根本上提升高校信息化管理效率。具体来说，在高校教学形成管理当中，要明确教学行政管理运行机制，还要建立有效的信息渠道，实现网络信息技术和信息服务的有效结合，并加大技术创新以及服务创新力度，在提升教学行政管理效率的基础上，促进高校信息化管理建设的有效落实。

（五）在教学质量管理上需要强化的观念

教学质量是高校办学水平的综合反映和集中体现，是高校的生命线。要建立和完善教学质量管理信息化体系，实行全方位、全过程的教学质量管理。要充分利用各种信息渠道，制定教学质量评价标准，做好教学评价工作，建立健全教学质量监控与保障体系。

五、在运行机制上必须转变教学管理职能

教学管理信息化不仅涉及观念的更新、资金的投入、技术的变革和管理队伍水平的提高，而且还涉及到教学管理组织结构、管理体制、运行机制的变革问题，需要把教务处从繁杂的日常事务性工作之中解放出来，建立一套与信息化相适应的教学管理体制。在传统教学管理体制下，以教务处为主的教学管理职能部门作为教学管理的指挥中心和管理中心，陷入繁杂的日常事务性工作之中，"全

校教务是一家，天天加班很正常"，无暇顾及教学信息的建设，没有畅通的信息渠道，缺乏信息反馈机制。而教学基层单位缺乏教学管理的自主权和信息处理能力，始终处于被动地位，严重影响了教学管理信息化的实施与建设，以致教学管理效率低下。

要尽快实现日常办公自动化、教学管理科学化。通过教学管理体制改革，建立起以院系管理为主的教学管理体制，下放管理权，扩大院系办学和管理的自主权，利用网络召开电子会议、传递机关文件，尽可能减少集中开会、公文旅行，提高对一线教学、科研信息的收集、处理能力，把领导和机关的精力集中到研究解决重大问题的决策上去，努力实现决策的民主化、科学化，拓宽广大教师、学生参与院校管理的渠道，利用校园网设置领导信息、留言板，通过电子邮件、联机交互交谈等方式，提高民意在管理中的参与度，决策更加科学民主。成立教务中心、教学信息中心、学籍管理中心、教学质量评价中心等机构，出台相应的教学管理制度，加强信息反馈功能，提高对日常教学活动的信息监控和反应能力，实现信息管理的分流。通过教学管理体制的改革，可以实现教学管理职能的转变，教学管理职能部门从原来的全方位、全程式的计划管理转变到宏观调控和增强服务上来，从而使教学管理部门有更多的时间和精力从事教学管理信息化工作。

六、研制科学的教学管理信息处理系统

在具体的高校教学管理信息系统建设当中，不仅需要专业化的信息技术，还需要充足的信息化资源，高校教学管理信息处理系统的建设，归根结底是信息技术和信息资源的有效结合。因此，必须把网络信息技术和资源带入到教学管理当中，还要加大对智能化信息技术的应用力度，建立现代化技术平台，为实现高校教学管理的智能化提供重要依据，并提供必要的技术支撑。

信息资源的开发与建设是教学管理信息化的核心内容，也是教学管理信息化建设的基础。教学管理的信息资源主要有专业信息、课程信息、学生信息、教师信息、教学条件信息、教学档案信息、教材信息等。这里就要求我们对信息的编码进行规范，依据国家、部委、有关上级主管部门已制定的编码原则及结合本校的实际情况，教务处会同学校行政办公室、人事处、资财管理处、学生处、科研处等有关职能部门进行统一制定。

七、实现教学管理信息化，加强教学管理队伍建设

所谓信息素质或者说信息素养目前还没有公认的概念，从广义上讲，1974年，美国信息产业协会主席保罗·泽考斯基提出"Information Literacy"的概念，

即信息素养是"利用大量的信息工具及主要信息源使问题得到解答的技术和技能",有信息素养的人的特征包括以下四个方面:传统文化素养的延续和拓展;使受教育者达到独立自学及终身学习水平;能够了解和运用信息源和信息工具;必须拥有各种信息技能,如对需求的了解及确认、对所需文献或信息的确定和检索、对检索信息进行评估和组织处理并做出决策等。因此,较完整的信息素养可概括为三个方面:文化素养(知识层面)、信息意识(意识层面)以及信息技能(技术层面)。从狭义上来看,信息素质即是体现在信息加工、信息获取、信息的处理利用以及信息创造诸环节中的基本能力。

(一)意识(意识层面)信息意识即驾驭信息的能力

它包括:高效获取信息的能力;熟练、批判性地评价信息的能力;有效地吸收、存储、快速提取信息的能力;运用多媒体形式表达信息、创造性使用信息的能力。随着教育信息化建设的飞速发展及高校教学规模的不断扩大,使得高校管理工作中的信息量越来越大,这就要求高校教学管理人员必须具有较强的信息意识,面对日常大量纷繁复杂的信息保持一贯的敏感性和判断力。教学管理人员具有较强的信息意识,就会在日常工作中积极主动地发掘、搜集、利用教学管理中的各种信息,服务于本职工作。高校教学管理人员除了要保持对传统媒体信息的敏感性外,更要对网络信息有积极的内在需求,要能够在大量的网络信息中敏锐地发觉、判断、提取与教学管理工作相关的信息,并且能够开发和利用好信息,使信息的价值得到充分、持久的应用。

(二)信息技能(技术层面)

信息技能是运用信息技术进行高效学习与交流的能力,也就是将以上一整套驾驭信息的能力转化为自主、高效地学习与交流的能力。作为科技发展最前沿的高校,管理信息化的程度现已日益成为衡量学校管理水平和综合实力的重要标准之一。

教学管理人员要培养自己快速获取信息、鉴定评估信息、加工提炼信息的能力,才能及时捕捉信息,高效制作信息,快速传递信息。教学管理人员要加强综合信息素质的提高,要学习管理学的知识和教育管理规律,提高辅助管理的能力,明确为领导提供管理和决策信息的重要性。这就要求教学管理人员一方面系统学习信息学理论,掌握信息知识和网络技术常识,能够应用信息解决日常管理工作中的实际问题;另一方面,能够熟练运用各种媒体,特别是在网络传播手段实现部门之间、上下级之间、同事之间的信息交流上。

（三）信息道德

信息道德对应的是伦理规范，这种规范的体现过程往往有信息获取过程、信息使用过程、信息创造过程以及信息传播过程。

对于高校教学管理人员来说，必须在严格遵循信息法律法规以及相关制度的基础上，加大对知识产权的保护力度。管理人员必须有良好的人生观和价值观，从根本上提升自己的自律能力，能拒绝不良信息的干扰和影响。管理人员还要加强对信息安全保障知识、计算机维护等知识的学习，了解网络犯罪的相关常识。只有在考虑信息化时代发展的情况下，加强对管理人员信息伦理道德的培养，才能从根本上规范高校管理人员的管理行为。

信息素养的教育关系到人们如何立足于信息化社会这一基本点。其不是简单的超前教育观，是必须重视的现实问题。在信息化教学管理思维下，必须提升管理人员的综合素质和管理能力。只有提升教学管理者的信息技术运用水平，提升教育管理者搜集信息、研究信息和处理信息的水平，才能最终满足高校信息化管理的最终需求。因此在具体的信息化教学管理队伍建设过程中，必须严格遵循重在培养的标准化原则。

一方面，要引进具有较高信息素养与信息能力的人才，充实教学管理队伍；另一方面，要着重培养提高现有教学管理人员的信息能力，通过培训提高他们的现代信息素养，提高他们应用和开发信息技术的能力。同时必须建立科学的信息管理规范，加强规范化管理制度的建设。

八、加强职业理想和职业道德教育，培养敬业、乐业的职业精神

高校管理者树立了正确的职业理想，能够正确面对和处理工作重的困难，能够激励他们把个人理想与奋斗同本校的战略目标结合起来，认识到自己工作的价值与意义，并努力实现自我价值，激发奋发向上的意识和信心，树立起牢固的职业理想和敬业精神。"职业道德则是从业人员应当遵守的职业行为准则和规范，高校管理者的职业道德是指在高等学校管理、教育与服务工作中所遵守的道德准则"。高校管理者的工作有其特殊性，主要表现在两个方面：高等教育是一种传播精神与知识的生产活动，不同于物质生产，它尤其自身的规律；高校管理者的工作对象是具有较高文化修养与专门学术领域的教师与学生，他们的荣誉感和自尊心比其他社会成员更强，因此对高校管理者们的职业道德水平有更高的要求，也赋予了高校管理职业道德更为丰富的内涵，这就要求管理者在工作中要遵循一下两个方面：

（一）坚持正确的政治方向和思想觉悟

必须能够有较高的思想觉悟和政治觉悟，能够抵制各种不良风气和腐朽生活方式的侵蚀，始终保持坚定的政治方向，把爱国主义、集体主义和社会主义教育作为思想政治教育的主旋律。同时正确处理好奉献与索取的关系，将个人利益、集体利益与国家利益统一起来，把自己所从事的管理工作同学校、社会的发展联系起来，为教育管理工作贡献力量。

（二）加强管理人员的职业理想与道德教育，激发管理人员工作的热情及动力

新形势下的高校管理工作对管理人员提出了更高的要求，尤其是信息化建设的普及所带来的教育环境的改变，更要求管理人员边工作边学习，从传统的经验型的管理者转变为紧跟时代潮流的学习型管理者。另外随着管理人员工作年限的提高，高校也应该采取多种途径来保护与激励他们的工作热情。通过加强职业理想与道德教育，既能够丰富管理人员的理论知识，又能够增强他们工作的幸福感与积极性，既提高了管理人员的综合素质，又能够提高工作质量，从而形成工作热情高涨，学习热情积极，业务水平提高的良好状态。

九、加强职业理想和职业道德教育，努力培养敬业、乐业的献身精神

高校管理者的职业理想，应是以提高全民族的科学文化水平为己任，努力培养出更多的德、智、体全面发展的社会主义建设者和接班人。目前一些管理者未曾树立职业理想，我们必须采取各种有效的措施，帮助他们树立起正确的人生观、价值观和道德观。引导他们认识到在社会主义中国每个岗位上的服务者，在别的岗位上都是被服务者。职业是平等的，没有高低贵贱之分。激励他们把个人的奋斗目标同本校的发展前途联系起来。认识到自己所从事的管理工作的崇高价值，从而增强自信、自强和奋发向上的意识，努力去实现自身价值，牢固树立起职业理想和敬业精神。管理者的职业理想一经确立，就能面对管理工作中的困难和挑战，有勇气克服它、战胜它、超越它，而不被它所压倒，同时，还能在实际工作中体会到无穷的乐趣。职业道德是职业行为者所应遵守的社会职业行为准则和规范。高校管理者的职业道德，是指在高等学校管理、教育、服务的具体工作中所必须遵循的社会行为准则。

高校管理是一项培养教育人的特殊职业，其职业道德有丰富的内涵，这就要

求管理者在工作中必须遵循以下三点：

（一）坚持正确的政治方向，全面培养合格人才

管理者必须认真学习贯彻习近平新时代中国特色社会主义思想，坚持不懈用党的创新理论武装头脑，不断改造主观世界，自觉抵制资产阶级思想和腐朽生活方式的侵蚀，在错综复杂的环境中，始终保持坚定正确的政治方向、政治立场和政治观点。

坚持把爱国主义、集体主义和社会主义教育作为思想教育的主旋律。努力把政治思想教育落实到培养德、智、体全面发展的社会主义建设者和接班人这一根本任务上。

（二）忠诚于党的教育事业，乐于吃苦奉献

教育工作是塑造人的灵魂的工作，是太阳底下最光辉的职业。国家振兴在科技，科技振兴在教育，教育的振兴在于教育工作者。高校管理者也是教育者，自然应珍惜、热爱这一崇高伟大的职业，树立起"振兴中华，匹夫有责"的意识。正确看待管理工作中暂存的不良现象，正确处理"奉献"与"索取"的关系。当个人利益与国家利益、学校利益发生矛盾时，要毫不犹豫地服从国家、学校利益，自觉将自己的一言一行与国家的前途和学校的利益联系起来，把自己从事的管理工作与国家的兴旺发达联系起来，忠诚于党的教育事业，淡泊名利，乐于吃苦，为教育管理工作贡献毕生精力。

（三）率先垂范，为人师表

对于高校管理人员来说，其承担着管理育人的责任，要想加强对学生的教育和管理，必须先加强对自身的管理，只有保证自己足够正直，才能获得管理者的尊重，才能在树立良好形象的基础上，带动众人一起发展对于高校管理者来说，只有在规范自身道德行为的基础上，才能规范学生的道德行为。对于那些职业道德不良的人来说，是无法有效落实教育管理工作的。所以，不管在什么时候，高校教育管理人员都要树立良好的形象，影响人和带动人。高校管理人员之间要团结协作、加强交流沟通，在行为道德方面为人师表。

十、重视提高中层管理干部队伍的管理才能

现代管理学认为，管理岗位首先要具备的是管理才能，相比之下，专业知识在其次。高校管理层尤其是中层干部，除了具备必要的专业知识，掌握学科前沿

内容外，更重要的是要具备管理者所必备的基本素质，如掌握基本的管理理论、管理手段、方法和技巧，具有调查研究、分析问题、解决问题的能力，具备组织、协调的能力和驾驭全局、控制全面的能力。要建设这样一支队伍，一是要选拔；二是要培养。

十一、建立完善的管理人员进入与流动机制，建立健全合理的考评和激励制度

高校是由各种学科和不同层次的行政组织组成的复杂的系统。高校既具有组织的一般特性，又具有组织结构上的学科性特点。因此，从理论上讲，高校的管理人员，尤其是中高层管理人员，既应具有较高的学术能力和学术水平，又应具有较高的管理能力和管理水平。但事实上，这样的人才极少。由于对管理能力和管理水平的评价缺乏定量的指标，而对学术能力和学术水平的评价又往往以学历、职称的高低来衡量，因而实际存在着选拔任用管理人员过于强调学历、职称的高低，轻视甚至忽视管理能力和管理水平的强弱，导致一些学术地位和学术水平很高的专家、学者走上管理岗位后，因管理能力和管理水平有限而影响学校管理水平的提升，也影响了专家、教授在学术上的发展，导致学校的管理和专家的学术"两误"行政权力和学术权力是高校的两种基本权力形式。所谓行政权力，是按规定程序设立的组织所赋予的与职责相对应的权力，它的主体是学校党政管理机构及其工作人员；学术权力是以学科知识体系和专家的学术能力为基础的一种权力，它的主体是学校学术管理机构和教授、学者。《高等教育法》规定，高校实行党委领导下的校长负责制，校党委是学校的领导核心，是学校的最高决策机构；以校长为首的学校行政在校党委领导下开展工作，主要是执行校党委的决策。同时，《高等教育法》规定，高校设立学术委员会，审议学科、专业的设置，教学、科研计划方案，评定教学、科研成果等有关学术事项。因此，高校的学术管理应更多地依靠教授、学者，并通过制度来保证学术权力规范有效地运行；包括党委书记和校长在内的各级各类管理人员的主要职责是科学决策和规范管理，以保证学校持续、稳定、高效地运转。管理人员的选拔首先应重视其决策和管理能力，其次是学术地位和学术水平。

首先，在选拔管理人才方面，应该以建设专业化管理队伍为目标，从各种专业人才中选拔管理人才。管理人才的选拔，要有明确的标准，有具体的学历、专业知识、管理知识要求，同时要有良好的政治觉悟与思想道德水平。

其次，应该明确管理者的职责范围，建立起一套涵盖工作任务、考核方法、

待遇条件、职务升降、合理流动等方面的激励机制，管理者能上能下、能进能出，有利于优秀人才能够脱颖而出，对于业绩优秀、能力突出的管理者才能够及时得到重用。另外要形成管理人才的流动机制，包括校内流动、校际流动及学校与社会之间的流动等。学校要拓宽渠道，及时补充新鲜血液，以新老更替、优胜劣汰来保持组织的活力，以人员的交流来促进组织的稳定性。

最后，要建立合理的考核激励评价体系，以一系列的奖惩措施来激发管理人员的积极性，引入优胜劣汰的竞争激励机制，奖优罚劣，使奖惩直接与功绩、贡献挂钩，形成正确的行为和价值导向。对高校管理人员的考核要有科学性、易操作性的指标体系，采取定量与定性结合的考核方式平时考核与年度考核结合的方法，并要保证考核结果的公平、公正及可信度，使管理人员保持较高的工作业绩与积极性，从而促进个人工作与学校工作的共同发展。

十二、落实培训措施

强化对管理人员的教育培训是高等教育大众化、现代化、国际化的必然要求，是提高管理人员整体素质和专业化水平，实现高校管理科学化的重要途径。有关方面调查表明，目前高校的部分领导干部对党和国家的政策法规学习、领会不深不透，政治意识较为淡薄，对大是大非问题的认识不够清晰，不善于从政治上观察和处理问题，缺乏应有的大局观念，眼界不高，思路不宽，战略思维能力较差。中层管理人员也存在着思想政治素质有待提高、管理能力有待加强的问题。因此，迫切需要加强对管理人员进行马克思主义基本理论和党的路线、方针、政策的教育培训，不断增强他们的马克思主义理论素养和政策水平，提高他们运用马克思主义基本观点和方法分析解决现实问题的能力；迫切需要加强领导科学理论、高等教育理论的教育培训，不断提高他们的领导素质和能力，帮助他们掌握高等教育理论，把握高等教育规律和高校管理规律，并以此指导管理工作实践；迫切需要培养他们的创新能力和大局观念，培育世界眼光，提高战略思维能力，认真及时地学习和借鉴国外高等教育发展的经验，深入领会国际前沿的高等教育理论，以新的理论和世界眼光来考虑学校的发展战略，增强工作的预见性和前瞻性。对管理人员的教育培训，应坚持理论和实践相结合、集中培训和自学相结合，脱产学习和在岗研修相结合，不断增强其针对性和实效性。

对于高校信息化管理人员来说，要想提升自身的综合素质，必须主动参与到专业培训当作。必须具备有力的培训保障。相对于高校教师培训来说，管理者培训中存在的问题比较多，必须采取相应有效的解决措施。具体问题有四个：第一，培训制度和管理制度不完善。在当前的很多高校管理当中，存在管理人员培训无章可循的问题；第二，缺乏合理的管理培训计划安排。在很多高校培训当中，往往比较重视教师培训，教师培训很早就进行了计划安排，也明确了培训目标和方案，但管理人员的培训工作却无法落实，不仅没有响应的培训计划安排，也没有科学合理的培训方案；第三，缺乏合理的培训方式及内容。对于高校教师来说，培训方式往往较多，不仅可以读进修班，还可以攻读学位以及留学等，培训内容也比较系统化，但高校管理者的培训却无人问津，培训参与机会比较少，时间也比较短，而且培训内容是单一化的；第四，缺乏培训基地。在一部分高校当中，都没有专门化的管理者培训场所，也缺乏专业化的管理干部培训部门，导致高校管理人员自身素质无法提升。

因此，笔者认为，必须重点抓好如下工作：建立健全培训制度。高校应有机构人员负责管理者的培训工作，制定培训规划、目标、对象、方式及考核、奖惩办法等一整套健全完善的培训制度，加强对管理队伍建设的宏观调控和培训的计划、安排：建立培训基地。国家教委所属的几个教育管理干部培训中心，不能满足于目前的管理干部培训，应发展壮大并适当向下延伸；在一些高校集中的地方开办培训点以解决目前管理人员培训无门的问题。各高校应举办各种不同形式的管理人员培训班，或集中培训或举办讲座，或开展管理经验（学术）交流会，或派出考察。

培训措施应突出针对性，可行性和效益性。各校固然可"因地制宜"但"分类分层"应当是培训的基本方法。可谓"分类"，就是根据每一时期的培训目标、任务，通过对管理者进行逐个的、深入仔细的对比分析，找出其薄弱环节，然后依据不同情况，分别进行不同内容的培训。如组织政治思想薄弱者开展专题讨论研究，或送他们到党校，强化马克思列宁主义、毛泽东思想、邓小平理论、"三个代表"重要思想、科学发展观，特别是习近平新时代中国特色社会主义思想的学习，并为其提供重大问题调查研究、分析、论证的机会，以提高他们的政治理论水平：对现代科学文化知识基础薄弱者送去培训或在职进修，重点学习现代科学技术、现代管理知识和相关的专业知识，并经常组织他们到管理经验丰富的兄弟院校考察交流，提高科学文化素养，学习现代管理经验。所谓"分层"法，是把管理者分为上、中、基几个层次，按不同的层次分别进行培训。

上层为校（院）级领导，这部分人数不多，应分期分批到国家教委组织的各类培训班，或国家教委高级行政学院及中央党校学习世界先进的教育管理理论和经验。处、科级干部为中层，可按培训计划目标，分别送国家教委培训中心或省党校学习。基层为科室中的一般管理人员,这部分人数量较多,培训量大,应以高校自我培训为主,除采取讲座、经验交流会、党团活动等方式,结合基层管理者的实际需要进行有计划的经常性地培训外,并注意把培训学习的成绩和鉴定材料归入本人档案,作为管理人员考核、晋升的依据之一。这种"分类分层"法培训,具有较强的针对性,可以避免盲目性和培训模式的单一性,解决培训对象的分流问题,使每个管理者均有机会参加培训学习。对提高高校管理队伍的整体素质是大有帮助的。

第十章　　大数据时代我国高校学生工作管理创新趋势

第一节　"微时代"下高校学生工作管理创新措施

面对新的时代背景，高校可从转变学生工作管理理念、优化学生工作管理队伍、健全学生工作管理平台、丰富学生工作管理方式四个方面来积极探索高校学生工作管理创新措施，不断增强学生工作管理的创造力、号召力和影响力。

一、实施"微管理"，转变和创新学生工作管理创新理念

（一）实施学生工作管理思维的转型

"微时代"下，随着新媒体在校园内的普及，学生工作管理者可以借助新媒体平台作为新的学生工作管理阵地和载体，使学生工作管理不断现代化和科学化，从而提高工作效率，这就需要学生工作管理者进行思维的转型。

1. 学生工作管理者应该从思想上重视新媒体平台所具备的潜在管理功能

"微时代"下，随着微博、微信等新媒体在大学生中的普及，管理者如果能运用这些平台作为和学生互动及管理的新方式和新途径，那么就能更好地融入学生的学习、生活中去，就有可能发挥潜在的管理功能。这就需要学生工作管理者转变思维方式，不对新媒体抱有偏见，反而要正确认识新媒体、认真研究新媒体、大胆使用新媒体。

2. 管理思维可尝试由现实管理向虚拟管理转型

与学生进行面对面的交流是管理者普遍采用的方式，他们认为这种方式能较好地实现对学生的管理。但是在"微时代"，这种方式可能并不为学生们所普遍接受，甚至容易使部分学生产生厌烦的情绪，因此，应该将这种思维向虚拟管理转型，重视并尝试通过以学生喜闻乐见的虚拟新媒体平台实施宣传、交流、管理、服务等功能。

3.积极转变管理理念

校园环境、构建科学完善的学生管理制度、重视学生的主体性地位,使管理更加的科学化、民主化和正规化,从而实现学生的全面发展。

学校也应适应潮流,转变学生工作管理思维,适应新环境、新要求,将新媒体平台纳入学校整体学生工作管理战略之中,加大资金和技术的投入,谋求可持续发展的创新之路,为推进高校学生工作管理健康、有序地发展奠定坚实的基础。

(二)重视新媒体使用的价值引导

大学阶段是学生形成正确世界观、人生观和价值观的重要阶段,而与各种层出不穷信息的接触,容易对大学生的思想观念和道德认知造成不良影响,甚至出现理想信念不坚定、价值观混乱等问题,如果不及时加以引导,就可能造成难以弥补的遗。"微时代"既有利于学生更新思想观念,又容易使他们受到不良信息的误导,影响他们正确观念的形成。但是,如果能引导学生正确使用新媒体,使他们具有良好的新媒体使用素养,他们能有选择性地利用新媒体平台中的资源,从而抵制不良信息,促进学生自身的全面发展。首先,高校可尝试开设微博、微信等新媒体使用技术的培训班或选修课,向学生传授新媒体的基本知识和主要用途,使他们了解新媒体的传播途径和方式,提高对新媒体信息的独立思考、理解和批判性选择的能力,远离不良新媒体环境,并强化学生新媒体使用的道德意识和法制观念;其次,指导和鼓励学生尝试参加新媒体实践活动,提高新媒体使用技能。如:制作微视频、微电影、举办微公益校园活动项目等。

二、打造"微队伍",推进和优化学生工作管理队伍

(一)建立"四位一体"的学生工作管理队伍

"微时代"下,可尝试利用新媒体平台的便捷、快速、易互交的特性建立辅导员、教师、学生干部和家长"四位一体"的学生工作管理队伍。辅导员、教师、学生干部、家长不仅要在学生工作管理中发挥好各自的作用,相互之间还要加强配合、加强交流、优势互补、协调一致,从而实现"1+1+1+1>4"的效果,最大力度地发挥"四位一体"学生工作管理队伍的功用。

1.辅导员方面

辅导员是学生思想政治工作和日常管理的骨干力量,是学生健康成长的指导者和引路人。他们的主要职责是负责学生思想政治教育工作,学生党团、班级工作,学生学业、就业、交友、心理指导咨询工作,学生宿舍管理、奖助困补、安

全维稳等工作,在大学校园中与学生接触得最多、关系最为密切,学生对他们的依赖程度比较高。辅导员所带学生比例一般不低于1∶200,工作量大,任务较重。

"微时代"下,辅导员可以利用新媒体平台提高工作效率,扩大学生受众面,如,利用班级微信、微博、QQ等新媒体准确地传达信息,巧妙地描述事件,积极地交流互动,有序地管理引导,以达到更好地服务学生的目的。

2. 教师方面

可从已有校园资源入手,一是加强对学生工作管理相关部门如学校学工处、保卫处、招生就业处、后勤处、团委、各(院)系学工办、学院/班级等教师的培训,提升他们使用新媒体的能力,鼓励他们利用新媒体平台开展工作。在具体工作中,他们既要维护好部门或个人的新媒体平台,又要关注和参与到学生媒体平台中去,才能达到较好的管理效果。如:通过微博、微信或QQ与学生交流,既能增进师生感情,又能及时了解学生动态;或是利用自己的新媒体平台在学生中传递正能量,引导学生树立正确的三观。二是专业教师。专业教师也可以通过微博、微信、微课程等学生所喜闻乐见的方式来组织课堂,并积极地与学生在学习上交流互动,甚至可将课堂延伸到课堂之外、课余时间,以增强学生学习的积极性,巩固教学效果。

3. 学生干部方面

除了学生会、团总支、社团联合会、青年志愿者等学生组织的学生干部之外,还可以组建一支作风好、纪律强、技术强的学生干部队伍深入学生中间,积极转发传播学校官方信息,及时关注学生中的舆情动态,传递正能量,发挥学生朋辈相互影响的积极作用。如:组建学生干部微团队,专门从事微电影、微故事、微公益、微访谈等微素材的制作,并发布到新媒体平台上,以达到教育管理的目的。

4. 学生家长方面

随着"微时代"的到来,越来越多的家长也使用微博、微信、QQ等新媒体,这就为教师、学生、家长三方互动、共同关注学生的成长提供了更好的平台。如,教师可将学生在校园学习、生活、心理等情况通过新媒体平台向家长反馈,特别是部分重点关注的学生对象,这样家长就不受限于时间、空间,能及时了解学生最新动态。

为了更好地发挥"四位一体"的学生工作管理队伍的作用,学校也可通过开展新媒体培训、社会考察、知名媒体机构交流经验等学习活动加强他们对微时代的认识,鼓励他们提升使用新媒体的技术、能力。

（二）激发学生"意见领袖"的积极引导作用

学生中的"意见领袖"发挥的作用具有两面性。一方面，如果他们在新媒体平台上发布的信息是正能量的、与浏览学生的互动是友好的、对校内事件和热门观点的探讨是积极的，就能引导舆论朝着积极的方向发展，且有利于事情的妥善解决。另一方面，如果他们发布的信息负能量爆棚或是对学校稍有不满就煽风点火引起校园风波，这种消极的舆论导向就给事情的解决造成更大的障碍。高校可尝试培养一批"意见领袖"，并加强对他们的培养和引导，充分发挥他们的积极引导作用。通过他们在学生中解释、宣传、展开工作，使他们成为学生工作管理的重要力量，以便更好地为学生服务。如：在2016年全国"两会"期间，学生"意见领袖"可以通过微博、微信等平台转发"两会"期间的热点话题，引导同学们共同关注时事政治，提高同学们热爱祖国、参与社会的积极性。总之，学生"意见领袖"在学生工作管理中的积极作用不容小觑，高校可从人才发展的角度出发，充分尊重学生主体地位，多渠道构建培育机制，并形成一个系统科学的培养体系，从而实现以学生管理学生、学生服务学生、学生影响学生的自我发展模式。

三、搭建"新媒体"，建立和健全学生工作管理平台

（一）建设新媒体基础设施

"微时代"下，为了使微博、微信等新媒体平台顺利进驻高校并发挥其作用，学校必须建设满足微博、微信等新媒体平台使用的基础设施、硬件环境和软件设备，并且长期管理维护，以保障新媒体平台在校园内的广泛运用。如，校园W覆盖面要广，能到达包括教室、实训室、图书馆、运动场、食堂、学生宿舍等区域。总而言之，就是要创造以硬件条件为基础、以相应软件程序为补充、以长期维护为支撑，这样才能保障学生工作管理能够运用新媒体平台长期有效地开展。

（二）搭建多元新媒体平台

首先，注册学校的官方微博、微信公众号等平台，构建家庭、学校、企业、社会互相关联的平台，并经常更新动态，保持与外界之间的信息交换；其次，建立各院系、部门的微博、微信等新媒体平台，通过双向互动，倾听学生的意见和建议，不断改进学生工作管理的服务质量；再者，鼓励教师开通个人微博、微信等新媒体平台，并与学生进行互动，为学生学习、生活提供帮助；最后，鼓励学生组织、社团、班级构建自由、民主、文明、守纪的交流平台，进行群体之间

的互动和思辨，激发学生及学生工作的活力。此外，搭建学校、部门、教师、学生组织多元新媒体平台后，不能只建不管，还应加强监督、管理、维护，统一协调，相互补充，避免重复，以达到有效利用。

（三）构建精品新媒体平台

"微时代"下，为了更好地发挥新媒体平台在学生工作管理中的作用，还可构建专门的、针对性较强的学生工作管理精品微博、微信公众号平台。如，注册"校园百事通"微信公众号，并有针对性地以学生工作管理内容来开发微信公众号的模块。如在"校园百事通"微信公众号中创建学生教育、学生管理、学生服务等模块菜单。在学生教育模块中设计党团教育、理想信念教育、法制教育、心理健康、安全教育、主题教育等栏目；在学生管理模块中设计校纪校规、奖惩通报、学生动态、档案管理、事务管理等栏目；在学生服务模块中设计文件通知、学习园地、就业创业、主题活动、校园生活、课表成绩查询、奖助困补贷、虚拟社区、联系我们等栏目。每个栏目下还可以添加子栏目，如事务管理下开设宿舍管理、勤工助学、请假申请等栏目。所有栏目中的内容运用文字、图片、视频、音频等素材，且贴近学生、贴近生活，用具有地方特色、学校特色、学生容易接受的语境，引起学生的认同和共鸣，吸引学生注意力，满足学生需求，增加学生关注、点击、阅读、参与、转发、评论的兴趣，使得平台能够受到学生的广泛关注，从而不断提升学生工作管理的服务质量。

（四）强化使用新媒体平台的监督管理机制

"微时代"下，新媒体技术在校园广泛运用，在这种环境下，信息的发布和使用比以往更加自由，而且信息的传播在某种程度上处于一种"时间、空间、资讯无障碍"的状态，具有不确定性和难以控制性。另外，由于平台太多，且呈现自发、松散、无序的状态，缺乏统一组织，加上平台之间没有相互协调机制，难以实现有效利用。因此，"微时代"下，系统化的制度建设和科学的监督管理机制的落实显得尤为重要，可尝试采取如下措施。首先，研究制定科学、有效、统一的新媒体运行规章制度，加强对新媒体的有效监管。其次，对校园内多层次的新媒体平台进行监督和引导，并实时检查，从源头上净化过滤不良有害信息，确保学生拥有健康环境，但又要注意留有适当空间，避免挫伤学生参与的积极性。最后，要实施线上、线下两手抓的监管机制，结合传统的管理方式，扩大监管的范围。"微时代"下，高校只有与时俱进地研究出科学的新媒体使用管理方法，并建立合理的新媒体使用管理机制，才能营造安全、有序的校园环境，维护校园稳定。

四、开展"微活动",丰富与创新学生工作管理方式

(一)构建"微活动"校园文化,形成润物无声管理特色

大学生十分注重校园文化生活,营造良好的"微活动"校园文化氛围可以调动学生参与活动的积极性。高校学生工作管理者可以尝试将微博、微信等新媒体平台运用于构建校园"微活动"中,并通过"微活动"向大学生传播教育知识信息、弘扬社会主旋律和树立正确的价值观念,以凸显"春风化雨、润物无声"的管理特色,为更好地开展"微时代"下高校学生工作管理奠定基础。首先,可尝试挖掘和培养一批思维活跃、现代意识强、善于策划组织且多才多艺的教师或学生干部队伍,使他们深入学生中间,并能够顺应时代需求,不断创建新的活动形式;其次,加入"微时代"、"微时尚"元素推广校园文化活动,广泛地吸引大学生积极地参与进来;第三,创新校园文化活动形式,在传统的校园文化活动形式的基础上,举办一些符合"微时代"发展、以"微时代"为主题的校园文化活动,比如微电影比赛、摄影评比、微商创业活动等。通过开展"微时代"校园文化活动,既丰富了学生的课余生活,又锻炼了学生的人际交往能力,有利于学生积累社会实践经验。

(二)推广"微公益"校园项目,凸显"育人无形"管理效果

"微公益"指的是通过微不足道的小事来进行公益事业的传播,汇微小成巨大,微公益强调积少成多。在"微时代"中,人人都是"微公益"的践行者。在学生中开展"微公益"校园活动项目,既能够帮助一些特殊学生,解决他们的困难,更能弘扬互帮互助精神,增进学生之间的感情,传播正能量,实现"有人无形"的效果。高校举办校园"微公益"活动项目意义深远。校园中的"微公益"不仅仅是一种简单意义上的校园文化活动,更重要的是通过"微公益"活动,培养学生感恩的生活态度,提升学生的社会责任感,升华学生的思想道德品质,以达到"我为人人,人人为我"的人生境界。因此,高校学生工作管理者要了解有关"微公益"的基本知识,并结合工作中的实际情况,经常举办一些适合学生参与的"微公益"校园活动项目,并在学生中积极地宣传。如,在学生中发起一月捐献一元的"微公益"校园活动,帮助校园中家境困难、患有严重疾病的同学;向同学们倡议捐出自己用旧了的书籍等学习用品或衣服等生活用品,寄给偏远山区的学生。

第二节　大数据时代高校学生工作管理创新探究

一、大数据时代高校学生工作管理的背景

（一）大数据的内涵和特征

麦肯锡全球研究所报告《大数据：创新、竞争和生产力的下一个前沿》对大数据的含义做了界定，认为大数据是指大小超出了传统数据库软件工作的抓取、存储、管理和分析能力的数据群。我国学者涂子沛认为，大数据是指那些大小已经超出了传统意义上的尺度，一般的软件工作难以捕捉、存储、管理和分析的数据。由此可见，大数据主要是指数据规模巨大的数据库，其主要内涵包括两个方面：一是数据规模之大，达到无法用传统的软件工具来进行提取、存储、管理、分析和应用的程度；二是数据处理技术之新，对如此大规模的数据进行提取、存储、管理、分析和应用需要全新的技术体系来支撑。

大数据以其鲜明的特征展示其巨大的力量，使信息产生和传送的速度、方式、范围都发生了前所未有的变化，对高校学生工作管理也带来了深刻的影响。

（二）一切皆可数据化

根据中国互联网络信息中心（CNNIC）2018年8月发布的《第42次中国互联网络发展状况统计报告》显示，我国互联网的普及率达57.7%，手机网民规模稳步增长。大学生网民的概率更高，几乎所有大学生都会使用互联网上网，在网上学习、交友和购物，网络已经成为大学生的一种生活方式。互联网改变着大学生的学习、工作和生活方式，它所带来的即时性、简洁性、便捷性适应了现代大学生的心理需求和社会需求。随着智能手机和WIFI网络的进一步普及，大学生使用互联网将更加方便。网络为学生展开了一幅丰富生动的画卷，其中蕴含着无限的可能性，大学生既可以在其中尽情学习海量知识，可以毫无顾忌地发表看法、发泄情绪，可以享受网络购物的便捷和实惠，还可以方便迅速地与五湖四海的亲朋好友沟通交流。应该说，在与学生面对面的交流中展示的自我相比，大学生在网络上的表现更丰富和真实。在小数据时代，由于数据收集能力和处理技术的局限性，要通过互联网全面了解学生是非常困难的，但在大数据时代，学生的衣食住行、喜怒哀乐、吃喝玩乐等情况都以数据形式存在。在大数据时代，通过互联网和移动终端，可以实时快速完整地收集大学生的各类信息，包括定位、通话、消费、评论等各种数据，通过数据分析和挖

掘，可以全面地了解大学生的个性、兴趣、习惯、情感和思想，为开展学生工作打下良好的信息基础。

二、大数据时代高校学生工作管理的理念

面对新时代，高校学生工作管理者应及时树立大数据思维，改变传统的学生理念和工作理念，为开展大数据时代的高校学生工作管理奠定基础。

（一）理性化决策

高校学生工作管理的主要对象是大学生，作为最具活力、最具潜力的自主个体，大学生的思想、行为和个性是最丰富的。由于思想的无形性和复杂性特征，要了解一个人的思想是比较困难的，以往我们只能依赖于个人学生工作经历的经验来做出判断。这种传统的主观决策方式和基于经验的学生管理模式会有失偏颇但在大数据时代，我们可以有效地做出更科学的判断、更加理性化的决策。大数据为我们提供了有关大学生的方方面面的信息，是我们做出理性决策的数据依据。"大数据时代已经来临，在商业、经济及其他领域中，决策将日益基于数据和分析而做出，而非基于经验和直觉。"在大数据时代，我们可以通过互联网收集大学生群体的思想、行为特征，通过云计算和分析技术形成对大学生群体思想行为的规律性认识，通过对海量数据的分析实现科学决策，而不是仅仅凭借主观经验和感受。

（二）精准化预测

预测是大数据的核心，它把数学运算法运用到海量的数据上，从而来预测事情发生的可能性，实现预估的目的。海量数据使我们对事物发展状况的预测成为可能，也使我们对人类行为的预测成为可能。在大数据时代，大学生的行为都被记录保存下来，这些行为数据是相互依存和关联的，通过大学生行为数据的深度分析和整合，可以找到这些行为之间的联系，发现大学生行为的趋势和可能性，从而对大学生的行为进行预警和预测。通过检测大学生的行为数据，发挥预警机制的作用，我们就能迅速做出反应，提前对学生进行指导和干预。

（三）个性化服务

大数据时代使个性化教育成为可能。通过对学生学习过程的数据跟踪、分析，可以发现学生的学习模式，为其制订个性化教育方案。大数据时代对个性化的关注，将使学生工作管理发生重大改变。以往学生工作管理只能从整体上制订

工作方案，忽略学生的差异性和个性化需求。大学生是极具个性的群体，他们注重个性，希望被作为独特的个体来看待。大数据让我们能重新审视学生工作管理，不仅从整体上把握学生工作管理的规律，更注重从个体上来开展具体的工作，促进每个大学生的个性化发展。大数据通过全面、及时、动态地记录每个学生的学习、生活和社交情况，形成对每个学生的准确认识，能准确把握学生的个性和成长需求，从而有针对性地开展思想政治教育、职业生涯规划、心理辅导、综合素质教育，实现对学生的个性化服务。

（四）科学化评价

在以往的高校学生工作管理实践中，无论是对学生的思想评价还是对学生的家庭经济情况评价，都很难采用量化的方法，只能从辅导员、班主任、同学等各种渠道尽可能多地了解情况，从而形成主观性极强的评价，这样难免会存在一定偏差。但通过对大数据的使用，以评价学生的家庭经济状况为例，我们可以通过学生校园卡的消费记录、购物网站的消费记录、手机缴费清单、个人账户的往来记录等清晰地把握学生某一段时间的具体收支情况，从而对其个人经济情况做出准确判断，以此作为判断其家庭经济状况的一个重要依据，避免由主观分析带来的失误。在对学生的思想状况做出评价时，通过对海量数据的分析，也可以更加准确地把握其思想和行为动态，将反映其思想特征的信息进行数据化处理，从而使量化分析成为可能。在评价学校、二级学院的学生工作时，可以采用定性与定量相结合的方法，将单项评价与综合评价、过程评价与结果评价结合起来。这种定性和定量相结合的方法，将极大地提高学生工作评价的科学性。

三、大数据时代高校学生工作管理的路径

（一）建设一个集成型的学生工作管理数据平台

大数据时代开展高校学生工作管理的基础是数据，只有掌握了大数据才能真正了解大学生的思想行为特点，有效地开展各项教育、管理和服务工作。首先，高校层面要进行顶层设计，建设一个集成型的数据平台。各高校在轰轰烈烈地开展智慧校园建设时，往往是各自为政，只考虑本部门的工作需求，学校内部都很难实现数据共享和整合。学校层面应该设立一个协调部门或数据中心，集成学工部、教务处、后勤处、图书馆等与学生相关的各部门的信息平台，整合所有与学生相关的信息，建设一个系统的在线数据收集平台，形成一个全校范围的学生工

作管理数据库,以保证及时全面地收集所有学生的所有数据。同时,各高校还要从整体的角度做好数据分类、分层的收集规划工作,确保数据来源和方式的多样化,确保数据类型的多元化,确保覆盖所有与学生工作相关的因素,确保数据采集的广度、深度和细分度,建立一个数据收集的立体化系统。其次,高校要主动共享社会数据库。大学生的主要活动阵地涉及互联网和移动手机等多个平台,单靠学校内部的数据库无法全面掌握学生的所有情况,而且社会各界的数据收集力量和技术可能更加强大,所以更需要高校突破校园围墙,主动与相关网络媒体、社会组织、政府部门、其他高校建立协同机制,共享数据资源,动态地把握学生数据,充分借助社会力量,充实高校的学生工作管理信息库。

(二)建设一支复合型的学生工作管理队伍

大数据时代的到来,给高校学生工作管理队伍提出了更高的要求,除了具备以往的素质能力之外,对学生工作管理者的大数据意识和处理信息的能力提出了新的要求。首先,学生工作管理队伍要具备大数据意识。学生工作管理者要充分认识到大数据对改进高校学生工作管理的重要价值和意义,从思想层面重视大数据的采集、整理和分析工作;还要有意识地培养自身对数据信息的敏感性,培养大数据所要求的整体性、混杂性和相关性思维。其次,学生工作管理队伍要具备运用大数据的能力。高校要加强对学生工作管理队伍的培训,学生工作管理者也要积极地融入大数据时代,主动学习大数据所需要的收集、分析和处理技术,提高信息的筛选和甄别能力,提高自己运用大数据的能力。学生工作管理者在具备了大数据的相关能力之后,还要主动将分析的结果运用到学生工作管理的实践之中,提高大数据技术的指导性作用。最后,学生工作管理队伍的建设要有梯队规划。大数据时代既要求学生工作管理者有过硬的学生管理能力,又要求具备大数据的知识和能力,这在短时间内很难做到。为尽快适应大数据时代的要求,高校可以在对现有学生工作管理队伍进行培训的同时,重点建设一支有计算机、互联网专业背景的大数据专业团队,专门负责大学生数据平台的建设、数据采集、分析和整理及相关培训工作。通过梯队建设和不断地培训,建设一支兼具学生管理能力和大数据处理能力的复合型学生工作管理队伍。

(三)建设一批保障型的学生工作管理制度

在享受大数据带给我们的海量信息和高效便捷服务的同时,也要清醒地认识到,大数据的急剧膨胀和数据滥用可能带来的威胁以及由此引发的伦理问题和法律问题。"信息垄断挑战公平,信息披露挑战尊严,结果预判挑战自由。"在大数据面前，我们都是透明人，每一个人的行为都会在网络上留下痕迹，通过数据存储、追踪和分析，我们能非常容易地了解一个人的所有信息，包括极其隐秘的个人信息。大数据的普遍使用有可能暴露学生的隐私，学生的个人信息安全受到挑战。学生的海量个人信息如果不能妥善保存，就有可能被他人利用，使学生受到伤害。因此，无论是大学生数据信息的收集、使用范围还是使用权限，都应该建设相关的制度加以保障。高校学生工作要在确保学生个人信息安全的前提下，有效开展数据挖掘。高校还要建立和完善数据采集、管理、使用和决策的标准化流程，通过制度化来规划大数据的管理和使用。高校还可以成立相关部门或组织，监督和指导大数据的采集和管理人员，使其具备较强的安全意识和责任意识，做好信息保密工作。

大数据时代是高校学生工作不可回避的新浪潮和新环境，为学生工作带来了新的机遇。学生工作者应主动强化大数据意识，提高大数据的技术能力，利用大数据探索高校学生工作规律，提升高校学生工作的实效性，提高高校的人才培养质量。

第三节 互联网技术在高校学生工作管理中的应用探究

互联网技术的发展改变了人们的学习、工作、生活方式，尤其对身处新时代的大学生来说，他们的思维意识活跃、学习能力强，是互联网使用者的重要组成部分。在互联网技术飞速发展的背景下，高校也在与时俱进，运用互联网技术加强管理工作。

一、互联网技术下高校学生工作管理的现状

当下中国的在校大学生，几乎都是网民中的一分子。在互联网如此普及的背景下，高校也在积极搭建互联网管理平台，为高校的学生工作管理、教育教学管理等提供更高效、便捷的平台，拓宽互联网技术在高校管理中的应用空间。利用互联网技术加强高校管理，可以及时对各项教育资源更新换代，以提升高校教育教学管理的质量。同时，互联网技术在高校中的成熟应用，更加便于管理者针对学生的不同情况采取相应的措施，同时也方便学生对所需资料实现随时随地的浏览、下载，实现资源的高效利用。互联网技术在高校管理中的应用，使高校形成了更加开放的教育管理模式，促进了学校管理者、教师、学生三者之间的交流与沟通。

二、互联网技术在高校学生工作管理中的应用及优化

（一）促进高校管理参与主体的多元化

信息时代学生的思想变得更加活跃，高校与学生之间的关系正在发生改变。学生的主体地位逐渐提升，教师在教学中的绝对权威有所减弱。在这一发展背景下，高校的管理工作，尤其是涉及学生的管理工作，要更多地关注学生的诉求，重视学生参与的主体地位，实现高校管理参与主体的多元化，这也是高校践行以学生为本理念的必然选择。

（二）整合高校各部门网络资源

互联网技术将网络中复杂的信息反馈回路变得简便，实现了机器和人的结合，信息传递变得异常通畅，互联网技术的重要性可见一斑。高校在运用互联网技术开展管理工作时，要加强各部门之间的信息管理，做好统一、协调，消除中间环节，提高信息传播的畅通性，以此提高管理工作的效率。

（三）加强高校网络信息的监管

互联网技术在高校学生工作管理中的应用，一方面便利了学生和学校之间的信息沟通，另一方面也存在很多的网络安全隐患。健康合理地应用互联网技术，净化高校网络环境，是高校义不容辞的责任。首先，高校要规范机房建设与应用，净化学生个人以及校园机房、办公区域的集体电脑，安装绿色软件。其次，加强师生在娱乐休闲、网页浏览、社交购物等方面的网络环境建设，及时对校园网络中的不良信息进行清理。最后，通过有关网络信息环境守则进行规范，建立网络信息检测系统，一旦发现不良信息，第一时间找到信息源头，并即刻控制信息的传播。互联网技术在高校学生工作管理中的应用是一把双刃剑，学校要用好这把剑，将网络的优势发挥到最大，构建健康的高校网络环境，提高管理水平。

（四）加强移动互联网在高校学生工作管理中的应用

移动互联网技术的成熟，使掌上办公成为可能。掌上办公就是利用运营商的无线网络信号，将传统的办公自动化（Office Automation，OA）从电脑扩展到移动终端上，实现随时随地的掌上办公。通过掌上办公，可以方便领导在外出途中审批文件，方便员工不在学校时查阅信息、接收通知公告等。掌上办公系统的应用，可以有效地提升工作效率，节约办公的成本。当下掌上办公主要是由移动互联网、手机、OA办公系统三部分组成，但是由于手机性能和移动网络的制

约，OA办公系统尚不能实现完全的移动化。OA系统的掌上办公主要由三种方式实现：第一，利用手机的WAP实现，通过互联网技术将web网页显示在手机的WAP中；第二，开发OA办公系统的手机客户端，使用者可以下载安装客户端，实现移动办公；第三，可以在服务器终端适配开发，通过第三方中间软件实现OA系统的掌上办公。这三种方法各有利弊，在实际应用中可根据具体情况进行选择使用。

第四节 基于法治视角的高校学生工作管理改革探索

依法治国作为中国共产党领导人民治理国家的基本方略，受到全党、全国人民的认同。在法治化社会不断深入推进的过程中，依法治校成为高校教育管理的重要指导思想。高校学生工作管理作为高校工作的重要一环，如何实现法治化管理以促进高校依法治校成为需要我们不断探索的问题。

一、高校学生工作管理法治化的必然性

（一）时代发展需要与国家政策引导

依法治国，建设社会主义法治国家，是人民当家作主的根本保证。党的十六大提出，要把依法治国作为"党领导人民治理国家的基本方略"；2014年10月，十八届四中全会首次专题讨论了依法治国问题；2017年10月18日，习近平总书记强调，成立中央全面依法治国领导小组，加强对法治中国建设的统一领导。可见，法治已成为全社会受到尊重和认可的价值观。基于法治视角的高校学生工作管理改革是时代对我们提出的更高要求，应该得到高度重视。

（二）高校依法治校的必然要求

我国已步入法治化建设阶段，在社会主义现代化建设宏伟目标中，依法治校是必然。在大学生权力意识不断提升的情况下，也必然要求高校学生工作管理法治化。加之，在社会不断发展过程中，高校和学生之间因为管理所产生的法律纠纷也在不断增加，高校学生工作管理的法治化有利于依法治校的推进。

（三）提高高校学生工作管理实效的现实诉求

当前，高校学生工作管理缺乏法治基础，管理过程中无法可依现象突出。高校在发展过程中如果能够在实际工作中做到法治化管理，不仅能够进一步促进高

校学生工作管理质量，还能突出高校办学特色、促使高校办学理念更为明确，最终就能形成较为合理的高校学生工作管理制度和程序，为国家培养具有法治精神的创新人才，最终促进整个高校建设质量的提升。

二、高校学生工作管理法治化建设的具体措施

（一）对学生工作管理准则进行细化

在基于法治视角进行高校学生工作管理改革的过程中，首先需要高校按照自身办学特色来对管理工作准则进行细化。在现如今高校学生工作管理体系当中，法规和细则的实施本身就是对我国基本法的拓展，在不违反上位法的基础上能够结合学校实际情况对学生工作管理准则进行细化，就能进一步提高学校内部管理结构的规范性，让学校学生工作管理更加民主化。具体而言，可以结合现有的《宪法》《教育法》《高等教育法》以及《学位管理条例》，对学生受教育权利与义务相关内容进行细化，通过法律的标识来进行高效学生工作管理；同时，以此来对学生行为进行规范，真正保障学生合法权益。

（二）加强法治化学生工作管理队伍建设

要想真正实现基于法治视角下的高校学生工作管理改革，相应的学生工作管理队伍在其中起着非常重要的作用，这也是高校人才培养过程中的核心环节，因为只有确保高校学生工作管理队伍质量，才能进一步促进法治化学生工作管理效果。为此，在实际改革过程中可以从以下两点着手。首先，提高法治意识。思想是行动的先导，高校学生工作管理队伍作为高校学生工作管理的实施主体，必须要提高法治意识。其次，加强自身法治教育。高校学生工作管理队伍是大学生思想政治教育的骨干力量，高校学生工作管理的法治化建设需要鼓励他们积极参与到法治知识学习中去，通过法治教育来提高自身法律素养。

（三）促进学校法治治理合力形成

要想真正实现基于法治视角下的高校学生工作管理改革，高校还需要构建多种多样的实施渠道，完善学校法治治理合力。依法治校这一任务不单单只是学校管理人员的责任，学校内部所有人员都应该参与其中。具体而言，教师不仅要在学校当中肩负起教书育人的责任，还需要在完成知识传授的基础上加强对学生的思想道德以及法治教育，积极借用课堂作为教育的主要方式，这样就能进一步提高学生对自身权利和义务的认识，提升学生法治观念。另外，学生作为高校的一员，也是学生工作管理的主体，需要明确自己受教育的机会以及权利。最后，学

校还可以在校园内做好宣传工作，通过宣传教育的方式来将法治思想和观念渗透到每一位学生的心中。

综上所述，基于法治视角下的高校学生工作管理改革是新时期对高校学生工作管理提出的更高要求，应该得到足够重视。高校学生工作管理的法治化建设不仅有利于促进依法治校，同时有助于创新高校学生工作管理方式，提高大学生思想政治教育工作实效。高校应切实从学生管理准则细化、法治化的工作队伍建设、法治治理合力形成这三方面出发，逐步实现高校学生工作管理法治化。

第五节　基于柔性管理理念的高校学生工作管理探析

一、柔性管理的内涵

柔性管理理论来源于20世纪50年代兴起的现代管理科学，是其行为科学流派倡导的以人为中心的理念的发展，属于欧美现代经济管理科学的概念之一。

柔性管理以柔的原则和软的控制为特点，它遵循的是人的心理和行为规律。实施柔性管理绝不能一蹴而就，而仅仅凭借制定几条纪律、制度和规定也是不可能实现的。比起刚性管理，柔性管理更讲求人文性，所以也被叫做人性化管理。柔性管理是和刚性管理相对而言的，实施它的前提是遵循人的心理与行为规律，它的核心是非强制，工作途径不是通过强力外在约束，而是设法说服管理对象，把组织意志变成被管理对象的自觉行为。柔性管理一直以人的心理和行为规律为基础，旨在唤醒人的潜力、创造性和主动性，让人的尊严和价值得以彰显，满足被管理者的社会需求、心理需求和价值需求，最终要实现的目标是人的自觉行动。柔性管理的实质是围绕以人为本、以人和人的需要来进行的管理。

社会的进步与人类文明的发展催生了柔性管理模式。这一模式让现有管理模式的积极成果得以继承，排除了其重大缺陷，是中西管理理念的融合，能够激发人类全部的管理潜质。柔性管理是和传统管理模式—刚性管理相对而言的，它发挥了人的柔性资源。这一管理模式对管理实践中的所有文化要素、伦理道德以及其他柔性特征都进行了研究，它深化了人们对现代管理活动（包括实践与认知）的认识，发现了现代管理活动的本质。柔性管理的特点是彰显了管理中的人文性，实施的是伦理管理模式，与以工具理性为特征的企业文化和伦理相比，柔性管理更高一筹。企业文化是刚性管理的范畴，也是功利论的一部分，其前提是提高生产效率和效益；柔性管理则强调价值理性，约束工具理性，凸显企业文化的特质，它顺应了人类全面发展的要求，而发展成为一种独立的管理模式。这一管理模式的导向是伦理精神，原则是柔的运用，强调对人要尊重、理解和关心，注重社会秩序的维护，以创造自由、和谐空间为目标。柔性管理来自管理伦理和企业文化，通过持续发展壮大，已经展示出巨大的作用和魅力。

二、柔性管理的主要特征

（一）以人为本的管理理念

柔性管理的对象是实实在在的人，并非抽象的人，人的情感、需求、欲望、思想和情绪等是必须一直被关注的。同时，柔性管理的对象并非是孤立的，而是身处复杂的社会关系中的人，这些人必须不断地处理各种关系，包括师生之间、学生之间、学校与学生之间以及社会与学校之间的关系。与此同时，柔性管理者本身同样具有现实性和具体性，也必须始终处理各种人际与社会关系。也就是说柔性管理的对象和操作者都是具体的人，都围绕着人。在现实世界中，人从自我主体迈入交互主体、从我与它发展到我与你，柔性管理就这样在人的生活中发挥作用，并实现了管理的意义。

（二）管理方法灵活多样

柔性管理是根据企业管理的需要应运而生的，它在适应管理实践的需要和管理对象的变化中成长与壮大。在当代社会，互联网异军突起，成为"另类的沟通渠道"，对经济、政治和社会等方面产生巨大而深远的影响，同时也方便了大学生在网络空间里自由交流、了解社会与自然、构建自我与他者的新型关系。这一虚拟世界没有强有力的约束机制和有效的评价体系，蜂拥而来的信息必然影响和左右着大学生的道德观、价值观和行为模式。每一个大学生都是独立的个体，其思维方式、心理构成、价值观和情感世界都各不相同。所以客观上要求柔性管理能够针对他们的精神、思想、心理和行为等方面的差别，运用多样化的管理方法。

（三）稳定性和动态性统一的管理过程

柔性管理过程表现出稳定性和动态性相统一的特点。其一，社会经济的发展总是在影响和改变管理对象的思想、心理和行为。所以管理方法也要随着客观情况不断进行调整，来适应管理对象的内心变化，满足他们的内在需求，让管理方法和策略不落后于时代，柔性管理的动态性特征由此而来。其二，管理工作的实施要求保持相对稳定的管理团队、管理机构和管理模式，这就是柔性管理的稳定性特点。

（四）管理成果的塑造特征

柔性管理围绕着人来进行，关注人的心理、情感、价值观，作用于人的行为和外在表现等。运用柔性管理模式管理大学生，目的是创建优良的教育管理生态，打造健康阳光的校园人文环境，营造美好的校园学习和生活环境，激发他们的学习积极性，让组织意志成为他们的自觉行为，实现大学生自我与他人的协作交流方式、自我与他人架构以及自我与组织架构等方面的良性转变。这样就会在管理效果上体现出明显的塑造特征。

三、关于高校学生工作管理柔性化的系统思考

（一）确立柔性化管理的理念

1.科学发展

学生工作柔性化的管理理念的出发点是学生，能够把学生培养成才才是最为重要的。只有将科学发展观和深化改革思想融入学生工作柔性化的管理理念中，才能发挥柔性化管理的价值，真正人性化管理学生，塑造具有创新思维和创造能力的人才。

2.以学生为本

当今的教育要以学生为主体，让学生主动发展，而不是被动发展。要尊重学生的主体地位，积极展现学生的创造性、主观能动性，让学生能够积极主动地、有创造性地学习，具有独立思考的能力。只有以学生为本，视他们为教育、教学、管理的主体，尊重他们的主体性，学生工作的柔性化才能得以实施。

3.民主平等

民主平等要求高校学生工作管理者在日常管理中重视平等的原则，并且积极鼓励学生主动参与基本的管理决策，培养学生的民主平等意识。民主平等的观念是学生发展的内在需要，是落实学生主体地位的保证。在教育管理过程中要坚持以理服人、发扬民主、尊重平等。另外，管理者的自身素质也必须得到提升。只有树立民主观念，充分调动学生参与，才能更加积极地发挥学生的主体性。只有每一个管理人员积极为学生创造平等民主的氛围，调动学生的积极性，发挥学生的主体性，才能切实地做好学生工作管理；同时能使学生畅所欲言，发挥学生群体智慧，培养学生合作精神，培养具有创新思维和创造能力的人才。

4.温情关怀

在学生工作管理中，努力创设"以情感人，以语化人"的氛围，积极对学

生进行心理辅导，让学生正确认识现实的社会；并给予他们足够的帮助，让学生感知人文关怀、感受学校的温暖；鼓励学生积极主动提高自身竞争力，提高自信心，形成正确的人生观和价值观。

（二）坚持学生工作管理柔性化的基本原则

1. 心理重于物理、内在重于外在的原则

大学生的行为管理根据具体手段的不同，大致可以分为两个方面。首先是大学生行为的外在管理。大学生行为的外在管理包括许多方面，其中最主要的是校纪校规管理。为了更好地管理学生，许多学校制定了具有针对性的校级规章来约束学生的行为。但很多情况下，这种强制性手段仅仅是对大学生行为的一种约束，并不能产生实质性的效果。为了更好地实现学生工作管理，必须采用另一种管理手段，那就是学生的内在管理。内在管理注重学生的自我接纳，通过一定的手段，让学校的管理要求变成学生的自觉行为。常用的内心管理手段有很多，其中最主要的一种是激励。通过适当的激励，让学生养成自觉行为，有更好的自我管理意识。相较于外在管理，内在管理更持久，效果更明显，可以达到更好的学生管理效果，这将有利于学校学生工作管理的开展。

2. 个体重于群体、直接重于间接的原则

现阶段，学校制定的校纪校规、评奖评优政策，一般都是站在大众化的角度，它们所反映的是大部分人的价值观，但却没有考虑到个体的差异性。人作为会思考的动物，每个人都因为接触的事物、人的不同，而形成不同的性格、价值观、人生观，所以需要区别对待，不应该简单地同等对待。现阶段的大学生由于来自不同的地区，接受不同的文化，自然存在个体差异，而且他们更加敏感，所以更需要区别对待。

我们所讲的直接重于间接实际上是针对柔性管理来讲的，它属于一种管理方式，在一定程度上，个体重于群体是与它共同存在并相互作用的。我们所讲的间接管理，实质就是管理层运用媒体来宣传教育工作。但是，从某种意义上来讲，间接方式不具有针对性也不够深入，如果用来管理大学生，就很难对他们区别对待。这种管理方式的显著特点就是为管理人员和被管理者提供了面对面交流的平台，也关注双方思想和情感的碰撞，因而能深入学生群体，精准把握，进而实现预见、发现并及时化解矛盾，防止矛盾被激化。

3. 务实重于务虚、肯定重于否定的原则

很多人有这样的想法：政治工作的实质都是虚的，是务虚方面的工作，因此于大学生而言，开展有关思想政治方面的工作都是不真实的。针对这种现象的解决办法，第一，要务虚，也就是做好相应的调研工作，然后根据所做的调研制订出相应的方案；第二，则是务实，积极通过实践去解决所发现的问题，这就是务实。务虚是我们必须要重视的，实际上大学生通常更注重务实，通过成功务实来验证务虚是正确的。

就事实而言，否定显然没有肯定重要。由于人都会有行为潜伏状态，实际上心与言、言与行通常具有不一致性。大学生所处的年龄阶段，使他们在心理以及生理这两方面言行不一的特征非常显著。但是他们只是想完成自己的学业、有好的人缘以及获得他人的认可或者是嘉奖，也就是想得到社会的肯定。所以，教师进行学生评价时，一方面，要注意肯定学生的成绩，在明确是非观的同时增加他们的信心；另一方面，要指出学生的不足之处，但是要以合适的方式讲，让学生去思考并接受教导。所以，辅导员或是班主任要及时鼓励那些进步学生，以此来增强学生的自信心以及提高他们积极性。

4.执教重于执纪、身教重于言教的原则

如今的大学普遍推行了学生自我教育、自我管理以及自我服务的教育方针，实际上这是充分利用了柔性管理的方法。执教方式有很多种，言传身教、榜样树立、舆论宣传、私下谈心等。通过执教，可以更深层次地完成对大学生内心情感的培养、意志品质的锻炼和行为的改变，最终实现知、情、意、行的有机结合。这就要求管理者要有责任感，要有四心——耐心、爱心、细心、关心，以自觉性的启发为基础，并非靠纪律来约束。

对大学生的教育而言，在实践工作中被广泛运用的是言教，实际上取得最好效果的是管理者的身教。在教育实践过程中，身教不受时间、地点的限制，随时随地都可以宣传，用行为来教导人，这样的教育都是行之有效的。在柔性管理过程中，以身作则的作用是无可替代的，从某种意义上来讲，身教重于言教。"亲其师，信其道，循其步"，从某种意义上来讲，这才是教育的最高境界。

（三）明确学生工作管理柔性化的实践内容

柔性管理涉及的内容可谓是多方面的，主要有以下几点：心理、行为、环境、形象等各方面的管理，学生工作管理应从这里切入。

1.实践中的心理管理

柔性管理有效性主要是靠心灵互动实现的，教师和大学生之间如果要建立感情，那么相互理解以及相互尊重是前提。以人格魅力和真诚打动学生是重点。心灵互动有利于师生在情感上产生共鸣。因为身临其境，所以才能体会被理解、被感激、被鼓舞的心情，进而推动工作、学习的前进。对于心理管理而言，在实际中，通常是运用情感教育、激励尊重、心理沟通以及舆论宣传等方式，强调的是润物细无声的教育方法，以对学生产生深远的影响，进而实现教师工作转化成学生自觉行为。

2.实践中的行为管理

对于柔性管理而言，行为管理指的是目标的可选择性。这一管理的重点是进行行为结果的衡量，看最大潜力是否与结果相匹配，到达学校的最低标准与否。对整个管理工作来讲，过程与目标并没有什么直接联系，过程有可能实现管理目标，但是也可能造成目标背离。教学过程中，如果管理过于细节化或严格化，可能产生负面影响，造成学生的逆反心理或是逆反行为。除此之外，管理应注意方向性和可行性。所谓的方向性实则是结果，也就是我们所讲的奋斗方向，也可以说是未来的目标。如果没有明确的目标或者是方向不正确，从某种意义上来讲，不仅不能实现目标，甚至会让人们误入歧途。所谓的目标可行性，指的是恰如其分的目标，过高或是过低的目标都是不可取的，应该实事求是。另外，目标体系必须要完善，这是实现目标的前提。管理应该在总目标指挥下进行，将目标进行细化，系统地落到实处。所以，进行行为管理目标制定的时候，总目标应该以学生目标为组成要素，将两者的利益相结合。总而言之，只要是学生完成了自身目标，那么学校的教育管理总目标也就真正实现了。

3.实践中的环境管理

事实上管理也就是环境的维持，让群体在良好的环境中高效完成计划。从某种意义上来讲，主要是进行心理环境优化。教师的职责，就是要进行心理环境探讨，把握好学生的心理以及行为环境，使用科学的管理方式，进而实现学生心理氛围的优化建设，实现高效管理。心理环境是动态发展的，会因客观环境变化而改变，由此新心理环境产生了，进而导致新行为的产生。因此，要关注学生心理状况并展开成因分析，通过控制状态改变学生行为方式。

4.实践中的形象管理

在教育过程中，形象管理的含义是教育管理人员需要凭借自己的人格以及专业能力对学生形成典范和约束效果，从而达到教育的目的。在对现代大学生进行具体教育的时候，更多的是采用言教，而事实表明身教的效果更好。改革开放总设计师邓小平曾讲："福精神文明建设，最主要的是以身作则。"不管在什么时候、什么情况下，身教通过行为引导的方式进行启蒙教育的效果都是非常好的，然而这也只是实现了初级阶段的教育。教师若以身作则，就会对学生产生非常重要的影响。然而，要达到身教最理想的状态，教师必须要提高自身综合能力，不断提高自身的影响力，努力培养自身较强的思想道德素质、高尚的职业道德素质，加强自身的专业知识水平，在大学生中树立一定的教师威信。与此同时，教师还要时刻警醒自己，不要出现损害自身教师形象的事，例如具体管理过程中的决策失当、不稳重、行为随意；自身道德品质方面的媚上部下；文化学识上的弄虚作假、空谈虚伪等。

第六节 基于服务理念的高校学生工作管理思路与对策

一、构建"三全"服务系统

构建"三全"服务系统，是基于服务理念的高校学生工作管理的有力保障。"三全"服务，即全员服务、全过程服务和全方位服务，分别从人员结构上、时间和环节上、内容和方法上为高校学生工作管理提供有力支撑。

（一）强化教职工服务学生职责，实现全员服务

所谓"全员"主要包括学生工作管理系统的人员、与学生事务相关部门的工作人员及学生本人。全员服务是指调动一切可以调动的力量，形成全员参与、分工协作、责任清晰的服务群体，形成目标一致、要求一致、管理严密的育人工作管理体制。就人员结构而言，传统观念往往视学生工作管理系统的人员为学生工作管理者。但是，学生工作管理不是一种单一的工作，学生的成长也不可能靠某个机构及特定的人员就能完成。随着学生工作管理范围的日益扩大，学生工作管理的难度也在不断增加，这客观上要求学生工作管理必须具有全员性。只有把学生工作管理系统的人员、与学生事务相关部门的工作人员及学生本人组织起来，形成整体的服务阵容，才能形成合力，推动学生成长成才。当务之急，高校学生工作管理要将分散的工作职能凝聚起来，将分散在不同部门、与学生工作管理密切相关的事务重新进行整合。此外，整合校内外资源，重视利用和发挥校内外的专家、学者和校友的作用，为学生提供更加专业的指导和服务也非常重要。

（二）制定服务学生的整体方案，实现全过程服务

如果说全员服务是从人员结构上对学生工作管理的服务体系进行阐述，那么全过程服务则体现在时间和环节上。全过程服务，指学生工作管理者根据社会对大学生的素质要求和学生自身成长发展规律，分阶段、分层次、循序渐进地对学生进行教育、管理和服务。这就要求高校要制定服务学生的整体方案，根

据不同年级、不同专业以及不同性别学生的特点，由低到高，由浅入深，循序渐进地分类指导。要将学生工作管理当作不断发展的过程，动态地对待学生的成长与发展。一是要按照不同年级制定整体方案。对大学一年级新生的工作重点是在引导学生适应大学生活、做好生涯规划、学习如何与人交往及文明行为习惯的养成等方面；对大学二年级、大学三年级的学生，工作重点在培养学生"三自"的能力，引导学生合理安排时间、做好职业规划等；对毕业班的学生则应该把重点放在职业咨询、就业指导和社会适应能力的培养方面。二是要在整体方案中突出特色和个性。服务学生的方案不是一成不变的，要根据不同专业、不同性别学生的特点，有针对性地开展服务。例如，在对女大学生服务的整体规划中，应根据不同时期女大学生的心理变化，添加她们需要或者感兴趣的内容。在刚入校时，可以引导她们树立正确的价值观，加强自我防范与自我保护意识；在毕业前，可为女大学生提供着装搭配、求职就业等方面的培训。

（三）构建蛛网式服务系统，实现全方位服务

全方位服务，是将服务理念渗透到学生工作管理的方方面面，运用于教育、管理、科研及党团建设等各个环节，形成全方位、多角度和多层次的蛛网式服务格局。一要坚持学生工作管理内容的全面性。深入学生日常学习和生活的各个方面，从学生入校前后的招生咨询服务和入学指导服务，到日常生活、思想引导、学习辅导、经济资助、身心发展服务，直到毕业前后的就业指导、后续发展等服务。二要坚持学生工作管理方法的全面性。要结合校园网络、校报、广播等媒体的宣传和支持，引导、帮助学生解决问题。此外，整合学校、家庭、社会等多种教育、管理和服务资源，调动一切可以调动的力量，服务学生的成长成才。三要根据不同学生的个性特点开展个性化服务。由于家庭出身、生活经历、性格爱好等方面的差异，不同学生呈现出明显的个性化需求，在开展学生服务工作时，就必须从学生个体的特殊性和差异性出发，既要实行全面性服务，又要重视个性化服务。

二、打造高效便捷的服务平台

在学生工作管理中，能否满足学生的需求，是考验一个平台是否适应学生工作管理发展的重要指标。笔者在调查访问中了解到，学生最需要的是学业指导、心理咨询、就业创业指导、困难帮扶和法律咨询等几个方面的服务。所以，笔者认为，搭建大学生日常学习指导交流中心、心理健康教育与咨询中心、就业创业指导服务中心、困难帮扶中心、法律援助中心等平台，是高校学生工作管理的重要渠道，势在必行。

（一）创建大学生日常学习指导交流中心

学生到学校是来学习的，我们不仅要让学生成长成才、受到良好的教育，而且还要为他们提供优良的服务。为此，建立大学生日常学习指导交流中心，为学生提供学业指导服务是十分必要且非常迫切的。首先，要选拔和调动一切专业技能强、业务水平高的教师或辅导员到该中心轮班和定期或不定期走访，为学生答疑解惑。特别是要帮助学生解决好"为何学习""如何学习"等问题，搭建起师生间真诚沟通的桥梁，以人性化的教育方式引导帮助学生树立明确的人生目标，克服学习生活中的困难，促进学生身心全面健康发展。其次，传统教育与现代手段相结合，激发学生学习兴趣。借助学习指导交流中心，总结并普及规律性的学习方法，引导学生充分利用现有的教学设施和资源，充分利用好图书馆，通过网络、电视、新闻和广播等多种途径获取知识，不断激发学生学习的主动性和积极性。再者，定期组织学习交流会和学术研讨会。邀请院系成绩优秀、表现优异的同学到中心参与互动，分享自己的学习方法和心得。定期举办学术研讨会，培养学生的创新意识和创新能力，提高他们的学习兴趣和科学研究能力。

（二）完善大学生心理健康教育与咨询中心

随着我国政治、经济和文化的不断发展，社会的巨大变迁给学生心理造成较大冲击，学生学习、就业压力的不断加大，大学生的心理健康问题已然成为新时期高校学生工作管理的热点和难点。建立健全大学生心理健康教育与咨询中心，配置专业人员，组织开展心理健康教育，提高学生心理素质，显得尤为重要和紧迫。

1.要全面了解学生心理特点，有针对性地提供服务

根据学生在不同学习阶段和年级的心理需求以及存在的主要问题，有的放矢地开展心理健康教育工作。对新生一是发放新生入学手册，该手册应包括新生入学心理调适的方法等内容，有助于新生较快地适应新的环境。二是在新生中开展心理健康普查，并积极开展朋辈心理辅导。大学二、三年级学生的心理健康教育的重点，是引导他们掌握心理调适的方法和技能以及如何处理好学习成才、人际交往、就职就业等方面的问题。大学四年级学生的心理健康教育，要配合就业指导工作，指导学生准确定位并认清自己的就业方向，做好就业的心理准备。为了预防和避免个体心理突发事件，心理中心收集需要特别关注的学生动态，建立相关的信息档案库，结合学生的心理特点，研究制定针对性强的帮助方案，确保每一位学生都得到及时有效的心理援助和咨询服务。

2. 要以多样化的特色活动为契机，传播心理健康教育知识

通过举办特色心理健康教育活动，不断提高大学生的心理素质，强化广大师生关注心理健康的意识，营造互助关爱的和谐校园氛围。如，定期举办专家心理讲座、知识板报展览、新生格言竞赛、心理影片展播，开展各种形式的心理教育、团体心理训练、咨询服务、心理治疗等，强化师生心理健康意识，营造互助关爱的校园环境。尤其要帮助有关学生树立积极的心态、解除心理困惑和压力、积极接受或主动自我调适、增强情感适应、树立交往和竞争的自信心等，从而以完善的人格、健康的心态走向社会。

3. 要加强心理健康教育队伍的建设，不断提高咨询师的专业水平

确保学生心理健康，是一个具有挑战性的工作。学校心理健康教育队伍是一支不容忽视的力量，要努力在生活、学习、职称、待遇等方面为有关工作者创造条件，帮助他们不断提高心理辅导技能，让他们积极主动、心情舒畅地投入工作。加强心理健康教育队伍建设，是不断提高学生心理健康水平的前提条件。不断加大对有关工作者心理学知识和心理辅导技能的培训力度，引导越来越多的学生工作管理人员主动学习心理学知识和技能，主动参加心理咨询师资格认证考试，为心理健康教育与辅导工作的开展提供有利条件，让他们在普及宣传心理知识、预防心理疾病、协助做好心理异常学生的治疗等方面发挥作用。

（三）升级大学生就业创业指导服务中心

随着高等教育大众化进程的加快，大学生就业难的问题日渐突出，现已引起社会各界的广泛关注，并成为制约高等教育事业发展和影响社会稳定的一大因素。因此，如何完善毕业生就业服务体系，怎样充分发挥大学生就业创业指导中心的作用，在当下显得十分重要和紧迫。解决大学生就业难的问题，当务之急是完善学校就业创业指导中心的服务功能，有关人员要采用"走出去、请进来"的方式，给予学生更多、更实、更好的指导与帮助，多做实事，少说空话，切忌在学生就业率上欺上下，弄虚作假。否则，学校的服务只会让学生感到虚无漂，只能让他们心灰意冷。

1. 要根据不同年级选取不同内容

根据不同年级学生的具体情况，应将职业与就业辅导内容进行合理的划分：大学一年级学生结合新生入学教育，主要由各院进行相应的专业介绍，帮助学生了解本专业方向、今后可能的职业方向和相关职业必备的职业素质；大学二、三年级学生的辅导内容应侧重于对自身、职业、职业生涯和社会环境、职业环境的

认识，帮助他们客观地认识自己、了解社会；大学四年级毕业生主要对他们进行决策技巧和就业技巧的指导，如，如何准备个人简历、应聘面试技巧、如何维护自身的合法权益、如何做出科学的选择等，帮助他们提高求职能力、适应能力，能够更快地寻找并选择适合自己的职业。

2.要根据不同年级选取不同方法

对大学一年级新生要把入学教育和专业教育结合起来；对大学二、三年级学生应以校级任选课程为主渠道，结合就业形势系列讲座和个别就业咨询服务，拓宽他们接受职业与就业辅导的途径，充分调动学生主动接受就业指导的积极性；对大学四年级学生应主要安排模拟招聘、当年就业态势讲座和个体就业咨询，从大规模的集体就业辅导到个体单独的就业咨询，以有效地帮助他们了解最新的就业信息、掌握实际的求职技巧，并且在遇到困难时可以获得教师科学的帮助。

（四）健全大学生困难帮扶中心

随着办学体制多元化和收费制度的改革，困难生的帮扶工作已经成为学生工作管理的重要内容。

1.要以物质资助和精神激励为主线，促进学生全面成长成才

"扶贫先扶志"，在学习用品、生活质量等方面，家庭困难学生处于弱势地位，心态容易出问题，需要学生工作管理者多关心、多了解，及时帮助他们解除困惑，引导他们克服自卑心理，树立正确的世界观、人生观和价值观，鼓励他们以自己的力量积极主动地战胜困难。

2.要建立健全困难生认定机制，实现静态与动态管理

学校根据教育部、财政部以及省教育厅下发的指导意见，确定家庭经济困难学生认定工作的基本原则，制定和完善符合本校实际、科学合理、严格规范的家庭经济困难学生认定办法。首先，在学校资助工作领导小组指导下，各学院、各年级、各班级也相应成立认定机构，为有组织、有计划地开展家庭经济困难学生认定工作打下了良好的基础。其次，建立家庭经济困难学生谈话制度和家庭经济困难学生信息库。辅导员通过和学生及其周围同学谈话，初步摸清学生的家庭经济状况，并建立家庭经济困难学生数据库。随后实行电话调查为主和实地走访调查为辅的方式，定期了解学生的家庭经济变化情况，及时做出变更。通过静态与动态管理相结合，确保家庭经济困难学生的信息准确健全、及时更新，为后续资助工作的开展奠定良好的基础。

（五）建立健全大学生法律援助中心

随着社会法治的不断进步和学生维权意识的不断增强，如何为学生提供权益维护服务，成为现时高校学生服务工作的新议题。建立健全大学生法律援助中心，以专业法律人士为骨干，以法律专业学生为基础，以法律协会为依托，积极为学生提供法律咨询和援助，帮助学生解决法律问题、调解法律纠纷，保障和维护学生的正当权益。中心可设置法律咨询热线及信箱，收集同学们身边的法律问题，然后将各种问题分类处理，请教专家或律师答疑，并做好与学生的互动交流。

三、完善服务学生工作管理保障机制

完善服务学生工作管理保障机制是保证学生工作管理得以正常、有序进行的必要条件。其要素主要包括制度保障、物质保障、环境保障等，各要素之间相互影响、相互补充和相互促进，虽然各自功能和作用不尽相同，但目标却殊途同归，都是服务学生工作管理提供保障的。

（一）制度保障

建立健全服务学生工作管理制度，旨在实现服务学生工作管理常态化和长期性，对于构建基于服务理念的高校学生工作管理保障系统有着举足轻重的作用，是规范和落实学生各项权利、义务和责任的重要条件。古人云："凡事预则立，不预则废。"科学地服务学生工作管理制度，是维护学生合法权益的前提条件。如果无章可循，服务学生便是一句空话，教育学生履行义务，就是无稽之谈。因此，建立健全科学的服务学生工作管理制度绝不是一件可有可无的事情，必须在思想上高度重视，在工作上不断加强、完善和狠抓落实。这样，才能使服务学生工作的理念深入人心，落到实处，从而形成学生工作管理"有所为有所不为"的充满活力的局面以及有序、和谐和稳定的学生工作管理氛围。一般来说，基于服务理念的高校学生工作管理制度的建设，可以分为宏观和微观两个方面。

1. 宏观制度

宏观制度，是指党中央和国务院颁发的有关高校学生工作管理的纲领性文件以及教育主管部门制定和颁布的有关学生工作管理的行政规章、制度、条例等。如《关于进一步加强和改进大学生思想政治教育的意见》，这个文件的内容涵盖高校学生工作管理的指导思想、主要任务、教育原则、教育途径、教育方式等方面，提出了许多新观点、新任务、新目标、新措施和新要求，是做好新形势下高校学生思想政治教育工作的纲领性文件。再如《普通高等学校学生管理规定》《高等学校学生行为准则》以及《普通高等学校学生安全教育及管理暂行规定》等，是高校制定本校学生工作管理行为规范、学生纪律、日常管理、奖学金评定等制度的主要依据，是新形势下指导高校服务学生工作的基础性文件。党和政府及其部门制定的制度，在维护学校正常的教学秩序、生活秩序和为学生事务管理提供有力保障等方面，都有着非常重要的作用。通过约束和修正学生的行为，建设学生活动场所，如组织活动、提供学术和非学术性咨询服务等，教导学生主动担当责任，自觉履行义务，养成健康向上的生活方式。

2. 微观制度

所谓微观制度，是指在我国现行教育体制和环境条件的制约下，学校和院（系）或班级为实现某种目标或解决某项问题，有针对性地编制的规章制度。微观环境的制度建设有利于推动校风、院（系）风、学风和班风建设，是高校宏观制度的细化与补充。一般而言，微观的学生工作管理制度系统，应联系招生就业、学生日常思想政治教育、学生行为管理和学生服务等方面的实际，建立健全校级学生工作管理制度、院（系）的学生工作管理制度、班级管理制度、辅导员管理制度和班主任管理制度等，为整个学生工作管理的系统运行提供条件和保障。

（二）物质保障

高校学生工作管理是一个复杂的系统，各个环节都需要一定的物质支撑。学生工作管理的物质保障至少包括两个方面，即经费保障、软硬件设施保障。如果把学生工作当成一台机器，那么学生工作经费则是燃料，是保证学生工作良好运转的基础。

1. 经费保障

高校普遍存在"重科研教学，轻学生工作"的现象。用于学生服务方面的经费是不足的，这与高校学生工作管理的地位、作用很不相称，不仅妨碍了高校学生工作管理服务体系的建设，还制约了服务质量和服务效率的提高。按照加强服务、转变职能的要求，高校应加大费用投入力度，并在年度预算中划拨整个学生工作管理服务体系运作所必需的经费，用于学生工作管理部门开展日常思想政治教育、学生管理、学生服务的自身建设，思想政治教育工作专项课题研究，思想政治理论精品课程的建设，大学生素质教育基地建设，学生工作队伍的建设以及全员育人的评选和表彰等事务。学校应当多渠道筹措资金，如，积极争取国拨专项经费和地方财政拨款；同时整合社会资源，争取更多的社会捐赠，如校友、企业和社会名流等在学校设立助学金、奖学金和科研基金。高校建立专门的筹资机构，利用社会资源在法律允许的范围内积极进行市场运作，寻求社会各界的财力支持，为高校学生的科研、奖贷困补等工作提供充实的资金保障。同时，要加强经费管理和监督，做到科学划拨，合理开支，严防浪费。具体来说，应遵循以下原则。

一是专款专用。学生工作管理经费主要用于奖励优秀学生和资助困难学生，是按学生总人数的一定比例提取的，必须专款专用，不得巧立名目，挪为他用。

二是合理立项。学生工作管理经费主要包括助学金、勤工助学金、特殊困难补助、学费减免等；学生奖励项目主要有学校奖学金、单项奖学金等；其他学生经费项目还有少数民族补助、学生活动经费、班主任补贴等。要本着科学合理的原则，依据上级有关规定，结合本校的实际需求，有项则立，无项则免。

三是民主公开。民主公正、公开透明，接受学生监督，是管好、用好学生经费的重要措施。所有经费如何立项，怎样开支和履行手续等，都必须深入调查研究，充分听取意见，然后由有关部门提出预算计划方案，再由学校集体讨论决定，绝不能搞暗箱操作或少数人说了算。

四是加强监管。管理学生工作经费，应本着"分级管理、相互监督"的原则，做到科学管理，合理开支。无论是学校财务处等职能部门，还是学生工作部（处）、团委和各学院（系）等执行单位，都必须"守土有责"，廉洁奉公，自觉遵守财务纪律，不得滥用职权，随意开支。对违反财经规定的行为，不管是谁，也不论他权力有多大，都必须坚决抵制。该花的钱，一分不能少；不该花的钱，一分也不能用。只有这样，才能取信于学生，学校才能在公众中树立起良好的形象。

2.软硬件设施保障

高校应高度重视学生工作辅助设备和硬件设施的建设，应将学生活动场所和学生工作场所的基本设施建设列入学校建设总体规划，改善校园生活环境，实施校园绿化、美化、亮化工程。同时，还要增加学生工作管理设备、设施的投资力度，改善服务环境，建造设施完备的学生事务服务中心，配置快捷校园网络平台，为学生提供精细化、速度化服务。

（三）环境保障

充分发挥社会环境、家庭环境的辅助作用，构建家庭、社会、学校三位一体的高校学生工作管理立体育人的环境。为此，应加强以下三个方面的工作。

1.充分开发校友资源

校友资源是人、财、物相结合的综合性资源，为高校学生工作管理提供人才资源和智力支持，又可带来财力、物力的保障。校友是高校服务型学生工作管理的重要支持力量。要注重校友资源的开发，要加强与校友的信息沟通，在学生在校期间，就要加强与学生的感情维系；同时，要加强在校生与校友的互动，使校友与在校学生共同探讨校园精神文化的传承和延续。

2. 充分利用家庭教育的辅助作用

加强建立高校和学生家庭联系的工作机制，通过成立家长委员会，就学生成长成才过程中出现的问题开展共同探讨，提出加强和改进学生工作管理的意见和建议。同时，加强与学生家长的沟通、协调工作，与学校教育引导形成合力。

3. 社会专业人士的支持

要结合专业、学科特色，积极争取社会专业人士参与到学校的教学及对学生的指导中，使学校的专业教育、素质教育与社会教育有机结合，为学生工作管理运行提供有效的社会环境支撑。

四、创建专业服务队伍

走专业化、职业化、优质化道路，既是培养社会主义现代化建设合格人才的必然要求，也是加强和改进高校学生工作管理队伍建设的必然趋势和根本保证，是由新时期高校学生工作管理的新问题、新矛盾和新情况所决定的。没有一支过硬的队伍，学生工作管理就难以适应新形势、新任务和新需求。目前，以下几个方面尤其值得有关方面重视。

（一）坚持高标准选人原则，严把学生工作管理者入口关

一名合格的学生工作管理者既要具有专业知识，又必须有扎实的理论功底、能够掌握心理危机干预技巧、职业测评技术等相关知识和技能。同时，高校学生工作管理队伍也是高校培养的具有一定管理能力、富有团队合作精神的高素质业务骨干和党政管理干部的后备力量。所以，必须严格按照政治强、业务精、作风正、素质高的要求，慎重选聘学生工作管理者。

1. 严格掌握学生工作管理者的任用标准，做好学生工作

管理者的选拔任用工作申请从事学生工作管理的人员应具备以下素质：有一定的政治理论素养，作风过硬，热爱学生工作，系中共党员；文字和语言表达能力强，有一定的组织协调能力和社会活动能力，有学生工作管理的经历；必须具备大学本科（全日制）以上学历、学士以上学位。

2. 重视学生工作管理者来源的广泛性

既要吸收外校优秀应届毕业生，也要注意选用本校的优秀应届毕业生，保持学生工作管理队伍的动态平衡。因为新陈代谢，吐故纳新，是自然界的客观规律。

学生工作管理要想有活力，就需要一支朝气蓬勃的学生工作管理队伍，而学校内部和学院之间的合理流动，可以促进学生工作管理者的相互交流、学习借鉴、技能提升和良性发展。学校要根据学生工作管理发展的需要和方向，支持、鼓励和推动学生工作管理者不断学习，为打造专业性和职业化的学生工作管理队伍打下坚实基础。

3.学生工作管理者的选拔要与专业教师引进培养相结合

这样能在保证在学生工作管理队伍相对稳定的情况下学生工作管理的自身发展和正常流动，并使学生工作管理队伍不断充实新生力量。

（二）加强专业化管理，提高学生工作管理者自身素质

1.加强职业化管理

一是树立良好的职业形象。高校学生工作管理者必须身体健康，朝气蓬勃，脚踏实地，求真务实，勇于进取。二是树立崇高的职业理想。要有"把职业当事业，把事业当生命"的志向；还要有实现从"职业者"到"专业者"过渡的胆识以及由"专业者"到"专家学者"转变的勇气。三是加速职业技能的培养。在实践中不断提高调查研究的能力、思想宣传的能力、组织协调的能力和解决问题的能力。

2.加强专业化培训

学生工作管理目前虽然还不是一门独立的学科，但其工作对象不尽相同，工作条件千差万别，工作内容错综复杂，工作时空变幻莫测，这就决定了学生工作管理者必须是"杂家""通才"，必须在实际工作中能够综合运用思想政治理论、管理学、教育学、心理学以及相关自然学科的知识。没有广博的知识和必要的工作技能，要么事倍功半，效果不佳；要么一事无成，事与愿违。所以，应通过有效的培训，让学生工作管理者形成蛛网式知识结构，掌握现代化的工作方法和手段。

（三）整合资源，打造专业服务队伍

高校学生工作管理队伍，是高校培养具有一定管理能力、富有团队合作精神的高素质业务骨干和党政管理干部的后备力量。作为一名合格的学生工作管理者，既要有扎实的理论功底，又要有丰富的实践经验，能够掌握心理危机干预技巧和职业测评技能等。

1.要建设一支专兼结合的学生工作队伍

根据学生工作管理现状，应对辅导员实行分层管理，即学生咨询服务工作者由学生工作处或团委直接管理；对负责学生党团工作、思政教育以及本系学生相

关活动等工作的人员，实行双重管理，即院（系）与学工处共同管理。这样做的好处在于：可以加强辅导员与学院其他老师之间的一级向交流、横向沟通，增进相互了解，扩大相互联系，从而为辅导员有的放矢地开展学生工作奠定基础。因此，可以从行政人员、任课老师、学生中选拔一批热爱学生工作、热心、有责任心的教职工或高年级同学担任兼职辅导员或班主任，形成齐抓共管的机制。同时，要进一步加强心理健康教育与辅导中心的专职师资力量建设，配备一定数量的具有硕士以上学历的专职咨询师。此外，要不断壮大兼职心理咨询队伍的力量，鼓励辅导员向心理咨询职业化、专业化、专家化发展，为他们的成长成才创造条件。

2. 加强职业指导师资队伍建设

唯物辩证法认为，事物是发展变化的。要适应新的形势和新任务的要求，就必须在实践中不断完善和提升。把好职业指导师资队伍入口关，只是"万里长征的第一步"，更重要的是加大培训力度，不断提高就业指导教师的整体素养。而这是一个长期而艰巨的任务，必须在思想上高度重视，在工作上常抓不懈，在措施上有条不素，在方法上灵活多样。从笔者调研的情况看，举行讲座、开展讨论、参观、交流等，是许多高校提高就业指导教师素养行之有效的路径。

（四）加强培训，保证服务队伍与时俱进

学生素质及其需求上的多元化，决定了学生工作管理者必须是知识上的"杂家"，工作上的"万金油"。

1. 抓好岗前学习培训

对新上岗的学生工作管理者，要加强教育学、心理学、管理学、政治学的学习，充分发挥专家、经验丰富辅导员的积极作用，为新同志配备指导教师，开展传、帮、带活动，培养年轻一代的辅导员尽快熟悉工作、进入角色。

2. 抓好在职学习培训

高校学生工作管理面临着各种新情况和新要求，要成为专业化、专家化、职业化的学生工作管理者，需要加强培训、交流和多岗位、多部门的锻炼。学校教育主管部门可以依托国家或地方的资源，组织境内外的考察、交流和专题培训，也可以依托辅导员培训基地，开展学历学位培训和专业技能培训，组织研讨会、论坛、挂职锻炼等方式，加强不同高校学生工作管理者之间的交流。学校要根据岗位特点和工作需要，对在职人员分类制订培训计划，实行挂职锻炼或集中进修培训，提高学生工作管理队伍的思想政治素质和业务水平；辅导员要发扬挤和钻的精神，加强学习，搞好调查，争取科研项目，强化科研能力，这是学生工作管理队伍知识化、专家化的有效途径。

五、实现学生"三自"

大学生的自我教育、自我管理和自我服务("三自"),主要是指大学生根据社会发展的客观要求和自身成长成才的需求,运用科学的管理方法,开展的一系列以完善自我为目的的认知和实践活动。实现学生的"三自"是学生工作管理的最高境界,是高校学生工作的教育、管理和服务的必然趋势和理想状态,也是学生工作管理不断完善、不断发展的阶段性目标。学生要实现"三自",就应根据学校教育培养目标的要求,在教育者的指导下,运用现代科学的教育、管理、服务方法,对自己的思路和行为进行自我调节和自我控制。这既是学生自行决策、组织、实施的一种教育方式,也是学生对自己进行设计规划、管理约束、潜能开发及基本素质培育的过程。

(一)加强引导,让学生学会"自转"

从自然规律看,在太阳系中所有的行星无论距离太阳远近,都按照各自不同的轨迹,围绕太阳公转和自转。大学生的"自转",是指学生根据国家培养、社会发展要求,自觉主动调整自己的发展方位,通过自我教育、自我管理、自我约束和自我服务,逐步实现"自转"的过程。

1.要帮助学生掌握"自转"的方法

一是培养和增强学生的独立意识,凸显学生的主体地位,调动学生"三自"的积极性和创造性。避免保姆式教育,逐步消除学生对家庭、社会和学校的依赖心理,使学生更加自尊、自信、自立和自强。二是要增强学生自省、自制和慎独能力,营造学生为自己的行为负责的环境和氛围。通过科学的引导和严格的管理让学生真正认识到对自己负责的重要性,树立和培养他们管理自己、管住自己和管好自己的意识和责任感。这是学生将学校、社会、家庭和个人对自身培养目标的要求和学生工作者围绕这些目标对学生实施教育、管理和服务的行为,内化为自己对自身在教育、管理、服务和发展方面要求的过程。在这一过程中,学生对自己的行为要负责,对由自身行为引发的问题的责任,教育管理部门可以通过协议、承诺书等形式加以明确,以校纪校规的形式加以规定。从另一个角度看,学生自身行为引发的问题交给学生处理,作为学生工作管理者只是起到引导、指导、咨询和协调的作用,这样就可以缩小教育、管理空间,提高教育、管理与服务的效率。三是要通过各种渠道和方式,帮助大学生树立正确的世界观、人生观和价值观,形成高尚的道德情操和良好的心理素质。深入学生当中,了解他们的所思所想所需,有针对性地帮助和引导他们处理好学习与实践、交友与择业、身体与心理等方面的具体问题，提高认识水平和精神境界。引导学生反思人生，让学生回顾、思考、评价自己过去的言行，思考和自我总结，丰富和完善自我。四要加大学生工作管理透明化进程和宣传力度。让学生能够清楚地看到学生工作管理到底包含哪些方面的内容以及自己能够享有的权利与义务，将学生工作管理清晰化、步骤化、流程化和透明化，坚守传统媒体如校报、广播、宣传栏等不放松，合理运用新型媒体如校园网、移动设备等，让学生更加了解自己，更加了解学生工作。

2.创造学生"自转"的条件平台

大学生自我管理是通过学校提供各项学生工作管理岗位、搭建的学生组织平台来实现的，如勤工助学岗位、社会实践团队、学术研究团队、创新创业团队，各学生干部组织、学生社团组织、学生自管委员会、学生创新实验室和工作室等。这有助于提升和培养学生自我管理的能力，主要体现在3个方面：

一是有利于培养学生的生活自理能力。引导他们逐步摆脱依赖和依附学校、老师和家人的心理，树立独立生活的意识，为将来走向社会打下坚实基础。二是有利于培养学生的自主学习能力。激发学生学习的主人翁意识，变"要我学"为"我要学"，不断增强社会责任感和历史责任感，强化学习的内在动力。三是有利于培养学生的社会活动能力。从高等教育发展规律和实践的角度看，学生的成长成才，只有通过自己的主观努力和积极实践才能实现。无论是知识的获得，还是能力的培养，或是良好行为习惯的养成，都是在"内化于心、外化于行"的基础上，通过自我调节和自我控制不断提高社会实践活动、组织策划管理和人际交往等方面的能力。

（二）健全机制，激发学生乐于"公转"

"公转"是指大学生参与到学校的教育、管理与服务工作中来，自我教育、自我管理和自我服务的同时，也教育、管理和服务他人。学生既作为"三自"的主体，同时又是"三自"的对象。学生工作管理者要了解和认识大学生的个性与特性，尊重学生身心发展特点和成长成才的发展规律，不断满足学生各个方面的需求，促进和引导他们向更加积极、健康的方向发展。传统的学生工作管理通常视学生为教育和管理的对象，在内容上偏重对问题的管理，重事后管理，轻日常教育、预防和引导，以学生不出问题或少出问题为原则。过分强调学生在接受教育和管理方面的统一性和自觉性，忽视了为学生的成长和发展创造条件、搭建平台。凡此种种，都不利于学生"公转"。

1. 建立健全参与学生工作的激励机制

一是要制定公正、合理的选拔制度。鼓励更多学生参与到学生工作管理中来，争取让学生工作管理的每一个环节都有学生参与。选拔一批思想觉悟高、学习成绩好、工作能力强和服务意识高的学生参与到学生工作管理中来，改变学生在学生工作管理中的被动和从属地位，学生工作管理的事务性工作让学生自己制定规则，自己决策并完成。思想觉悟高是做好学生工作的前提，只有思想认识到位了，才能更有效地指导实践，才能协助学生工作管理者做好学生思想教育和管理工作。

学习成绩好是搞好学生工作管理的保证，学生在校期间的主要任务是学习，搞好学习的同时参与学生工作管理是对学生能力的锻炼；工作能力强是更好地为学生服务的保障，良好的人际关系处理能力、组织协调能力、实践操作能力和沟通能力是提高学生工作管理效率和效能的必要条件。在这种模式中，学生既是教育者、管理者和服务者，又是教育、管理和服务的对象。学生在这种角色转换中不断地提升自我教育、自我管理和自我服务的意识，增强自我约束、自我管理能力，提高教育他人、监管他人和服务他人的责任与信心。二是要制定激励机制。对于表现突出的学生予以奖励并广泛宣传，一方面，有利于调动他们参与管理、服务学生的积极性，将更多热情投入学生工作中来；另一方面，可以吸引更多的学生关注甚至参与进来。三是要充分尊重和听取广大学生对学校教育、日常管理和引导服务的建议，根据学生的意见和需求不断调整工作方向和重点，优化自我教育、自我管理和自我服务的目标，促进学生全面发展。

2. 培养一支有能力、敢担当的学生骨干队伍

学生骨干包括了在校、院（系）学生会、团委、分团委中担任职务的优秀学生，院（系）党支部、班级党支部、党小组的学生党员以及班级班干部、团干部等。学生骨干队伍是高校学生工作管理队伍的重要组成部分，是辅导员、班主任的左手右臂和得力干将。在引导学生的自我教育、自我管理和自我服务中担当重任，在各项活动中发挥着积极作用、表率作用和核心作用。随着学分制的推行和在高等教育大众化的历史背景下，高校学生骨干愈来愈成为学校各项工作不容忽视的一大力量，发挥着重要作用。一要发挥学生党支部作用，充分体现学生党员的先进性。加强对学生党员的教育和管理，提高学生党员自身素质，树立学生党员在学生中的良好形象。发挥学生党员作用，自觉维护学院的教学、管理和生活秩序。突出团组织的教育功能，不断提升青年学生的综合素质。党支部根据青年特点，服务学生成长需要，帮助和指导团总支不断优化

常规教育活动，探索生动活泼、扎实有效的活动新载体，营造良好的校园文化氛围，丰富学生的课余生活，同时发挥学生特长，培养学生创新能力，促进学生全面发展。二要充分发挥学生会、社团联合会等学生组织的作用，让学生组织成为学院真正的家。学生组织根据学生需求和学院要求，在学院团委的指导下，自主开展工作和活动。通过实践活动，使学生干部得到进一步的教育、培养和锻炼，不断发挥引导学生自我教育、自我管理和自我服务的作用和功能。学生会、社团联合会等学生组织是一个方便学生成才与发展的服务机构，在这里既方便学生处理相关事务，又营造了一个规范、和谐、有利于学生发展的空间，让学生的个性发展和学校的规范管理相协调，让学生在接受管理和服务的过程中感受和谐，体验成长，接受教育。

参考文献

[1] 徐倩.基于Android的高校学生日常事务管理系统研究[D].天津大学，2015.

[2] 李俊峰.科创学院辅导员事务管理系统的设计与实现[D].电子科技大学，2014.

[3] 梁晶晶.数据挖掘技术在学生综合信息管理系统中的应用研究[D].河北科技大学，2013.

[4] 卜卫等.社会科学成果价值评估[M].北京：社会科学文献出版社，1999.

[5] 杨龙飞.信息技术发展史[M].武汉：华中理工大学出版社，2007.

[6] 闪四清.管理信息系统教程[M].北京：清华大学出版社，2003.

[7] 张景峰.ASP程序设计教程[M].北京：中国水利水电出版社，2003.

[8] 施红.管理信息系统[M].北京：机械工业出版社，2020.

[9] 李佳立.高职院校学生管理存在的问题及对策研究——以呼和浩特职业学院为例[D].内蒙古师范大学，2015.

[10] 周春雷.现代高职高专互通式学生管理信息化系统[D].电子科技大学，2011.

[11] 顾永惠.大数据背景下高职院校学生信息化管理的研究与实践[J].文教资料，2016（15）：121-122.

[12] 奚维吉.管理信息系统开发的几个问题[J].华东经济管理，2002，16（6）：96-97.

[13] 赵安新，吴晓霞，穆荣.数字化校园建设初探[J].技术与创新管理，2008，29（3）：295-298.

[14] 蔡青.论高校教学管理的现代化[J].中州大学学报，2002，19（1）：40.

[15] 王丹阳，刘靓雯，雷鸣雳，乔红.信息化技术在高职院校学生管理工作中的应用研究[J].中国管理信息化，2019（13）：189-190.

[16] 徐继华.智慧政府：大数据治国时代的来临[M].北京：中信出版社，2014.

[17] 涂子沛.大数据：正在到来的数据革命[M].南宁：广西师范大学出版社，2012.

[18] 崔小屹.用数据说话：大数据时代的管理实践[M].北京：北京大学出版社，2013.

[19] 窦正斌.大数据时代政府治理的挑战、机遇与创新路径[J].领导科学，2016，（29）：13-15.

[20] 马建光，姜巍.大数据的概念、特征及其应用[J].国防科技，2013，（02）：10-17.

[21] 张海柱.走向智慧治理：大数据时代政府治理模式的变革[J].中共济南市委党校学报，2015，（04）：41-46.

[22] 秦晓珠.大数据知识服务的内涵、典型特征及概念模型[J].情报资料工作，2013，（02）：18-22.

[23] 邬贺.大数据时代的机遇与挑战[J].求是，2013，（04）：47-49.

[24] 周霁红.大数据时代面临的信息安全机遇与对策[J].科技展望，2015，（27）：6.

[25] 冉飞.大数据时代政府治理的机遇、挑战与对策[J].人民论坛，2016，（17）：65-67.

[26] 于浩.大数据时代政府数据管理的机遇、挑战与对策[J].中国行政管理，2015，（03）：127-130.

[27] 李江静.大数据对国家治理能力现代化的作用及其提升路径[J].中共中央党校学报，2015，（04）：44-50.

[28] 董清潭.大数据：政府实现治理能力现代化的新途径[J].求知，2016，（02）：45-46.

[29] 刘叶婷.大数据对政府治理的影响及挑战[J].电子政务，2014，（06）：20-29.

[30] 李青.运用大数据思维推进国家治理现代化[J].岭南学刊，2015，（06）：19-23.

[31] 胡刃锋.美英政府大数据建设应用研究及启示[J].前沿，2016，（07）：78-83.

[32] 高华丽.政府大数据战略：政府治理实现的强力助推器[J].探索，2015，（01）：104-107.

[33] 洪学海.智慧城市建设中政府大数据开放与市场化利用[J].大数据，2016，（03）：17-26.

[34] 王芳.国家治理进程中的政府大数据开放利用研究[J].中国行政管理，2015，（11）：6-12.

[35] 赵强.大数据政府创新：基于数据流的公共价值创造[J].中国科技论坛，2014，（12）：23-2

[36] 张述存.打造大数据施政平台、提升政府治理现代化水平[J].中国行政管理，2015，（10）：15-18.

[37] 金江军.政府大数据发展对策研究[J].中国信息界,2013,(09):62-64.
[38] 苟策.关于大数据助力国家治理体系和治理能力现代化的思考[N].中国信息报,2014-08-14(007).
[39] 缪其浩.大数据时代:趋势和对策[J].科学,2013,(04):25-28.
[40] 范灵俊.政府大数据治理的挑战及对策[J].大数据,2016,(03):27-38.
[41] 王伟.推进高职院校学生管理工作创新研究[J].现代交际,2017(20):135-136.
[42] 田杰.高校学生管理工作的创新[J].教育与职业,2015(2):45-46.
[43] 周倩.中美高等学校学生管理比较[J].教育与现代化,2005(4):75-80.
[44] 唐海波,丁艳红.高校学生管理工作专业化的现状与策略[J].现代教育管理,2018(11):124-128.
[45] 彭小孟.学生发展理论:我国高校学生管理改革理论的思考[J].教育理论与实践,2010,30(10):3-5.
[46] 钟毅.新时期高职院校学生管理工作改革创新研究—以浙江机电职业技术学院为例[D].西南大学,2014.
[47] 朱建良.信息化背景下高校学生管理创新研究—以浙江省高校为例[D].宁波大学,2013.
[48] 王晓君.信息化背景下高校学生管理工作研究—以A校为例[D].昆明理工大学,2013.
[49] 王浦锄,竹立家。重塑政府:"互联网+政务服务"行动路线图[M].北京:中信出版集团,2016.
[50] [美]弗朗西斯·福山.信任:社会美德与创造经济繁荣[M].郭华译.桂林:广西师范大学出版社,2016.
[51] 竹立家,杨萍,朱敏.重塑政府:"互联网+政务服务"行动路线图.北京:中国出版集团股份有限公司,2016.
[52] IBM商业价值研究院.认知计算与人工智能[M].北京:东方出版社,2016.
[53] [美]乔治·吉尔德(George Gilder).知识与权力:信息如何影响决策及财富创造[M].蒋宗强译.北京:中信出版集团,2015.
[54] [日]安宅和人.麦肯锡教我的思考武器:从逻辑思考到真正解决问题[M].郭苑琪译.北京联合出版公司,2015.
[55] 涂之沛.数据之巅:大数据革命、历史、现实与未来[M].北京:中信出版社,2015.
[56] 仲昭川.互联网哲学[M].北京:电子工业出版社,2015.

[57] 阿里研究院. 互联网+未来空间无限[M]. 北京：人民出版社，2015.
[58] [美]阿莱克斯·彭特兰（Alex Pentland）. 智慧社会：大数据与社会物理学[M]. 汪小帆，汪容译. 杭州：浙江人民出版社，2015.
[59] [澳]欧文·E·休斯. 公共管理导论（第四版）[M]. 张成福，马子博等译. 北京：中国人民大学出版社，2015.
[60] 曹磊等. 互联网+跨界与融合[M]. 北京：机械工业出版社，2015
[61] 冯博. 新媒体环境下高校辅导员信息素养研究[D]. 东北师范大学，2013.
[62] 毛乃才. 基于BSC的H公司绩效管理研究[D]. 昆明理工大学，2009.